Carlo L. Weichert

„Ich liebe Dich…, aber hör endlich auf zu trinken."

Probleme, Störungen und Zerstörungen
von Ehen und Partnerschaften
durch Alkohol

Impressum

Herstellung und Verlag: BoD – Books on Demand, Norderstedt
ISBN: 9783754396889

Cover: BoD easy-Cover

Danken möchte ich an dieser Stelle meiner Lektorin Bea, die mir mit ihrer freundlich - kritischen Art viele Hinweise und Tipps zu den Themen gab und die den „Fehlerteufel" in diesem Buch bekämpfte.

Inhaltsverzeichnis:

Widmung:

Dieses Buch widme ich allen Menschen, die ein Alkoholproblem haben und ich verbinde das mit der Hoffnung, dass sie dieses Buch lesen.

Aber insbesondere widme ich dieses Buch den Partnern oder Familienangehörigen von Alkoholikern (innen), den so genannten Co-Abhängigen, die der Suchtkrankheit ihres Alkohol trinkenden Partners (in) oft hilflos gegenüberstehen.

Die aber auf den Hintergrund von Liebe, Bindungen, Scham, Schuld- und Verantwortungsgefühlen immer wieder versuchen, dem/der Suchtkranken zu helfen, so wie sie es können oder verstehen.

Die aber mit der Tatsache leben müssen, dass gerade sie, die Co-Abhängigen, Alkoholikern kaum helfen können.

Carlo L. Weichert

Einleitung:
Dieses Buch erzählt die Geschichte von Simone und Manuel, die mit einer großen Liebe beginnt. Aber das Alkoholproblem der Partnerin lässt die Beziehung in immer tiefere Krisen geraten, die fast in einer emotionalen Katastrophe enden.

Die Inhalte dieses Buches, setzen sich aus meinen persönlichen Erlebnissen und Erfahrungen aus meiner Praxisarbeit mit Alkoholikern, Alkoholikerfamilien und deren oft verzweifelte Nicht – Alkohol – Partner(innen), den sogenannten Co-Abhängigen, zusammen.
Zum besseren Verständnis der Hintergründe des Phänomens Alkoholismus, habe ich medizinisches und psychologisches Wissen sowie andere wissenschaftliche Quellen zum Thema Alkohol und Alkoholismus mit eingebracht, welche aus den öffentlich zugänglichen Quellen des Internets stammen.

Persönliche Erfahrungen
Das Thema Alkoholismus in Familie und Partnerschaft hat auch für mich eine ganz persönliche Bedeutung. Ich möchte nicht verschweigen, dass in meiner Kindheit Alkohol wahrlich kein Fremdwort war.
Als Kind habe ich es immer wieder als beängstigend, bedrohlich, oft als geradezu widerlich empfunden, wenn ich Menschen im alkoholisierten Zustand erleben musste.
Ich erlebte diese lallend, laut, torkelnd, affektiert, aggressiv, oft auch jammervoll und weinerlich.

All das hat in meiner kindlichen Seele Vertrauenskonflikte zu den sonst geliebten Personen erzeugt.

Mit diesem Buch möchte ich die Probleme, Störungen und Zerstörungen von Ehen und Beziehungen durch Alkohol darstellen.
Es ist als Information für die oft hilflosen Partner und Familienangehörigen von Alkoholikern (also den sogenannten Co-Abhängigen), sowie Interessierte, aber insbesondere für die Betroffenen selbst gedacht.

Hier haben Sie die Möglichkeit:

- den alkoholkranken Partner(in) und dessen eigene Hilflosigkeit gegenüber der Sucht seines Partners verstehen zu lernen

- einzusehen, dass dieser „Kampf" gegen den Alkoholismus des Partners (*„hör endlich auf zu saufen!"*) nervenaufreibend, kräftezehrend und meistens sinnlos ist, denn:
  1000x versprochen, 1000x gebrochen!

- verstehen zu lernen, dass meistens nur Liebe, Einsicht und schmerzliche Konsequenz einerseits und tiefes Leid andererseits, Wege aus dem Alkoholismus sind.

Aber: Es gibt Hoffnung:
Es könnte ja sein, dass Konsequenz, eventuell auch Trennung, einen neuen Erkenntnisprozess in dem Alkoholiker(in)

in Gang setzt und er/sie durch den Verlust des Partners, der Familie/Arbeitsstelle usw. zum Umdenken kommt. Denn ein weiser Spruch sagt:

Jedes Ende – ist auch ein neuer Anfang

Wünschen würde ich das jedem Alkoholiker(in) alle mal. Denn tief im Herzen des ehemaligen Partners, gibt es häufig noch eine leise Stimme, die manchmal am Ende einer solchen Beziehung sagt:

„Ich liebe Dich (immer noch),
wenn Du doch nur nicht mehr trinken würdest!"

Das wünsche ich allen Menschen, die mit dem Alkohol ein Problem haben. Herzlichst und mit allen guten Wünschen für Dein Leben

Carlo L. Weichert,
La Palma, im Oktober 2021

Wichtig:
Die geschilderten Handlungen und Personen in diesem Buch, entstammen meiner schriftstellerischen Freiheit. Eventuelle Ähnlichkeiten mit lebenden Personen und deren Lebenssituationen sind rein zufällig.

Teil 1

„...und jedem Anfang
wohnt ein Zauber inne,
der uns beschützt
und der uns hilft
zu leben."

Hermann Hesse, Stufen.

Simone

Es war Nachmittag, Ende Oktober. Die Bäume waren schon bunt und viele hatten bald keine Blätter mehr. Draußen war es nasskalt und nebelig. Unfallwetter! Deshalb war schon in der Früh, in unserer Auto und Reparaturwerkstatt, ziemlich viel los. Da gab mir mein Mechaniker mit dem Ellenbogen einen Stoß und sagte: *„Da schau mal."* In diesem Moment fuhr gerade ein silberner Sportwagen vor unsere Werkstatt. Als sich die Tür öffnete, stieg eine Frau aus, die sich sehen lassen konnte. Dunkelhaarig, schlank, die sofort mit dem „Gewissen Etwas" lächelnd auf uns zukam. Eine Kleinigkeit fehle an ihrem super gepflegten Sportwagen, ob wir das doch bitte möglichst gleich für Sie erledigen könnten?

Und das sagte sie in einer Art, der ein Mann kaum widersprechen kann. Sie hatte etwas, was einen durcheinander bringen konnte: sei es ihre Art zu reden, zu schauen, ihr Lachen, oder ihren Körper, den sie sehr wohl einzusetzen wusste (jedenfalls habe ich das so empfunden).
Bald war sie mit ihrem Sportwagen wieder weg und mein Mechaniker – bekannt für seine lockeren Sprüche - meinte: *„Mann, die wäre doch eine Sünde wert."*

Da ich selbst geschieden und seit langer Zeit Single war, ging mir diese Frau nicht „aus dem Kopf". Kurz vor Weihnachten kam sie mit ihrem Sportwagen wieder in unsere Werkstatt. Nur dieses Mal kümmerte ich mich um ihr Anliegen und so kamen wir ins Gespräch.

Wie das so ist: irgendwann fragte ich sie einfach, ob sie nicht Lust hätte, mit mir einmal zum Essen zu gehen? Und ich war sehr erstaunt, als sie nach kurzem Zögern „ja" sagte. So verabredeten wir uns für den nächsten Freitagabend in einer Pizzeria.

Erstes Abtasten

Ich hatte den Eindruck, wir fanden uns auf Anhieb sympathisch. Wie das so ist, beim ersten Date: Wir plauderten und jeder versuchte, so viel als möglich von dem anderen zu erfahren.

Klar hatten wir schon einiges an Beziehungen und entsprechenden Erfahrungen hinter uns. Beide waren wir seit über einem Jahr ohne Partner (na, wenn das keine guten Voraussetzungen sind...)?

Sie redete ziemlich viel. Ihre Augen und ihr Mund lachten dabei und ich wurde den Verdacht nicht los, dass sie ein bisschen getrunken hatte. Im Lauf des Abends trank sie noch zwei Gläser Wein. Dabei wurde sie immer lebendiger und immer lustiger, was ich sehr schön fand.

„Mein Vater war Alkoholiker"

Manuel erzählte: *„Alkohol mag ich nicht. In unserer Familie wurde sehr viel getrunken. Ich habe als Kind immer erleben müssen, wenn Vater betrunken von der Arbeit oder aus dem Wirtshaus kam. Wie oft habe ich dann Mutter in wütenden Auseinandersetzungen mit ihm erlebt. Zeitweise habe ich sie weinen sehen, wenn Vater sie im Rausch gemein beschimpft hat, oder schlimmeres.*

Am Wochenende trank er viel. Wenn Vater betrunken herumtobte, waren die Spannungen in der Familie nicht zum

Aushalten. Dann hatten wir Kinder große Angst vor ihm, insbesondere vor seiner Unberechenbarkeit. Er hat oft betrunken so viel dummes und verworrenes Zeug geredet, was weder Hand, Fuß noch Logik hatte. Wir schauten, dass wir ihm ausweichen konnten. Aber unsere arme Mutter, die bekam immer seine Launen und Aggression ab.

Mutter: Alkoholkrank und Krebs
Irgendwann wurde Mutter selbst krank. Heute denke ich mir, auf dem Hintergrund der jahrelangen Streitereien, Sorgen und Ängste durch den Alkohol von Vater.
Sie hatte Krebs. Erst Brustkrebs und einige Zeit nach der Chemotherapie Leber- und Knochenkrebs. Sie war sehr, sehr verzweifelt.
In ihrer Verzweiflung begann Mutter auch zu trinken. Ab diesem Moment begann für uns die Hölle. Nach zwei Jahren starb Mutter. Niemand von uns wusste, ob sie an Krebs gestorben ist, oder an dem vielen Alkohol, den sie in der Endphase ihrer Krankheit täglich trank, um anscheinend ihre Schmerzen besser ertragen zu können.

Vater: Alkoholiker: völlig vernachlässigt
Nach dem Tod der Mutter, war es mit Vater nicht auszuhalten: Nun trank er fast täglich. Durch den vielen Alkohol ist Vater dann ein völlig **heruntergekommener, kaputter alter Mann** geworden. Er hat sich **total vernachlässigt**, auch **nichts mehr gegessen.** Manchmal haben sie ihn aus der Kneipe geworfen, weil er im Suff **unter sich gemacht** hat. **Körperpflege, Hygiene oder Ordnung in der Wohnung und in seinem Leben, gab es nicht mehr.**

Manchmal hat er uns gar nicht mehr erkannt oder verwechselt. Aber helfen, wollte er sich NIE lassen. Irgendwann bekam er einen **dicken Bauch. Der war voller Wasser, auch seine Füße.**

Er ist in seiner Stammkneipe **zusammengebrochen** und ins Krankenhaus gebracht worden. Als ich ihn besucht habe, war er **zum Skelett abgemagert,** und er hatte einen riesigen Bauch.

Diagnose: Leberzirrhose und Pankreasinsuffizienz durch chronischen Alkoholabusus, **(Leberzersetzung und Bauchspeicheldrüsenzusammenbruch durch Alkoholmissbrauch).**

Der Arzt nahm sich kein Blatt vor den Mund, fragte direkt, ob niemand aus der Familie dem Mann hätte helfen können. Ja wie denn? Vater wollte sich nie helfen lassen. Der hat immer gesagt: „Lasst mich bloß zu frieden, ich will nichts hören, ich brauche nichts und niemanden, schon gar keine Ärzte, Krankenhäuser oder Psychologen!"

Also haben wir ihn in Ruhe gelassen und „von Weitem" zusehen müssen, wie er in seinem Suff immer mehr verkommt. Dann ist er **qualvoll gestorben.** An seinem Grab habe ich mir geschworen:

**„Ich werde mein Leben lang
keinen Alkohol trinken.
Was ich in meiner Familie mit Alkohol erlebt habe,
das reicht mir völlig."**

Brüder, ähnlich wie Vater
Leider sehen das meine beiden älteren Brüder nicht so. Auch sie trinken viel, sitzen oft in den Wirtshäusern herum. Wenn sie getrunken haben, sind sie ungerecht, besserwisserisch, reden dummes Zeug, fühlen sich mächtig stark, lassen sich nichts sagen. Typisch, alles so wie bei unserem Vater.
Meine beiden Schwägerinnen reden nicht viel darüber. Sie bagatellisieren alles. Ich denke, die schämen sich (wie Mutter sich immer für Vater geschämt hat), um nach außen ihre Familien zu schützen. Wie sich doch alles im Leben wiederholt!
Also für mich war klar: keinen Alkohol! Aber ich bin so tolerant zu sagen: Ich habe nichts dagegen, wenn jemand sein Glas Wein oder Glas Bier genussvoll trinkt, aber dann sollte auch Schluss sein."

„Denn dieses Saufen ist einfach widerlich!"

...und nun das!
So, und nun war ich hier in dieser Pizzeria. Mir gegenüber saß diese Frau, die mich wie ein Magnet in ihren Bann zog, mit dem schönen Namen Simone. Ich bemerke, sie hatte schon ganz schön „einen über den Durst" getrunken.
Aber sie war so lustig, so lebendig und sie strahlte mich mit ihren - etwas glasigen - Augen an.
Ich bemerke, dass ich mich mit meinen 56 Jahre in sie verknallte hatte. Anscheinend musste ihr das genauso gegangen sein. Denn als wir die Pizzeria verließen und zu unseren Autos gingen, schmusten wir, wie zwei Sechzehnjährige beim ersten Date.

19

Für mich war das fast unbegreiflich, dass ich diese wunderschöne, warmherzige und anschmiegsame Frau im Arm halten durfte. Ich war in diesem Moment so was von glücklich, wenn da nicht der Alkohol gewesen wäre. Aber eigentlich? Was spielte das in diesem Moment für eine Rolle?

Teil1 - Kapitel 2

Simones Biografie
Seit diesem Abend, telefonierten wir jeden Tag miteinander, manchmal sogar öfter, denn Simone lebte plötzlich tief in meinem Herzen.

Sie erzählte mir, dass sie in einer großen Firma als Sekretärin arbeitet, als Chefsekretärin, wie sie ausdrücklich betonte.

Auch erfuhr ich so allerlei Klatsch aus „ihrer" Firma, die anscheinend in ihrem Leben eine große Bedeutung hat. Mit ihren anderen Kolleginnen scheint sie sich gut zu verstehen.

Wenn ich daran denke, mit welch einem Selbstbewusstsein sie in unsere Werkstatt kam und ich mir vorstellte, wie sie täglich mit ihrem Sportwagen vor die Firma vorfährt, da ist sicherlich Neid und Missgunst nicht sehr weit.

Zu ihrer Familie schildert sie ein distanziertes Verhältnis. Beide Eltern seien schon älter, um die sie sich zeitweise kümmere.

Zu ihrem jüngeren Bruder wäre das Verhältnis gut, aber mit der Schwägerin sei es schwierig. Diese sei ein Hausmütterchen, deren einziger Lebenssinn es sei, für ihre Kinder da zu sein und diese zu verhätscheln. *„Das ist nicht meine Welt"*, meinte Simone.

Aufgewachsen sei sie mehr bei ihrer Großmutter, da die Eltern mit Arbeit und Hausbau immer sehr beschäftigt waren.

Die Großmutter sei aber schon lange tot, an dieser sei sie sehr gehangen.

Beziehungen

Ihre letzte Beziehung habe ca. fünf Jahre gedauert. Dann sei alles vorbei gewesen, weil sie sich mit dem ehemaligen Partner nicht mehr verstanden hätte. Außerdem habe dieser Mann eine viel zu starke Bindung an seine Familie gehabt, sodass sie ihn ständig mit seinen Eltern und Geschwistern teilen musste. Sie nannte ihn ein Muttersöhnchen. Irgendwann ging das nicht mehr, denn sie wollte schließlich den Mann für sich und eine eigene Familie haben.

Zur Tochter: Kaum Kontakt

Eine Tochter habe sie aus erster Ehe, aber die sei schon mit 17 ausgezogen und lebe seither mit ihrem Freund zusammen. Der Kontakt zu ihrer Tochter sei nicht besonders gut. Jeder lebe sein Leben. Sie sei mit 19 Jahren zu ihrem damaligen Freund gezogen und habe bald darauf geheiratet. Nach ca. 13 Jahre sei sie geschieden worden. Ihr Ehemann war ständig auf Montage, bis sie ihm darauf gekommen sei, dass er schon seit Jahren hinter ihrem Rücken andere Frauen hatte.

Nun ist sie 48 Jahre alt, sei seit zwei Jahren Single. Sie lebe in einem kleinen Apartment, in der Nähe ihrer Arbeitsstelle. Sie habe viele Freunde, gehe oft aus und lasse es sich gut gehen, soweit das möglich ist.

Manuel

„Aus Freude an Autos wurde ich Automechaniker. Ich machte später meinen Meister und habe vor 20 Jahren eine Werkstatt aufgebaut, die heute relativ gut läuft.

Was die Ehe betrifft, so habe ich zwei Ehen hinter mir: Die erste Ehe war vom 24. bis 40. Lebensjahr. Aus dieser Ehe gibt es zwei erwachsene „Kinder", mit denen ich mich heute sehr gut verstehe. Ebenso mit meiner geschiedenen Frau, die wieder verheiratet ist.

Die zweite Ehe war nur kurz, vom 44. bis 48. Lebensjahr. Hier ist die Frau ganz kurzfristig aus- und weggezogen, soviel ich weiß, irgendwo ins Ausland evtl. nach Spanien. Hier gibt es keinerlei Kontakte mehr.

Dazwischen und danach gab es einige kurzfristige Bekanntschaften.

Privat bin ich durch die Werkstatt und meine acht Angestellten sehr eingespannt. Die Arbeit selbst, das Management, hält mich an den Abenden und Wochenenden „auf Trab". Also ist private Zeit Mangelware.

Bowling Abende und Selbsterfahrungsgruppe

Allerdings gibt es zwei Hobbys, die auch ich nicht so gern auslassen möchte. Mein Bowling Abend, einmal in der Woche, der ist mir wegen der Gaudi und der Kontakte wichtig. Ebenso alle 14 Tage die Selbsterfahrungsgruppe, in die ich schon seit zwei Jahren gehe. Diese ist mir besonders wichtig, weil ich durch den Kontakt mit den anderen schon sehr viel für mich und für mein Leben gelernt habe.

Manchmal an den Wochenenden mache ich Fahrrad-Touren, gehe zum Wandern, an den See zum Angeln oder Schwimmen. Natürlich gehe ich auch gern zum Essen, aber am liebsten mit einer tollen Frau." So verabredeten wir uns zum nächsten Tag, denn das war Silvester.

Enger Kontakt zu seinen Kindern
Manuels Problem war, dass er den Silvesterabend teilen musste. Denn seit Jahren war es bei ihm der Brauch, dass gegen Mitternacht seine beiden erwachsenen „Kinder", mit ihren ganzen Freunden, für ca. eine Stunde, zum Anstoßen kamen. Als sie noch klein waren, sind sie oft den ganzen Silvesterabend bei Manuel gewesen. Jetzt, wo sie erwachsen sind, da kommen Sie und gehen bald wieder. Aber der Kontakt zu seinen Kindern ist ihm sehr wichtig.
Simone meinte, ihre Tochter gehe ja auch eigene Wege. Sie hätte wohl lieber den ganzen Silvesterabend mit Manuel verbracht. Also traf man sich um 19.00 Uhr um „schön Essen" zu gehen.

Teil1 - Kapitel 3

Silvester in der Pizzeria
Wir trafen uns vor der Pizzeria. Als Simone aus dem Auto stieg, sah sie umwerfend aus. Sie hatte sich wirklich toll hergerichtet. Nach inniger Begrüßung, gingen wir dann in das Restaurant, das schon sehr voll war. Wir setzten uns an den Tisch, den ich hatte reservieren lassen.

Einen kleinen Schwips?
Ich sah es Simone an, dass sie schon wieder einen kleinen Schwips hatte, denn ihre Augen leuchteten verdächtig, wie beim letzten Mal. Ihre Mimik und Gestik waren sehr lebendig. Manchmal wurde ihre Zunge etwas schwer und sie

schien nach Worten zu suchen. Ja, so meinte sie, in ihrem ganzen Haus sei heute so richtig Partystimmung. Die Nachbarn würden schon seit Nachmittag so richtig feiern. Na ja, und so habe sie bei jedem ein Glas Sekt getrunken, denn heute sei doch schließlich Silvester. Aha, ich hatte also doch recht!

Noch eine Flasche Wein
Nur: Überall wurde heute kräftig getrunken. Wenn ich mich hier in diesem Restaurant umschaute, da gab es keinen Tisch, wo nicht neben den Tellern Bier, Wein oder Sekt stand. Also was ist schon dabei, wenn sie einen kleinen Schwips hat, so dachte ich mir. Es ist eben Silvester und Simone ist anscheinend eine Frau, die das Leben genießt und von der leichten Seite nimmt.
So genossen wir das schöne italienische Essen. Simone hatte sich heute, „zur Feier des Tages" wie sie sagte, eine „gute Flasche Wein" bestellt, deren Inhalt sie langsam und genussvoll vor sich hin trank.
Meine Frage an Simone, ob ihr der Wein und der Sekt von vorher und nun dieser Wein hier dazu, nichts ausmachen würde, quittierte sie mit einem Lachen. *„Ja, das Bisschen ist doch gar nichts"*, meinte sie schmunzelnd.
Gegen 22 Uhr verließen wir das Restaurant. Wir versprachen uns, nach Mitternacht miteinander zu telefonieren. Wegen des Alkohols wollte ich sie heimfahren. Sie sollte besser ihren Wagen hier stehen lassen. Aber das wollte sie absolut nicht. *„Wegen der Feuerwerkskörper"*, meinte sie, *„wolle sie ihren Wagen nicht in Gefahr bringen, denn ihr Sportwagen, der war ihr heilig."*

Auf dem Wege nach Hause, machte ich mir meine Gedanken über Simone, ihre Alkoholgeschichten und das sie jetzt angetrunken mit dem Auto fährt. Auch dass sie meinte, sie sei doch noch völlig nüchtern.

Herzliche Beziehung zu den erwachsenen „Kindern"

„Meine beiden erwachsenen „Kinder", kamen kurz vor Mitternacht zum Anstoßen zu mir. Das war bei uns so Tradition. Ich fand das wunderbar. Es war für mich wichtig, dass nach der Scheidung diese herzliche Beziehung und Bindung zu ihnen erhalten geblieben ist.
Beide trinken auch keinen Alkohol. Ich denke, das haben sie von mir übernommen. Sie sind auch Nichtraucher, haben einen guten Lebenswandel. Meine Tochter studiert noch Lehramt und mein Sohn ist gerade mit seinem Studium als Wirtschaftsingenieur fertig geworden. Ich bin mächtig stolz auf sie. Danach rief ich Simone an.

Ihre Zunge war schon schwer

Sie wartete schon auf meinen Anruf. Ich bemerke beim Reden, dass ihre Zunge schon ziemlich schwer geworden ist. Sie lallte. Also setzte ich mich ins Auto und fuhr noch zu ihr. Im Haus, wo sie wohnte, dröhnte ziemlich laute Musik aus dem Untergeschoss.

Leere Flaschen, gebrauchte Gläser

Simone öffnete mir Ihre Wohnung. Es roch nach Räucherstäbchen und soweit ich das in diesem Dämmerlicht überhaupt sehen konnte, sah sie umwerfend aus. Sie trug jetzt einen rosaroten Kimono. Im Raum gab es einige heruntergebrannte Kerzen und im Hintergrund lief Kuschelmusik.

Als ich an ihrer kleinen Küche vorbeiging, sah ich eine Menge Abwasch herumstehen. Auch das Wohnzimmer war unaufgeräumt. Neben dem Bett standen einige leere Flaschen und gebrauchte Gläser auf der Erde.

Kaum waren wir im Wohnzimmer, da öffnete Simone den Gürtel ihres Kimonos. Sie legte mir ihre Arme um den Hals, begann mit mir zu schmusen und mich auszuziehen. Bald lagen wir beide in ihrem großen Bett.

Ich spürte, diese Frau, diese Emotionalität, hat auch in mir schlummernde Gefühle wach gerufen. Und schon schlief Simone so tief ein, und sie war nicht mehr wach zu bekommen.

Gespaltene Gefühle

Ich schaute mich im Kerzen-Dämmerlicht in Simones Wohnung um. Diese enorme Unordnung hier, war für mich nicht verstehbar, denn Simone machte mir bisher einen sehr sauberen und gepflegten Eindruck. Das passt doch alles nicht zusammen. Noch mehr erschreckten mich die vielen leeren Weinflaschen und die schmutzigen und angetrockneten Weingläser hier neben dem Bett, auch zwei Teller mit Essensreste. Das verstand ich nicht und es machte mich sehr nachdenklich.

Das ließ Erinnerungen aus den alten Zeiten von Vater und Mutter in mir wach werden, die sich auch unter dem Einfluss von Alkohol völlig vernachlässigt haben.

Irgendwann bin ich neben Simone eingeschlafen und ich wurde gegen Morgen wieder wach. Sie schlief immer noch tief und fest. Na, kein Wunder, dachte ich, nach all dem Alkohol. So stand ich leise auf und zog mich an. Nachdenk-

lich, wegen der Alkoholgeschichten und der enormen Un-
ordnung in ihrer Wohnung, fuhr ich mit gespaltenen Gefüh-
len heim."

Teil1 - Kapitel 4

Vorfreude

Als Manuel zu sich nach Hause kam, fiel er noch einmal ins
Bett. Irgendwann wurde er wach. Nachdem er sich geduscht und angezogen hatte, rief er bei ihr an. Sie war sofort am Telefon und verabredeten, dass Simone um 12.00
Uhr zu Manuel zum Mittagessen kommen sollte. *„Ja kannst
du denn überhaupt kochen?"* wunderte sie sich. *„Du wirst
schon sehen",* sagte er zu ihr, *„ich bin nämlich ein guter
Hausmann."*
Manuel machte im Wohnbereich noch ein bisschen Ordnung. Dann begann er in der Küche ein schönes Essen zu
zaubern. Pünktlich um 12:00 Uhr war das Essen fertig und
genau in diesem Moment fuhr auch ihr Sportwagen vor das
Haus.
Mit Genuss aß Simone alles, was Manuel in der Zwischenzeit gekocht hatte. Zur Feier des Tages gab es extra für sie
ein Glas Wein dazu, den er nie kaufen musste, denn Kunden und Firmenvertreter, lassen als Weihnachtspräsent so
manche gute Flasche da, während Manuel sein stilles Mine-
ralwasser trank.

Gesundheitsbewusst

Manuel lebte sehr gesundheitsbewusst. Er war überzeugter
Anti – Alkoholiker, Nichtraucher und Vegetarier. Heute lebte
er überwiegend von Obst, Rohkost und Gemüse. Der Erfolg

war, er brauchte seit Jahren weder Ärzte, noch Untersu-
chungen oder Medikamente, fühlte sich gesund, vital und
sah wesentlich jünger aus, als er in Wirklichkeit war. Seine
Hobbys waren Bücher und Fachartikel zu diesem Thema,
Vorträge, Ernährungs- und Gesundheitsmessen. Auch hat
Manuel seit Jahren einen spirituellen Weg eingeschlagen.

**Nun hatte er sich in Simone verliebt, die ein ganz ande-
res Lebenskonzept hatte und die so ganz anders war
als er.**
**Manuel glaubte an das Schicksal, das sie zusammenge-
führt hatte. Denn einen Sinn musste doch ihre Begegnung haben.**

Spaziergang
Danach fuhren sie hinaus in die kalte Winterlandschaft und
gingen spazieren.
Dabei erzählte Manuel von seiner Arbeit, von dem großen
Druck, unter dem er ständig als Chef seiner kleinen Firma
stand. Er erzählte von seinen Sorgen, am Monatsende acht
Gehälter für seine Angestellten zahlen zu müssen, das Geld
für alle Pflichtzahlungen, wie Steuern, Versicherungen, Miete, Materialeinkauf zusammen zu haben.
Natürlich soll auch noch etwas Geld in die Rücklage und es
soll auch noch etwas für ihn privat übrig bleiben. Das alles
bedeutet natürlich sehr viel Arbeit, sehr viel Druck und wenig Freizeit. Das Verdienen könne man sich nicht aussuchen. Es ist abhängig vom Wetter, von der Konjunktur und
den Kunden, die in die Werkstatt kommen.

Dann wird Manuel ganz ehrlich, denn er sagt zu Simone: *„Was Ich schon lange suche, das ist eine Frau zum gern haben."*
Er brauchte keine Putzfrau, denn die kommt zweimal die Woche. Er brauche eine Frau, mit der er zusammenleben könnte und die ihm mit Verständnis begegnet und die ihm auch hilft und zur Hand geht.
Simone sagte nichts zu alledem, sondern sie nickte nur vor sich hin. Aber irgendwann meinte sie: *„Ja, das könnte sie sich auch vorstellen."*

Teil1 - Kapitel 5

Alkohol? Das war doch nicht viel!
Ob der Alkohol gestern für sie nicht zu viel war, fragte Manuel vorsichtig? *„Nein", so Simone: „Das war doch gestern nicht viel, diese paar Gläschen. Das ist doch so richtig schön gewesen."*

Simones Lebensphilosophie:
Öfter einmal ein, zwei Glas Sekt oder Wein:
„Nach der Arbeit, abends oder am Wochenende, das entspannt, ist so erlösend, wärmt so schön, lässt mich all den Ärger, den Druck, die Hektik und die Probleme des Alltags vergessen und gehört für mich einfach zu meiner Lebensqualität mit dazu."

„A besoffene Frau, is a Engl im Bett!"
Dann dachte Manuel über Simones Worte nach: wie sagte sie eben? *„Das war gestern doch nicht viel?"* Er begann zu rechnen: Eine Flasche Wein in der Pizzeria und einige Glas Sekt, vielleicht auch Wein mit ihren Nachbarn und Bekannten vorher und danach noch einmal in ihrem Haus?
„Da kommt aber aus meiner Sicht schon eine schöne Menge Alkohol zusammen." Für ihn war klar: Simone hat gestern ziemlich viel Alkohol getrunken. Na ja, den Vorteil von diesem „Schwips", den hat er ja dann mit ihr im Bett erleben dürfen.
Der Toni, sein Mechaniker sagte ja auch immer: *„Des muast dir einfach gut merka, Bua:* **A besoffene Frau, is a Engl im Bett!"**

Manuel ist kein Gesundheitsprediger, der weltfremd das Leben eines Eremiten führt. Er ist weltoffen, steht mit zwei Füßen voll im Leben, ist tolerant und er gönnte jedem das Seine. Selbst wenn er heute so manches – aus seiner eigenen Lebenserfahrung heraus - kritisch sieht.
Wenn Simone einmal ein Glas Wein trinken möchte, nun, dann sollte sie das eben tun, da ist doch nichts dabei.
Allerdings hatte er in einem buddhistischen Weisheitsbuch gelesen:

Buddha sagt:
„Das ist Dein Leben, das Du von Gott geschenkt bekommen hast. Er übergibt Dir dieses Leben in Deine absolute Verantwortung.

Es ist Deine Pflicht, diesen Tempel Deines Lebens rein zu halten und darauf zu achten, was Du isst, was Du trinkst, was Du sagst und was Du tust."

Jesus Christus *sagt ganz Ähnliches, in all seinen Predigten, Heilsbildern und Gleichnissen.*

Am Ende dieses Abends blieb Simone wie selbstverständlich bei Manuel. Sie ging mit ihm zusammen ins Bad und anschließend ins Bett. So ist das eben, wenn man verliebt ist...

Teil1 - Kapitel 6

Zwischen Silvester und Heilige drei Könige hatten beide Urlaub. Für Simone, die ja Single war, die keine Familie und Verpflichtungen hatte, Angestellte in einer Firma war, bedeutete Urlaub: Sie hatte Zeit und sie wollte irgendetwas unternehmen, so etwas wie Hotel-Verwöhnurlaub, Wellness, Spaß, Freude und es sich gut gehen lassen.

Die 1. Krise
Manuel, als Chef einer Autowerkstatt, hatte keinen Urlaub, denn es war Jahreswende. Buchführung, Steuererklärung, Bestellungen, alles musste jetzt gemacht werden. Außerdem waren in dieser Zeit die vier seiner Mechaniker mit ihren Familien im Skiurlaub. Also wurde er hier dringend in der Werkstatt gebraucht... von wegen Urlaub!
Und es war Januar. Draußen lag Schnee und es gab viele Unfälle, die eine gute Einnahmequelle sind. Also hatte Manuel sogar viel mehr Stress als sonst im Jahr.

Frustriert

Am Montagnachmittag besuchte Simone Manuel in der Werkstatt. Sie hatte gemeint, er habe Urlaub und er könnte mit ihr etwas unternehmen. So saß sie einige Zeit an seinem Schreibtisch und musste miterleben, wie er hin und her rannte, mit Kunden telefonierte, Termine ausmachte und hier und dort selbst an den Autos mitarbeitete, Probefahrten machte.

Irgendwann ging sie frustriert und kam erst nach 19:00 Uhr wieder, wo er gerade fertig war, sich noch duschen und umziehen musste. Heute erlebte sie auch, dass Manuel müde war, während sie, die ja kaum etwas zu tun hatte, noch etwas unternehmen wollte.

Manuel war einfach kaputt. So sagte sie zu ihm, dass sie – *„da er ja keine Zeit für sie habe"* – ab morgen für einige Tage in den Skiurlaub fahren werde.

Dann stand sie auf und ging. Als Erklärung meinte sie „süßsauer": *„Nun, er könne sie heute ja sowieso nicht brauchen, denn er sei ja ‚sooo' müde. Außerdem müsse sie für ihre Reise noch einige Dinge vorbereiten"*, und weg war sie. Manuel fühlte sich, wegen dieser „komischen Art" von Simone, irgendwie bestraft.

Meine Welt ist das nicht

In den nächsten Tagen rief ihn Simone des Abends aus ihrem Skiurlaub an. Im Hintergrund war laute Musik zu hören. Sie erzählte ihm lustig, wie schön die Tage beim Skifahren hier in der Sonne wären, wie toll das Essen war. Aber insbesondere die Wellness Abteilung, die japanischen Massagen und nun der Abend hier in der Diskothek, mit den tollen Leuten beim Tanzen.

Manuel bemerkte an ihrer Sprache, dass sie wieder getrunken hatte. *„Schade, dass Du nicht hier bist, denn hier ist eine so tolle Stimmung"*, lallte sie ins Telefon. Nein, dachte Manuel, meine Welt ist das nicht!

Teil1 - Kapitel 7

Am Sonntagabend klingelte bei Manuel das Telefon. Simone war es. Sie sprudelte sofort los. *„Hallo Schatzi, freust Du Dich, ich bin vom Urlaub wieder zurück, der war wirklich toll, weißt Du."* Sie erzählte und erzählte.

Manuel hörte, dass ihre Stimme diesen lallenden Unterton hatte. Bald bemerkte er, sie redet in Schleifen, das heißt, sie redet immer wieder das gleiche, was er ja noch gut von Vater und Mutter in Erinnerung hatte.

„Ärgerpegel"

Er bemerkte, wie sein „Ärgerpegel" so langsam in ihm hochstieg. Es „wurmte" ihn, dass sie nicht ein einziges Mal gefragt hat, wie es ihm gehe und wie seine „sogenannte Urlaubswoche" war. Außerdem ärgerte es ihn, dass sie schon wieder getrunken hat.

Nachdem er ihr eine Zeitlang zugehört hatte, fragte er sie: *„Sag mal, hast Du getrunken?"* Was nun kam, das hätte er nie erwartet: Sie ging sofort an die Decke: *„Jetzt haben wir uns seit einer Woche nicht gesehen"*, schimpfte sie. *„Ich habe mich so auf Dich gefreut. Ich erzähle Dir die ganze Zeit von mir und meinem Urlaub, damit Du an meinem Leben teilhaben kannst und Du gehst überhaupt nicht auf mich* *ein. Du sagst kein einziges Wort dazu. Aber was Du von mir wissen willst, ist, ob ich getrunken habe. Weißt Du mein Lieber, das ist wirklich mies von Dir!"*

Verunsichert

Das hatte Manuel nicht erwartet. Er fragte sich, ob sie nicht recht habe. Aber sein Kopf meldete sich: von wegen sie erzählt von sich und ihrem Urlaub. *„Du"*, sagt er nun, *„Auch ich habe mich auf Dich gefreut. Aber seit gut einer halben Stunde erzählst Du nur von Deinem Urlaub und das mindestens schon zum dritten Mal, immer wieder das gleiche"*, verteidigte er sich.

„Ja bin ich es Dir nicht wert, dass Du mir zuhörst?" schimpfte sie jetzt laut los.

Seine ganze Freude war jetzt dahin. *„Weißt Du"*, sagte er nun verärgert, *„ich glaube es ist besser, wir hören uns wieder, wenn Du wieder nüchtern und klar im Kopf bist."*

„Wie Du meinst, mein Lieber", schimpfte Simone nun spitz, *„aber das, das ist jetzt Deine Entscheidung. Ich wäre nämlich jetzt gern zu Dir gekommen. Aber Du musst uns ja unseren schönen Abend kaputt machen."* Und sie unterbrach die Verbindung.

Teil1 - Kapitel 8

Er war ihr nicht gewachsen

Simone hatte eine so „raffinierte und verdrehte Form" zu argumentieren, die ihn plötzlich zum „Schuldigen" machte. So etwas hatte er noch nie erlebt. Dieser Frau war der geradlinig denkende Manuel einfach nicht gewachsen. *„Die spinnt"*, so dachte er.

- Er konnte sagen was er wollte, sie schaffte es immer, sich als gut, sauber und edel darzustellen.
- Auf der anderen Seite schaffte sie es, ihn zum Bösewicht zu machen und ihm Schuldgefühle zu verpassen.
- Und sie schaffte es auch noch, aus einer Niederlage einen Sieg zu machen.

„Ich muss das wieder in Ordnung bringen"
Da Manuel ein großes Gewissen hat, fragte er sich, ob er vielleicht etwas falsch gemacht habe. *„In jedem Fall kann ich mit diesem komischen Gefühl im Bauch nicht schlafen gehen"*, dachte er.
Mit „gemischten (Schuld)-Gefühlen" rief er noch einmal bei Simone an. Besetzt! Nach einer halben Stunde noch einmal: Immer noch besetzt. Sein Ärgerpegel von vorhin war jetzt bei „Null". Merke: Warten macht entweder aggressiv oder demütig! Deswegen muss man ja bei Ärzten so lange warten (Spaß beiseite).
Er wusste nur eines: *„Er wollte, nein, er musste mit Simone reden und versuchen, die Sache wieder einzurenken. Wahrscheinlich hatte sie recht. Er hätte wirklich besser auf sie eingehen können."* (Schuldzuweisung wirkt schon!)

Machtspiele
Endlich, nach einer guten Stunde des Wartens, war ihre Leitung frei. *„So"*, fragte sie ihn kalt, (und die Stimme – die sonst so schnurren konnte - tat ihm furchtbar weh) *„was willst Du? Ich denke, Du willst mich erst wieder hören, wenn ich nichts mehr getrunken habe"*, lallte sie wieder. *„Also warum rufst Du schon wieder an?"*

Manuel kam sich durch ihre Stimme gedemütigt und wie ein dummer Junge vor *„O.k., Du hattest ja vorhin recht und es tut mir wirklich leid"*, sagte er. Aber er spürte, dass er nun an seinen Gefühlen zum Verräter wurde, weil das gar nicht stimmte. Aber er wollte Frieden!

„Was tut Dir leid?", fragte sie sofort zurück. Er kam sich dabei so gedemütigt vor, wie die Maus vor der Klapperschlange. Sie war es, die nun die Peitsche schwang und die ihre Macht über ihn und seine Hilflosigkeit genoss. *„Ich mag Dich doch auch"*, stotterte Manuel, *„ich habe mich doch auch auf Dich gefreut und ich wollte doch auch so gern heute mit Dir zusammen sein"*. *„So"*, meinte sie nun ganz freundlich, *„Gut, dann komme ich jetzt zu Dir"*. Knack und schon war die Leitung unterbrochen.

Psychologisch gesehen:
Da Simone sehr hübsch ist, hat sie schon jung entdeckt, wie man von gewissen Männern alles haben und mit ihnen „spielen" kann.
Heute ist sie eine erfahrene, aber auch raffinierte Frau, mit dem Anspruch einer Kleopatra.
Sie beherrscht das Katz- und Maus Machtspiel zwischen Mann und Frau vollkommen. Sie weiß, wie man sich einen Mann gefügig macht und diesen beherrscht. Das ist Narzissmus pur.

Was das ist, können Sie in meinem Buch nachlesen:
„Ich möchte Dich endlich einmal verstehen…"
Charakter – und Persönlichkeitsstrukturen.

Wohl war es Manuel nun nicht. Eigentlich wollte er nur mit ihr Frieden schließen. Er wollte sie nach diesem Hick- Hack heute bestimmt nicht sehen. Sie hatte ihn einfach überrumpelt und er hat sich überrumpeln lassen. **Jetzt fuhr sie auch noch alkoholisiert mit dem Auto.**

Bald sauste ihr Sportwagen vor sein Haus. Als er die Haustür öffnete, fiel sie ihm strahlend um den Hals, wie wenn nie etwas gewesen wäre. Sie gingen sofort ins Bad und danach ins Bett. Zähneputzen, Abschminken, Waschen war für Simone vor dem Zubettgehen Pflicht.

Wenn sie nur nicht so unangenehm aus ihrem Mund und ihr Körper nicht so scheußlich säuerlich nach Alkohol und Kneipe gerochen hätten, wäre es vielleicht noch ein schöner Abend geworden. Aber so...

Teil1 - Kapitel 9

Kopfweh...
Am Montagmorgen klingelte um 5.30 Uhr Manuels Wecker. Er musste sofort aufstehen, denn nach dem schneereichen Wochenende, gab es immer in der Werkstatt viel vorzubereiten. Und je eher er dort war, desto besser.
Simone lag so schön bettwarm neben ihm. *„Was, erst 5.30 Uhr, das ist ja noch Mitternacht"*, sagte sie. *„Du kannst doch noch ein bisschen bei mir liegen bleiben."* Aber Manuel machte sich sanft von ihr frei und ging ins Bad.
Kurze Zeit danach kam sie auch ins Bad. Er bemerkte, dass es Simone nicht gut ging. *„Is´ was?"* fragte er. *„Nein, nichts"*, sagte sie einsilbig, *„nur ein bisschen Kopfweh."* *„Ach so"*,

meinte Manuel nachdenklich: *„Das ist ja auch kein Wunder, nach der Menge Alkohol, die Du gestern getrunken hast."*

„Alkohol? Ich habe doch schließlich in der letzten Zeit fast nichts getrunken." Während er noch verblüfft da saß, stand sie schon auf, ließ alles stehen und liegen und verließ mit einem angesäuerten: *„Mach´s gut und arbeite nicht so viel"* das Haus.

„Von wegen Kopfweh", dachte Manuel, *„das hatten Vater und Mutter auch immer nach ihren Saufereien am Tag danach."*

Bowling treffen
Am Donnerstagabend erzählte er ihr, dass er morgen Abend zum ersten Bowling treffen im neuen Jahr gehen werde. Simone fuhr sofort ihre Alarmantennen aus. *Was da los sei, wer da alles käme?* fragte sie mit lauerndem Unterton.

Manuel erzählte: Da ginge er schon seit Jahren hin. Es gab Abende, die wirklich Spaß machten. Aber wichtig waren ihm die persönlichen- und die Geschäftskontakte, die so nebenbei geknüpft wurden. Er war, als Meister eines renommierten Autohauses mit Werkstatt, Reparatur und Verkauf, ein kompetenter Ansprechpartner.

Heiratsvermittlung
Simone fragte nun interessiert nach. *„Frauen? Ja sicher seien auch Frauen dabei, oft sogar mehr als Männer. Denn der Bowlingclub sei im Lauf der Jahre auch zu einer Art Singletreff, Beziehungsclub und Heiratsvermittlung geworden"*, so erzählte er.

„Wo sollen die 40-50 jährigen Singles, nach Partnerproblemen und Scheidungen sonst auch hingehen, um neue Partner kennenzulernen", so Manuel, „dafür ist unser Club geradezu ideal."

„Du hast Dir wohl auch öfter eine ausgesucht", flötete nun Simone süßlich und lauernd. Manuel hörte ihren Unterton nicht und antwortete ganz sachlich: „Ja, es gab schon mal eine, die mir schöne Augen gemacht hat, oder wo meine Freunde versucht hätten, mich mit der oder der zu verkuppeln. Aber um Gottes Willen", so Manuel „Ich bin doch nicht verrückt, da bin ich sofort Stadtgespräch. Das ist es mir nicht wert und billige Affären mag ich nicht."

„Siehst Du", schnurrte Simone nun erleichtert, „Du brauchst auch keine andere Frau, Du hast doch mich." Plötzlich war wieder die alte, vertraute Stimme und Schwingung da.

Angst vor dem Älterwerden
So einfach ist das, dachte sie: „Da sitzen in diesem Club ein Haufen lediger Hühner auf der Stange und warten auf einen goldenen Gockel." An so eine Möglichkeit hatte sie nie gedacht. Klar, Manuel ist ein gut aussehender Mann, im besten Alter und noch dazu eine gute Partie dazu.

Die Angst in ihrem Unterbewusstsein sprach nun zu ihr:
- **Du bist jetzt 48, hast Deine Lebensmitte bereits überschritten.**
- **Du wirst auch langsam älter. Deine Haare werden grau, Falten hast Du auch schon und Dein Busen beginnt auch aus der Form zu gehen.**
- **Du solltest nicht den Rest Deines Lebens allein sein. Wer nimmt Dich mit 50 oder 60, wenn Du**

erst richtig grau bist, noch älter wirst und Deine Haut nur noch aus Falten besteht?

- **Schau Dir das Leben all Deiner Freundinnen an.**

Das war das erste Mal, dass sie so dachte. Auf diese Erkenntnis hin stieg Angst in ihr hoch. Ihr wurde klar: Sie wollte ihn, diesen gutherzigen Mann nicht wieder verlieren, wie all die anderen kurzen Beziehungen und Bettgeschichten in ihrem Leben, von denen sie nie sprach...

Da sie sehr aufgewühlt war, musste sie sich erst einmal beruhigen. Sie stopfte verschiedene Süßigkeiten in sich hinein, trank schnell einige Gläser Wein und schüttete noch den Inhalt einer weiteren Flasche Wein hinterher.

Irgendwann war sie so betrunken, dass sie auf ihr Bett fiel und einschlief.

Am Freitagmorgen, als der Wecker klingelte, fühlte sich Simone wie zerschlagen. Ihr war schrecklich übel und sie roch noch nach Alkohol.

Die alkoholische Depression

Der jahrzehntelange Alkoholkonsum hat in Simones Psyche schon erheblichen Schaden angerichtet. Ihre oft seltsamen Reaktionen Manuel gegenüber, zeigen das deutlich.
Sie ist zu einer „GESPALTENEN PERSÖNLICHKEIT" geworden:

Außen: die tolle Frau
Da sie ja in zur Arbeit und oft „aus" ging, waren ihr Körperpflege, sauber und gepflegt sein, gut ausschauen, tolle Kleidung, ganz wichtig. Auch wollte sie als Singlefrau mit 48 Jahren, noch so schön und faltenfrei als möglich sein, denn die Konkurrenz schläft nicht, wie sie ja gestern Abend von Manuel vernommen hatte. Deshalb waren in ihrem Bad die Schränke voll mit Kosmetika, Cremes, Peeling, Auf- und Abschminkmittel, Schönheitscremes, Anti-Aging-Produkten, welche sie früh und abends sehr intensiv benutzte. Denn Simone hatte Angst vor dem Älterwerden.

Innen: Messie und Depression durch Alkohol
Wenn sie allerdings allein war, vernachlässigte sie sich vollkommen, auch, was ihre Ernährung betraf. Die enorme Unordnung in ihrer Wohnung, die Berge von schmutzigem Geschirr in der Küche, die Sachen, die sie überall gestapelt hatte, das ließ sich nur so erklären:

Durch 30 Jahre Alkoholkonsum ist sie zum **Messie** geworden: **(engl. Chaos-Durcheinander, bezeichnet zwanghaftes Verhalten zum übermäßigen Ansammeln von mehr oder weniger wertlosen Dingen).**

30 Jahre Alkoholkonsum haben sie gleichgültig gemacht, wie es um sie herum aussah. Auch die vielen leeren Flaschen, die um ihr Bett und um den Fernsehsessel herumstanden, sah sie schon lange nicht mehr.

Es störte sie nicht mehr, dass so viele Zeitungen, Zeitschriften, Kleidung, Abfall, Unrat, Müll in den Ecken und auf dem Fussboden herumlagen, sodass sie durch ihre Wohnung nur noch auf kleinen Trampelpfaden gehen konnte.

30 Jahre Alkoholkonsum haben die junge, hübsche, lebenslustige Frau zu einer Alkoholabhängigen werden lassen, mit einer:

SCHWEREN DEPRESSIVEN LEBENSHALTUNG.

Wir sprechen hier von einer:
„ALKOHOLISCHEN DEPRESSION"

Aufgrund des Außenbildes, kann natürlich kein Mensch ahnen, wie es in ihrem Inneren wirklich aussah.

Phänomen Alkohol:
Es ist interessant zu beobachten, dass viele Alkoholiker
(solange sie dem Alkohol noch nicht „verfallen" sind)
ihr Trinkverhalten steuern können.

So trinken einige von ihnen während ihrer Arbeit, oder
beim Autofahren keinen Tropfen.
Ihr Trinkzwang beginnt mit dem Eintritt in das Privatleben.

Teil1 - Kapitel 11

Simones Freundeskreis

Natürlich hat Simone viele Freundinnen, mit denen sie sich
oft trifft und abends oft stundenlang telefoniert. Hier werden
die Probleme besprochen, die man mit sich selbst oder
besser mit den Männern oder Partnern hat.
Jede der Freundinnen meint von jeder die intimsten Ge-
heimnisse zu kennen. Dass es für Simone neuerdings einen
Manuel gibt, der eine „gute Partie" sein soll, noch dazu kein
Macho-Typ ist, sondern liebevoll, weich und im Bett sehr
zärtlich, nun, das wussten in der Zwischenzeit auch alle ihre
Freundinnen.
Alle, waren (wieder) Singlefrauen zwischen 40 und 50. Hinter einer äußeren Fassade von *„Mir geht es jetzt so richtig
gut, und allein bin ich endlich glücklich",* ging es keiner so
richtig gut. Klar, alle hatten sich mit Kindererziehung, allein-
erziehende Mutter sein, vom ehemaligen Mann versorgt zu

43

werden, selbst arbeiten gehen, das Leben mit „es sich gut gehen lassen" auszufüllen, organisiert.

Die kleine Psychotherapie oder Seelenreinigung, das waren immer die Treffs mit den Freundinnen, privat, im Cafe, beim Eisessen, im Restaurant, bei Vorträgen und Seminaren, oder beim täglichen Tratsch am Telefon, wo dann auch alle möglichen Intimitäten ausgetauscht wurden.

Nur schaute man genau hin, so hatten zwei von ihnen seit Jahren Verhältnisse mit verheirateten Männern, eine Frau lebte frustriert in einer unerfüllten Ehe, eine andere hatte wechselnde Beziehungen.

Alkohol war für alle kein Fremdwort. Wenn sie sich trafen, dann tranken sie gern miteinander einige Flaschen Sekt und Wein.

Teil1 - Kapitel 12

Bowling treffen

Als Manuel am Freitagabend im Club ankam, da war schon so richtig Stimmung. Es wurden kräftig die Kugeln geschoben, viel gelacht und einige hatten schon etwas mehr getrunken, als sie vertragen konnten. Aber das kannte man ja schon. Trotzdem gab es nie Schwierigkeiten und alles blieb immer in einem gewissen Rahmen. Nach dem Bowling saß man noch in der Bar zusammen und es wurde weiterhin geredet, getrunken und gelacht, sodass Manuel dann schließlich so gegen 1.30 Uhr daheim war. Natürlich dachte er an Simone, die ja wohl auf seinen Anruf warten würde. Aber er war auch hin-und her gerissen, ob er überhaupt anrufen sollte, weil er befürchtete, dass sie ihn nur kontrollieren wolle.

Sie lallte nur noch...

Simone war den ganzen Tag über unruhig. Immer wieder kam ihr der „Hühnerhof im Bowlingclub" in den Sinn, all die Frauen, die nur auf Manuel lauerten.

Nach einigen Telefonaten ging sie mit ihrer Freundin Beate zum Pizza essen, **wo sie miteinander eine Flasche Wein tranken, danach noch in eine Bar, wo es mit Sekt weiterging.** Als Simone ihren Alkohol- Wohlfühlpegel erreicht hatte, fand sie den Bowlingabend von Manuel gar nicht mehr so schlimm.

Gegen Mitternacht war Simone betrunken und sie war auch noch mit diesem „zünftigen Nebel" im Kopf zu sich heim gefahren. Unruhig, setzte sie sich vor den Fernsehapparat, öffnete sich noch eine Weinflasche und wartete kribbelig auf Manuels Anruf.

Irgendwann läutete das Telefon und sie schreckte hoch. Sie war inzwischen eingeschlafen. *„Hallo Schatz, da bin ich",* sagt Manuel.

Ein riesiger Stein fiel Simone von der Seele, als sie seine Stimme hörte. *„Machen wir es kurz",* sagte sie, *„Möchtest Du mich sehen, ich habe Sehnsucht nach Dir?" „Klar"* sagte Manuel. Es knackte in der Leitung und weg war sie.

Und einige Zeit danach hörte er ihren Wagen vor dem Haus vorfahren. Sie musste wie ein Rennfahrer durch die Straßen gejagt sein. Als er die Haustür öffnete, lächelte sie ihn mit verschleierten Augen an, hing ihm sofort am Hals, zog ihn ins Haus und ins Schlafzimmer.

Wenn sie nur nicht so unangenehm nach Alkohol gerochen hätte.

Kuchen mit Sekt

Samstag: Manuel stand wie üblich um 5.30 Uhr auf. Simone schlief noch sehr fest. Da er sie nicht wecken wollte, so zog er sich leise an. Er stellte ihr in der Küche Kaffee, Brötchen zum Aufbacken und er legte ihr einen Zettel hin.

Wie immer war er als erster in der Werkstatt. Da es wieder geschneit hatte, begann er schon einmal den Garagenhof freizuräumen.

Den ganzen Vormittag über dachte er an Simone und er hoffte, dass sie vielleicht auf ihn warten, oder sogar etwas zu Mittag kochen würde. Aber irgendwann am Vormittag war plötzlich ihr Wagen weg. *„Na, die hätte ja auch einmal bei mir vorbeischauen können"*, so dachte er.

Um 14.00 Uhr war er wieder in der Wohnung und sofort begann für ihn der zweite Teil des Samstags. Einkaufen gehen und er hätte sich gefreut, mit ihr zusammen einkaufen zu gehen. Während die Anderen unter der Woche Zeit dafür haben, so musste er als Selbstständiger möglichst alle seine Einkäufe am Samstagnachmittag erledigen. So gegen 16.00 Uhr, war er mit vollen Plastiktüten bepackt wieder daheim. Gegen 17.00 Uhr rief er bei Simone an, die sich bisher noch nicht bei ihm gemeldet hatte. *„Sie hätte mich ja auch einmal anrufen können";* so knurrte er vor sich hin, als er wieder ihren Anrufbeantworter hörte.

Gegen 18.30 Uhr rief sie bei ihm an. Sie fragte mit leicht schwankender Stimme:

„Na, hast Du jetzt eventuell für uns Zeit oder bist Du immer noch so beschäftigt?" Schon wieder diese Alkoholstimme, das wurmte Manuel.

"Warum hast Du schon wieder getrunken?" fragte er sie knurrend. „Habe ich doch gar nicht", meinte sie. „Aber meine Freundin Beate hat heute Geburtstag. Die habe ich vorhin besucht. Da gab es Kuchen mit Sekt."

Nach einer halben Stunde stand sie wieder vor seiner Haustür. Heute auch mit Alkohol, aber weniger als gestern Abend. Und so machten sie sich erst einmal Abendbrot, denn Manuel hatte ja eingekauft.

Noch nichts gegessen

Manuel fragte Simone (die sehr schlank war), ob sie heute überhaupt schon etwas gegessen habe, denn die Brötchen, die er ihr heute Morgen zum Aufbacken hingestellt hatte, waren nicht angerührt.

„Nein", so sagte sie, „bis jetzt noch gar nichts." „Und der Kuchen bei Deiner Freundin, beim Geburtstag?", fragte Manuel?

„Ach", sagte Simone, „ich hatte keinen Hunger, da habe ich nur ein paar Gläschen Sekt getrunken und schwups – schon war der Hunger weg", ... ein paar Gläschen Sekt, die man immer noch spürt, dachte Manuel.

„Ja, isst Du denn immer so wenig?", fragte er. „Ja, normalerweise schon. Ich esse so wie ich lustig bin", so ihre Antwort.

Manuel fragte sich: War Simone nun so schlank, weil sie so wenig aß?

Für Manuel – als besorgter Familienmensch – war es nun besonders wichtig, das Simone erst einmal etwas „in den Bauch" bekam.

Wichtig:
Es ist eine Tatsache, dass sich viele Alkoholiker in ihren Trinkphasen vom Alkohol „ernähren", statt feste Nahrung zu sich zu nehmen.

Das Fatale dabei ist, dass der Alkohol zwar als Energieträger in den Zellen „verbrannt" wird, (Wärmegefühl). Andererseits vergiftet und (zer) - stört der Alkohol = das Ethanol, die gesunden Körperzellen desto schneller. Denn den Zellen fehlen nun - für ihre wichtige Zellarbeit – alle Bausteine der Nahrungsmittel, wie Kohlenhydrate, Fette, Eiweiße, Vitamine, Mineralstoffe, Spurenelemente, Enzyme usw.

Sie roch wie eine Kneipe
Da sich Simone, aufgrund ihres Alkoholkonsums, immer noch nicht so gut fühlte, gingen sie ins Bett, wo Manuel plötzlich im Konflikt war.
Simones Körper roch heute besonders stark nach „Kneipe", was Manuel abstoßend fand. Und er hatte deshalb keine Lust sie anzurühren. Er fand das widerlich!

Manuel beginnt zu ahnen, dass Simone viel mehr „am Alkohol hängt" als sie selbst sagt, von wegen *„öfter mal ein Gläschen zum Locker werden und Entspannen."*

Da er Alkoholismus ja noch sehr gut von Vater und Mutter kannte, vermutet er, dass Simone ein Alkoholproblem hat. Deshalb beginnt er im Internet nach Erklärungen zu suchen.

Alkohol und seine Folgen:

<u>**aus Wikipedia, der freien Enzyklopädie (bearbeitet)**</u>

Ethanol ist eine farblose, leichtentzündliche, stechend riechende Flüssigkeit, die umgangssprachlich als **Alkohol** bezeichnet wird.

Ethanol entsteht unter anderem bei der Vergärung von zucker- oder stärkehaltigen Nahrungsmitteln durch Hefe oder Bakterien, wodurch zum Beispiel Wein oder Bier entstehen. Wird Ethanol konzentriert, entstehen Spirituosen, wie: Whisky, Cognac, Schnaps, Wodka oder Rum.

Der Alkohol wird in der Mundschleimhaut aufgenommen, geht in den Verdauungstrakt, Leber, Blut und schließlich in die Zellen. Auch in die Zellen des Gehirns, wo es zu Zell-Zerstörungen = Rauschzuständen kommt.

Ethanol-Wirkungen auf den Körper

Alkohol führt auch zu einer Erweiterung der kleinen Blutgefäße. Daraus ergibt sich ein Wärmegefühl im Körper. Sehr problematisch ist die Kombination von Alkohol mit Medikamenten und anderen Drogen.

Ethanol ist ein Körpergift

Für den menschlichen Organismus ist Ethanol toxisch (giftig). Eine übermäßige Einnahme führt zu typischen Störungen im Zellhaushalt, wie: **Torkeln, Lallen, Schwindel, Orientierungsstörung, Redseligkeit, gesteigerte Aggressivität, Übelkeit, Erbrechen.**

Die tödliche Dosis liegt etwa bei **3,0 bis 4,0 Promille.**

Durch regelmäßigen Alkoholkonsum werden immer stärker **alle Zellen des Körpers** geschädigt. Insbesondere leiden das Nervensystem, das Gehirn und die Leber. Diese Schädigung kann eine Polyneuritis auslösen, Epilepsie, Psychosen, soziale Vereinsamung und der verfrühte Tod können die Folge sein. Bekannt ist auch die Schädigung des Zentralnervensystems beim Delirium tremens.

Sexualität: Alkohol hat auch Auswirkungen auf Sexualität und Fruchtbarkeit. So führt Alkoholkonsum vielfach zu einer Steigerung der Sex-Lust bis zu sexueller Enthemmung.
Bei länger andauerndem Alkoholkonsum verringert sich allerdings die Erektionsfähigkeit bis hin zur völligen sexuellen Lustlosigkeit und Dysfunktion.

Fruchtbarkeit, Zeugung, Schwangerschaft
Ethanol schädigt auch Hoden und Spermien. Risiko von Fehlgeburten, Schädigung kindlicher Gene und Kindesentwicklung.
Noch schwerwiegender ist jedoch der Alkoholkonsum schwangerer Frauen.

Krebsrisiko:

Wissenschaftlichen Studien zufolge kann der Konsum von Alkohol Krebsarten, wie Speiseröhrenkrebs, Magenkrebs und Darmkrebs erzeugen. Auch steigt das Brustkrebsrisiko.

Das regelmäßige Konsumieren von Alkohol führt in der Regel zur sogenannten Abhängigkeit, das heißt Alkoholsucht = Alkoholkrankheit.

In Deutschland sterben jährlich ca. 100.000 Menschen vorzeitig aufgrund von Alkoholmissbrauch.

Konsum in Deutschland

Früher lagen der Anteil und die konsumierte Menge bei männlichen Alkoholtrinkern wesentlich höher als bei den Frauen.

Heute, im Zeitalter der oft ge- oder zerstörten Familien, der vielen Alleinerziehenden und Singlefrauen, ist die Zunahme von Alkoholkonsum gerade bei den Frauen deutlich.

Menge Alkohol. Getränke	Blutalkoholspiegel	Wirkungen
1 Bier od. 0,2 l Wein	< 0,2 ‰	enthemmende Wirkung

2–3 Bier od. 0,5 l Wein	0,5-1 ‰	„Schwips" mit Enthemmung
5–9 Bier od. 1–1,5 l Wein	1–2 ‰	deutliche Angetrunkenheit
11–16 Bier od. 2–3 l Wein	2–3 ‰	Trunkenheit, Rausch
	ab 3 ‰	schwerer Rausch
	6-8 ‰	meistens tödlich

Damit gehört Simone, zu den gefährdeten Alkoholikern.

Teil 2

„Es ist ein schwerer Irrtum
zu glauben,
dass alle Menschen
so denken,
fühlen
und handeln müssten,
wie Du Dir das vorstellst!"

„Das passt mir absolut nicht".
Sonntag: Manuel ist Frühaufsteher. Auch heute stand er so gegen 6.00 Uhr auf. Er ging leise in sein Büro, weil ihm aufgrund der vielen Arbeit in der Werkstatt, die wichtige Büroarbeit für den Jahresabschluss liegen geblieben ist.

Simone schlief noch tief und fest. „Die soll erst einmal ihren Rausch von gestern und der ganzen Woche ausschlafen", knurrte Manuel vor sich hin. „Danach muss ich mit ihr reden. Ständig diese Alkoholgeschichten, das passt mir absolut nicht."

Aber in seinem Büro hatte er heute keine richtige Ruhe für die Arbeit. Immer wieder ging ihm die Szene von gestern Abend, ihre betrunkenen Anrufe aus dem Urlaub oder der Montag, wo sie einfach gegangen ist, durch den Kopf... Und das alles wurmte ihn sehr.
Als sie gegen 8.30 Uhr immer noch schlief, ging er in die Küche, kochte schon einmal Kaffee, deckte den Frühstückstisch und ging dann ins Schlafzimmer, um sie zu wecken.
„Ja, wieso denn jetzt schon aufstehen?", schmollte sie. „Es ist doch Sonntag, da kann man doch so schön im Bett liegen bleiben und den Tag genießen."
Manuel hingegen bekam bald „Hummeln im Hintern", da er vom Bett eine ganz andere Meinung hatte als Simone. *„Bett",* so war seine Philosophie *„ist zum Schlafen da".* Er meinte augenzwinkernd dazu: *„Im Bett, da sterben die meisten Menschen. Also raus aus den Federn, wenn Du wach bist, die Sonne lacht Dich aus... Und Morgenstund hat Gold*

im Mund. Also ran ans Werk, denn Deine Arbeit macht Dir
sonst niemand. "

Simone konnte zu all diesen Großmuttersprüchen nur den
Kopf schütteln. Am besten im Bett frühstücken, noch dazu
mit einem tollen Mann, das wäre für sie purer Genuss.
Gegen 10.00 Uhr schlich Simone also langsam ins Bad, wo
sie erst einmal ausgiebig duschen und Körperpflege machen musste. Dann, so gegen 11.00, saß sie endlich am
Frühstückstisch, was Manuel absolut nicht passte. Für ihn
war das schon fast Mittag und er hatte „Hummeln im Hintern."

„Du hast ja ganz schön getrunken. "
Sie saß einsilbig da. Deshalb fragte Manuel, wie es ihr heute so gehe, was denn los sei? *„Ach nichts"*, meinte sie, *„nur
ein bisschen Kopfweh." „Na ja"*, sagte Manuel, *„Du hast ja
im Urlaub und gestern Abend auch ganz schön getrunken."*
Sie schaute ihn nachdenklich an. Dann meinte sie: **„Ach im
Urlaub, na ja, so ein paar Gläschen Sekt abends, das
entspannt, das gehört einfach mit dazu."** *„Und gestern
Abend"*, hakte Manuel sofort nach, *„was war denn da los?
Da hattest du auch schon wieder getrunken und bist dann
auch noch betrunken hierhergefahren. "*

„Das hast du doch nur geträumt"
Plötzlich war Simones Schläfrigkeit nicht mehr zu spüren.
Sie fauchte ihn an: *„Du, ich bin Dir überhaupt keine Rechenschaft schuldig, wo ich bin, was ich mache und warum
ich am Telefon nicht erreichbar bin. Und dass ich gestern
getrunken haben soll, das hast du doch nur geträumt. "*

Nun war Manuel aber platt: *„Was?"*, sagte er, *„Du bist gestern Abend reichlich betrunken bei mir vor der Tür gestanden. Warum streitest Du denn das ab?"*

Da knallte Simone das Messer auf den Tisch, mit dem sie
gerade ein Brötchen strich. Sie sprang auf und schimpfte
laut: *„Wenn Du jemanden suchst, an dem Du Deine
schlechte Laune auslassen kannst, dann bist Du bei mir
völlig falsch, mein Lieber."* Sie drehte sich um, knallte die
Tür zu, setzte sich in ihren Wagen und weg war sie.
Manuel war „wie vom Donner gerührt." Was war das jetzt
schon wieder? Und ihm war klar: Die sah er niemals wieder.
„Aber vielleicht war das auch besser so", dachte er verärgert, *„dann der viele Alkohol, dass sie immer gleich so komisch war, so explosiv, nein, das passt mir sowieso nicht."*

„Du bist ein riesiges Arschloch"
Gegen 21.30 Uhr klingelte sein Telefon. *„Tut mir leid"*, lallte
Simone mit schwerer Zunge, *„Aber Du bist so fürchterlich
auf mich losgegangen, hast mich so schrecklich niedergemacht, da musste ich einfach gehen."*

Als er dann hörte, welche Dinge sie ihm hier unterstellte -
die ja objektiv überhaupt nicht stimmten - da verteidigte sich
Manuel sofort ärgerlich: *„Aber ich bin doch weder auf Dich
losgegangen, noch habe ich Dich niedergemacht."*

Simone wurde nun laut: *„Und wie Du mich angeschrien
hast"*, schimpfte sie mit lallender Stimme. Manuel war das
alles zu blöd. Er wünschte ihr eine gute Nacht und er unterbrach die Verbindung.

„Du bist ein riesiges Arschloch", das war das Letzte, was er noch am Telefon hörte. Und das wurmte ihn besonders. Wer zu ihm „Arschloch" sagte, der ist für ihn gestorben.

Aus und vorbei! Sie erinnern sich:

Die Vergiftungs- oder Wirkungsphase:
- durch die **Gift-Wirkung des Ethanols auf die Zellen unseres Gehirns, Nerven- und Muskelsystems verändert sich auch die Psyche:**
- viele reden dann unkonzentriert, mit schwerer Zunge, bringen alles Mögliche durcheinander, reden immer wieder das gleiche, **oder sie pöbeln herum.**

„Ich finde es widerlich"
Und zum zweiten Mal an diesem Tag war Manuel wegen Simones Sauferei und ihrem Gepöble sehr verärgert. *„Na klar: Wenn die getrunken hat, dann spinnt die wirklich".*

Der nachfolgende Fachartikel erklärt Simones Verhalten:

Die 5 Phasen des Trinkens:
(Aus Wikipedia, bearbeitet)

1. Die Vorphase:
Das ist die Situation, die zum Trinken hinführt:

- In der Regel sind das **seelische Gründe,** die tief im Unterbewusstsein ablaufen: **Ärger, Streit, oder: sich einsam, sich verlassen – sich nicht geliebt** fühlen.
- Häufig findet Trinken in Kneipen, Bars, Gesellschaft, Freundeskreis, Feiern, Treffen usw. statt.
- Heute, im Zeitalter der Computer, Fernsehapparate, Internet, der zerbrechenden Ehen und Partnerschaften, der vielen Alleinerziehenden und Singles, verändert sich insbesondere bei dieser Gruppe das Trinkverhalten:
- **Viele trinken allein daheim.**

Hier findet sich die größte Gruppe: die Frauen.

2. Die Trinkphase selbst:
Ist für jeden Alkoholiker anders, was, wie viel und wie lange getrunken und welcher Alkoholzustand dann erreicht wird.

3. Die Vergiftungs- oder Wirkungsphase:
- Jeder der trinkt, reagiert auf **die Gift-Wirkung des Alkohols/Ethanols in seinem Körper anders**: Mann? Frau? Größe? Gewicht? Gesundheits- und Ernährungszustand?

- Unter der **Gift-Wirkung des Ethanols auf die Zellen unseres Gehirns verändern sich Nerven- und Muskelsystems, auch die Psyche.**
- **Deshalb beginnen Berauschte zu lallen und zu torkeln.**
- Viele sind dann sehr redselig, reden unkonzentriert, oft mit schwerer Zunge, bringen alles Mögliche durcheinander, reden immer wieder das Gleiche, lachen lautstark und affektiert, oder pöbeln herum.
- Andere werden still, depressiv, weinerlich, kramen ständig in ihrer Vergangenheit, oder fühlen sich „von Gott und der Welt" verlassen.
- Sie bedauern sich und ihr „Schicksal" und wichtig: Alle anderen sind an allem schuld. Sie weinen unter Umständen, brauchen dann jemanden zum Reden (telefonieren) und wieder etwas zum Trinken…

Bis der Alkohol die Zellen des Gehirns so blockiert hat, dass der Körper jeden Dienst verweigert, sie „erlöst" in einen ohnmachtsähnlichen Alkohol-Schlaf fallen.

4. Die Abbau- oder Entzugsphase:
Der berühmte Tag oder die Tage danach. Hier ist immer die Frage, was und wie viel Alkohol wurde getrunken, wie viel Restalkohol noch im Körper ist. Entscheidend ist, wie viel Energie der Organismus noch hat, um den Restalkohol abzubauen. Das hängt wieder davon ab, wie lange der Mensch schon trinkt, welche Zell - Schädigungen in den Organen des Körpers schon durch das Ethanol entstanden sind.

5. Die Verleugnungsphase:
Die meisten Trinker verleugnen vehement, dass sie
überhaupt trinken, bzw. dass sie getrunken haben und
was sie dann unter Alkohol gesagt oder getan haben.

Natürlich wissen auch Alkoholiker, dass da etwas war, aber
was? Die Erinnerung fehlt. Oft sind die Dinge neblig und
verschwommen, oder es gibt echte Erinnerungslücken und
Filmrisse.
Schlechtes Gewissen, Scham, auch Schuldgefühle und
sich nicht vorstellen können, dass ich das bin, was die
anderen nun über mich erzählen, das führt dann oft zu
Abwehr mit Lügereien, Verleugnungen usw.

Flucht aus Wirklichkeit und Verantwortung:

Da viele Alkoholiker - aufgrund unbewusster Probleme
und ihres mangelnden Selbstwertgefühls, das alles
nicht gern hören und sie sich damit auch nicht ausei-
nandersetzen möchten, was ihnen der Partner(in) sagt
oder vorwirft, ist die typische Folge, dass sie ihr gelern-
tes „Flucht- oder Entlastungsprogramm" starten und
nun wieder mit dem Trinken beginnen.

Wenn Sie aufmerksam gelesen haben, dann konnten Sie
hier in fast jedem Satz Simone wiedererkennen.

Teil 2 - Kapitel 2

Montag und Dienstag hörte Manuel nichts von Simone. Er hatte auch keine Lust bei ihr anzurufen, denn Simones Schlusssatz: *„Du bist ein Arschloch"*, das hat ihn sehr verletzt. Für ihn war diese Sache mit ihr beendet.

Nur, wenn er zu sich selbst ehrlich war und seine Gefühle befragte, dann musste er sich eingestehen, sie fehlte ihm. Aber sein Verstand sagte: *„Keine Frau mehr die säuft!"* Und in seiner Sehnsucht träumte er von ihr.

Dieser Konflikt war einfach zum Verrücktwerden!

Am Mittwochabend klingelte sein Telefon. Simone war es. Sie wollte einfach einmal hören, wie es ihm so geht. *„Gut geht es mir"*, sagte Manuel. (Und da log er natürlich) *„Und Dir?" „Ach mir geht es auch gut"*, so Simone. Und dann sagten beide nichts mehr. Nach einigen Minuten meinte Manuel, dass ihm die Zeit zu schade sei, um sich hier am Telefon anzuschweigen. *„Ja, dann können wir ja wieder auflegen"*, meinte sie spitz und knack, war die Leitung unterbrochen.

„Was sollte denn nun das wieder? Hat sie auch schon wieder getrunken", so fragte er sich.

Irgendwann in der Nacht klingelte wieder das Telefon. Aus dem Schlaf gerissen meldete sich Manuel. **Simone war es und sie weinte heftig:** ***„Du tust mir immer so weh, wenn Du mich immer so beschimpfst"***, lallte sie.

Nun war Manuel aber hellwach: ***„Was redest Du da für einen Unsinn?"***, verteidigte er sich ärgerlich: ***„Ich soll Dir wehgetan haben? Hast Du nicht riesiges Arschloch zu*** *mir gesagt?"* *"Ja, aber doch erst, nachdem Du mich so beschimpft und niedergemacht hast."* Manuel bemerkte an ihrer verwaschenen Sprache, dass sie schon wieder getrunken hatte.

Weil er jetzt wütend war, hatte er keine Lust mit ihr weiterzureden. Das brachte gar nichts.

Also fragte er sie: *"Sag mal, hast Du schon wieder getrunken?"* Und sie antwortete darauf: *"Nein, keinen Tropfen. Aber weißt Du, Du fehlst mir sehr. Wann sehen wir uns?"*

"Wenn Du getrunken hast gar nicht", knurrte Manuel. *"O.k., also dann morgen Abend"*, meinte sie. "Nein, morgen Abend geht das nicht, da bin ich in meiner Gruppe", sagte Manuel. *"Gruppe?"*, so Simone, *"was ist das für eine Gruppe, was macht ihr da?"* Und plötzlich war Simone hellwach.

Manuel erzählte nun von der Selbsterfahrungsgruppe, zu der er seit gut zwei Jahren alle 14 Tage gehe.

Diese sei ihm sehr wichtig geworden, weil er da schon sehr viel für sich gelernt habe.

"Sind da auch Frauen?", wollte Simone sofort wissen. *"Klar"*, so Manuel. *"Wir sind zwölf Frauen, zwei Männer und unsere Therapeutin."*

"Na ja, da kannst Du Dir ja unter Deinen Psychotanten eine aussuchen", meinte sie plötzlich spitz und legte einfach auf.

In der Selbsterfahrungsgruppe

Am Donnerstagabend trafen sie sich in der Selbsterfahrungsgruppe, das erste Mal im neuen Jahr. Sie begrüßten sich herzlich. Jeder kannte von jedem schon seine Lebensgeschichte. Es war ja das Ziel dieser Gruppe, sich auszutauschen, miteinander über sich selbst, über Probleme und Schwierigkeiten zu reden, also Selbst - Erfahrung zu machen. Das weitere Ziel war es, sich selbst, seine verborgenen Wurzeln, die Folgen von Erziehung, Prägung und Kindheits- und Lebenserfahrungen sehen und verstehen zu lernen.

Manuel und Bernd – die einzigen Männer in dieser Gruppe – waren bei den Frauen beliebt, denn so meinten diese, sie wünschten, ihre Männer würden auch in eine solche Gruppe gehen und für das Leben lernen. Aber diese hätten ganz anderes im Kopf, als sich um ihre seelische Entwicklung zu kümmern.

„Niemals mehr einen Mann, der säuft"

Zu Beginn der Gruppe sollte jeder berichten, wie es ihm gehe und was so in der letzten Zeit in seinem Leben passiert sei. Manuel erzählte die Geschichte mit Simone, wie er sie kennen und lieben gelernt habe, auch was er mit ihr schon alles in dieser kurzen Zeit, wegen ihrer Alkoholgeschichten, erlebt habe.

„Und genau deshalb, habe ich mich vor drei Jahren von meinem Ex scheiden lassen. Der hat auch immer so gesoffen", meinte sofort eine Teilnehmerin. *„Nie mehr einen*

Mann, der säuft", so ihr Kommentar. Und was nun kam, das hätte Manuel nicht erwartet:

Jeder in der Runde konnte über irgendwelche Familienmitglieder, Freunde, Bekannte berichten, die ein Alkoholproblem hätten und was sie alles mit denen im Alkoholrausch erlebt haben.
Und jedem fehlte das Verständnis für diese Saufereien und von Erlebnissen unter Alkohol.

Bernd meinte: *„Betrunkene Männer sind schon schlimm, aber betrunkene Frauen finde ich noch viel schlimmer. Wenn die Arschloch zu mir gesagt hätte, dann hätte ich sie zum Teufel geschickt."*
Manuel wusste genau, wovon alle redeten, denn er hatte Alkoholismus seine ganze Kind- und Jugendzeit in seinem Elternhaus erleben müssen. Nur mit Simone, da war er jetzt im Konflikt. Da war Liebe im Spiel und das war der Unterschied.

Dass Simone ein echtes Alkoholproblem hat, wenn sie nicht sogar Alkoholikerin ist, das wurde ihm nun in der nächsten Stunde so richtig klar.

Die Therapeutin fragte Manuel, wie es ihm gehe, wenn er so darüber redet? *„Na, ja"*, antwortete er, *„diese Zeit mit ihr hat mich sehr nachdenklich gemacht. Aber ich mag sie sehr. Wenn sie nicht getrunken hat, dann ist sie sehr warmherzig. Ja, der ständige Alkohol, das ist für mich wirklich ein Problem."*

„Aber vielleicht kann ich ihr helfen?"
„Das ist doch alles Quatsch", rief sofort die Frau, die sich von ihrem alkoholsüchtigen Mann hat scheiden lassen. Das habe ich bei meinem trunksüchtigen Mann 22 Jahre lang versucht.

„Du als Partner, Du kannst kaum Deinem Partner/in helfen, der/die säuft. Und die in den AA – Gruppen (Anonyme Alkoholiker) sagen das auch, wo ich jahrelang hingegangen bin.
Du kannst Dir bei dem – der säuft - Fusseln ans Maul reden. Aber das bringt gar nichts. Du kannst Dich über diese Saufereien ständig grün und blau ärgern, das macht nur Deine Nerven kaputt.

Heute sage ich Dir aus meiner 22 jährigen Erfahrung mit einem Alkoholiker: Lass diese Frau ganz schnell los. Lass sie saufen, so viel sie will. Lass sie besoffen so viel Unsinn daherreden, so viel sie will. Du musst ja darauf nicht antworten.

Aber geh Deiner Wege und trenne Dich von Ihr, je schneller, desto besser.
Und vergiss ganz schnell, wenn Du meinst, dass Du Alkoholikern helfen kannst. Das geht einfach nicht. Das kostet Dich nur Kraft und unnötige Jahre Deines Lebens.

Du kannst Alkoholikern nicht helfen. Vielleicht können das Kliniken und Therapeuten.

Aber Du als Partner, Du bist der schlechteste aller Helfer, das sage ich Dir aus meiner Erfahrung."

...und die anderen saßen dabei und nickten. Aber auch Manuel wusste aus seiner Erfahrung, dass die Teilnehmerin ja so recht hatte. Hatte er nicht seine ganze Kind- und Jugendzeit das Gleiche bei Vater und Mutter erlebt?

Wollen keine Verantwortung übernehmen
„Doch, ich denke, man könnte ihr schon helfen", meinte irgendwann die Therapeutin. *„Aber der springende Punkt ist:*

- *Sie muss selbst kommen, weil sie einsieht, dass sie ein Alkoholproblem hat.*
- *Sie muss auch für sich Verantwortung übernehmen, also Hilfe wollen, annehmen und umsetzen.*

Nur die meisten Menschen mit einem Alkoholproblem, lassen den Gedanken gar nicht an sich heran und sie wehren vehement ab, dass sie Alkoholiker sind und das sie Hilfe brauchen würden", so die Therapeutin.

- *„Medizinisch und psychologisch gesehen sind Alkoholiker kranke Menschen"*, so die Therapeutin. *„Nur, sie haben für ihr Alkoholproblem, also für ihre Sucht-Krankheit keine Einsicht.*
- *Und so stören sie, wenn sie wieder getrunken haben, mit ihrer Art den Seelenfrieden all der Menschen, mit denen sie zusammenleben, die so genannten Co-Abhängigen."*

Bin ich bei Simone der Co- Abhängige?

- Manuel fragt sich nun, ob er im Alkohol System von Simone zu einem sogenannten Co- Abhängigen geworden ist?

- *„Liebe, Hilfsbereitschaft, Gutmütigkeit, Angst um den anderen, und großes Verantwortungsgefühl, das sind die Motoren um bei einem alkoholkranken Menschen zu bleiben"*, so die Therapeutin.

- *„Aber die Erfahrung zeigt, **dass Alkoholiker sich diese Liebe nicht verdienen,** weil man mit ihnen oft viel Ärger und Frust hat und man durch ihr Trinken ständig mit seinen Gefühlen hin und her gerissen wird.*

„Man kann sich nicht auf sie verlassen"

- *„In keiner Partnerschaft erlebt man so viel Auf und Ab, so viel Verletzungen, wie im Zusammenleben mit Alkoholikern, denn der Alkohol macht sie völlig unberechenbar.*

- *Man muss bei Alkoholikern immer misstrauisch sein. Sie versprechen viel, aber man kann sich nicht auf sie verlassen.*

- *Mancher würde sagen: „Diese Menschen lügen. Man kann ihnen einfach nicht vertrauen." Das Problem ist: Alkoholiker haben sehr schnell ein schlechtes Gewissen. Deswegen leugnen sie alles, was mit ihrer Trunksucht zusammenhängt.*

- *Wenn sie versprechen nichts mehr zu trinken, meinen sie das oft ehrlichen Herzens.*

- *Aber in ihrer empfindlichen und labilen Psyche, da ist die Alkohol – Sucht - Krankheit, die viel stärker, als alle schnell gegebenen Versprechen".*

Alkoholiker sind kleine Kinder geblieben

- *"Im Grunde,* so die Therapeutin, *sind Alkoholiker in ihrer Seele kleine Kinder geblieben, die oft mit unserer realen Erwachsenen- Welt nicht zurechtkommen.*
- *Ihr "Inneres Kind" erlebt immer wieder Frust, weil sich seine kindlichen Vorstellungen nicht verwirklichen, (so wie bei Alice im Wunderland).*
- *Und ihre kindliche Art ist es, wie Rumpelstilzchen mit dem Fuß aufzustampfen und der Wirklichkeit des Lebens durch Trinken von Alkohol davon zu laufen = Flucht aus der Erwachsenenwelt, der Verantwortung und Wirklichkeit.*
- *Aber die Belohnung lockt schon: Und ihr Wunderland beginnt dann, wenn sie ihre Droge, ihren Alkohol getrunken haben. Dann ist alles halb so schlimm, so leicht, locker, flauschig und wunderbar...*
- *Und diese Wunderdroge Alkohol ist ja auch in jedem Supermarkt billig erhältlich und jede Party beginnt mit Bier, Wein oder Sekt.*
- *Also, statt die Regeln dieser "Scheißwelt" einzuhalten, ist für Alkoholiker die Eintrittskarte zu ihrem Wunderland der Inhalt einer Flasche, wie bei anderen die Zigaretten, der Joint, die Drogen, der volle Kühlschrank, die Spielhölle usw.*

- *Alkohol ist also auch ein Gesellschaftsproblem, wie die vielen Suchtkranken zeigen, die es nicht schaffen, sich nüchtern dem Leben zu stellen.*

Typische Frusttrinkerin

Na, das reichte Manuel nun wirklich, was er hier und heute über Alkohol und die dazugehörigen Probleme gehört hat. Aber einiges ist ihm sehr klar geworden:

Simone ist eine typische Lust- bzw. Frusttrinkerin, die immer dann trinkt, wenn sie sich allein gelassen fühlt oder wenn in ihrem Leben etwas schief läuft, dachte Manuel.
Dann ist also das Trinken selbst gar nicht das eigentliche Problem, sondern die Psyche von Simone.

Und genau das sagen ja auch alle Suchttherapeuten und Psychologen:

Alkohol ist ihr Medikament

Alkoholiker haben ein angelerntes Trink-Programm: *„Wenn es mir im Leben zu „dick" wird, dann brauche ich Alkohol, zum Entspannen, Loslassen, Vergessen."*
Dieses Programm ist in ihrem Unterbewusstsein gespeichert.
Andere erreichen genau das Gleiche: Entspannen, Loslassen, Vergessen mit einem **Medikament: mit Psychopharmaka.**

Alkoholismus ist also in Wirklichkeit ein Symptom, das auf Probleme, Störungen oder Krankheiten in der Seele des Trinkers hinweist.

Ihr Medikament dafür - ist der Alkohol

Teil 2 - Kapitel 4

„Du fehlst mir so sehr"

Als Manuel gegen 23.30 Uhr heim kam, war er sehr nachdenklich. Auf dem Garagenhof ging das automatische Licht an. Da sah er, dass in der Haustür jemand stand, aber es war kein Auto zu sehen. *„Nanu?"*, dachte er sich. Dann erkannte er Simone.

„Was soll denn das? Lauert die mir hier auf, um zu sehen, ob ich allein heimkomme?" Sofort stieg Ärger in ihm hoch.

Als er zur Tür kam, bemerkte er, dass sie schwankte und sich kaum auf den Beinen halten konnte. Sie lallte: *„Na, war's schön? Kommst Du immer so spät von Deiner Gruppe?"* ... und schon fiel sie ihm um den Hals. *„Du fehlst mir so sehr, ich will Dich mit keiner anderen Frau teilen!"*

Erpresst

Manuel war wütend: *„Die lauert mir hier volltrunken auf, überwacht mich, weil sie eifersüchtig und misstrauisch ist"*, dachte er.

„Heute ist sie völlig betrunken. Ihr Auto steht wahrscheinlich irgendwo, mit dem sie auch noch sternha-

gelvoll gefahren ist. Am liebsten würde ich sie weg-schicken." Er fühlt sich erpresst.

Sie hingegen, hing wie ein kleines Kind an seinen Hals, schmuste mit ihm herum, was er widerlich fand. Sie schwankte an seinem Arm, ging wie selbstverständlich in sein Haus, sein Schlafzimmer, zog sich aus und schnurrte. *„Nun komm schon, Du starker Bär, ich habe mich schon den ganzen Tag auf Dich gefreut".* ...und kaum lag sie in seinem Bett, da schlief sie schon fest.

Und sie roch wieder einmal fürchterlich, wie eine Kneipe von innen...

Teil 2 - Kapitel 5

Der Körper wehrt sich: 1. Zusammenbruch
Am Freitag in der Früh, klingelte um 5.30 Uhr sein Wecker. Simone war schon wach. Er hatte im Halbschlaf gehört, dass sie sich unruhig bewegte.

Plötzlich sprang sie würgend aus dem Bett, rannte auf die Toilette und er hörte, wie sie sich übergeben muss-te, wie sie immer wieder würgte.

Irgendwann schlich sie kreidebleich zurück ins Schlaf-zimmer und fiel erschöpft ins Bett. Hier lag sie nun, mit großen ängstlichen Augen und zitterte.

Manuel wusste in diesem Moment überhaupt nicht, was er tun sollte.

Nun bekam es Manuel mit der Angst zu tun. *„Soll ich einen Arzt holen?",* fragte er. Sie schüttelte ihren Kopf. *„Möchtest Du einen Tee?",* sie schüttelte wieder mit dem Kopf. In sei-ner Sorge fragte er und fragte, aber er bekam keine Antworten. Sie lag kreidebleich da und wollte nur ihre Ruhe haben. Manuel war beunruhigt.

Immer, wenn Du viel getrunken hast...
In der Zwischenzeit war es schon 7.00 Uhr. Er hätte in die Werkstatt gehen müssen, aber er konnte sie in diesem Zustand nicht allein lassen.
Manuel fragte: *„Sag mal, hast Du das öfter?"* Es dauerte lange, bis sie antwortete: *„Schon"*, meinte sie. *„Und Du hast das immer, wenn Du viel getrunken hast, stimmt`s"* und sie nickte nur.

„Du hast in den letzten Tagen einfach zu viel getrunken", so Manuel, *„Ich fahre dich jetzt zum Arzt."* Da sprang Simone aus dem Bett und zog sich an. *„Ich gehe zu keinem Arzt"*, sagte sie, *„Nie. Die können mir auch nicht helfen."*

„O.k., Dann bleib hier liegen", lenkte Manuel ein, *„ich werde öfter nach Dir schauen"*, denn er hatte sie in diesem Zustand lieber bei sich im Haus, als bei ihr allein daheim.
„Wer weiß", dachte er, *„was die sonst in ihrem Saustall wieder anstellt."*
Als er am Vormittag einmal Zeit hatte, rief er in seiner Hilflosigkeit erst seine Therapeutin und dann seinen Freund Andreas an, um sich Hilfestellung zu holen.

Andreas ist Heilpraktiker, ein „alter Hase" mit eigener Praxis und gut 30 Jahre Erfahrung. Manuel erzählte ihm die ganze Geschichte mit Simone.

„Alkoholvergiftung"

„Die hat eine schöne Alkoholvergiftung, mein Lieber", so Andreas. *„So wie Du das schilderst, das werden bestimmt 2-3 Promille gestern gewesen sein.*
Klar bei dieser Alkohol Giftmenge, da wehrt sich nun der Körper.
Außerdem macht deine Freundin jetzt einen schönen Entzug durch. Wie lange säuft Deine Freundin denn schon?" … und Manuel bemerkte, dass er keine Ahnung hatte.
*„Was die Frau jetzt brauchen würde, ist viel **Kamillentee** zum Ausschwemmen, **Schonkost,** sofern der Körper überhaupt zum Essen in der Lage ist.*
*Dann **langzeitige Leber-, Lymph- und Nierenentgiftung,** und danach den Körper wieder aufbauen mit **Multivitaminen und Multiminerale,** eventuell noch mit **Enzymen und Aminosäuren",** so Andreas.*
„Und natürlich, sofort Schluss mit dem Saufen, oder ab in eine Klink zum Entgiften und danach sofort 3 – 6 Monate zum Entzug. Weiterhin jahrelange Psychotherapie, sonst geht das immer so weiter", so Andreas.

Also fuhr Manuel besorgt zur nächsten Apotheke und kauft die Mittel, die Andreas ihm durch das Telefon diktiert hatte, was ihn eine schöne Stange Geld kostete. Das brachte er alles zu Simone, die immer noch bleich im Bett lag. Brav nahm sie die Mittel ein, aber erst, nachdem sie sich überzeugt hatte, dass es sich hier um Naturmittel und nicht um chemische Keulen handelt, wie sie sagte.

Alkohol- Karriere

Manuel setzte sich an das Bett und fragte: *„Sag mal, wie lange trinkst Du eigentlich schon, aber bitte ehrlich?"* Und weil es ihr noch sehr schlecht ging, war Simone sehr kleinlaut.

- **Schon in ihrer Familie wurde viel Alkohol getrunken.**
- **Als Jugendliche habe sie oft Sekt und Wein getrunken.**
- **Dann in ihren Partnerschaften wurde immer viel getrunken.**

Aber nun, hörte er ihr sehr genau zu:

- *„In meiner letzten Beziehung, da wurde, insbesondere an den Wochenenden, ständig getrunken.*
- *Das begann schon mit Sektfrühstück.*
- *Mittags wurde dann gegrillt und weiter getrunken.*
- *Wenn die Männer beim Fußball oder Autorennen vor dem Fernsehapparat saßen, da habe ich vor lauter Langeweile allein weiter getrunken.*
- *Getrunken wurde in der Familie meines ehemaligen Partners fast immer.*
- *Ich habe da einfach mit gemacht."*

„Heißt das", fragte Manuel, *„dass Du seit ca. Deinem 18. Lebensjahr, also seit 30 Jahren trinkst?"*
„Ja", so Simone, *„immer wieder, insbesondere dann, wenn ich allein bin, und/oder Frust habe"*.

„Und dieses Zittern Deines Körpers jetzt?" so Manuel.
„Ach, das vergeht schon wieder", meinte Simone, *„das kenne ich schon".*

Da Manuel einen Pulsmesser daheim hat, empfahl ihm Andreas, bei Simone den Blutdruck zu messen.

231 zu 131 und Simones Puls raste: 122 Herzschläge in der Minute
„Du musst sofort zum Arzt", so Manuel nun in Panik. Aber wieder wehrte Simone das vehement ab.

Frust mit den Alkoholikern
Also telefonierte Manuel wieder mit Andreas und er ließ Simone das Gespräch mithören:
„Na klar", so Andreas, *„das sind jetzt die typischen Entzugserscheinungen nach akuter Alkoholvergiftung. Eigentlich gehört Deine Alkohol- Freundin sofort ins Krankenhaus.*
Bei diesen Werten spielt sie mit ihrem Leben. Aber anscheinend geht es ihr immer noch nicht dreckig genug, sonst würde sie ja endlich das Saufen lassen."

Andreas war ein Raubein. Heute, war er wieder einmal der Charme in Person. Aber bei Alkoholikern nahm er sich „kein Blatt vor den Mund" und er polterte weiter:

„Diese Säuferin solltest Du Dir ganz schnell vom Hals schaffen, mein Lieber, denn Du weißt doch selber, welchen Frust man mit den Alkoholikern hat."

„Ich bin doch keine Alkoholikerin"
Simone hörte das Gespräch mit großen und aufgerissenen Augen mit. *„Der spinnt ja",* sagte sie, *„Ich bin doch keine Alkoholikerin. Ja, zugegeben, das war jetzt etwas zu viel. Das wird aber schon wieder."*

In der Tat:
Gegen Abend ging es Simone etwas besser, auch von den Blutdruckwerten her. Ihr Puls hatte sich bei ca. 90 stabilisiert, was Manuel sehr beruhigte.
Nur, dieses Denken: *„ich sollte weniger trinken",* das ist der gleiche Unsinn, wie wenn ein Raucher sich vornimmt, ab sofort weniger zu rauchen. Ein bisschen schwanger geht eben nicht. Alles oder nichts, nur so geht das!

Aber dazu war Simone noch lange nicht bereit. Nur wie immer: Wenn es uns Menschen sehr schlecht geht, dann versprechen wir viel.

Teil 2 - Kapitel 6

Verwöhnwochenende
Samstag in der Früh stand Manuel wie immer um 5.30 Uhr auf, um Büroarbeiten zu erledigen. Nachdem heute nicht so viel in der Werkstatt los war, stand er Punkt 8.30 im Schlafzimmer, um Simone zu wecken. Diese wollte ihn gleich wieder ins Bett ziehen, was aber Manuel - aufgrund der gestrigen Ereignisse – absolut nicht wollte.
Manuel war ein Familienmensch, ein Mann, der die Frau, die er liebte, gern verwöhnte. Das Mittagessen kochte auch

er, während es sich Simone im Wohnzimmer gemütlich machte – weil sie immer noch nicht so ganz fit war.

Am Montag in der Früh standen beide pünktlich auf. Während Simone sich noch im Bad herrichtete, war Manuel schon in seiner Küche fleissig.
Er richtete ihr liebevoll drei Vollkornbrote für die Arbeit, legte noch einen Apfel, Banane und Schokolade dazu. ...Und Simone war zufrieden. Sie ließ sich so gern verwöhnen. Auch Manuel war zufrieden, denn Simone hatte, solange sie bei ihm war, keinen Tropfen Alkohol mehr getrunken. Am Sonntag, da war sie endlich einmal so richtig frisch, lebendig und gut zum haben.

„Ich möchte diese tolle Frau, doch wegen dieses verdammten Alkohols nicht verlieren. Das muss doch irgendwie hinzukriegen sein, dass diese Sauferei endlich aufhört"... dachte Manuel wieder einmal.
„Simone ohne Alkohol", so stellte er sich vor, *„das wäre für mich wirklich eine Frau zum Heiraten".* Unter der Woche telefonierten sie des Öfteren miteinander und beide freuten sich schon auf das kommende Wochenende, oder besser auf den nächsten Freitag, wo Simone schon um 15.00 Uhr frei hatte.

Teil 2 - Kapitel 7

Eifersucht
Am Freitagnachmittag kam Simone in die Werkstatt. Sie dachte, Manuel werde gleich fertig sein. Sie setzte sich mit einem Kaffee an seinen Schreibtisch, während er gerade

mit einer Kundin sprach, deren Auto durch einen Unfall ziemlich demoliert worden ist.

Bis die Reparaturen besprochen waren, die Versicherungsangelegenheiten, Ersatzteilbeschaffung, das dauerte. Eventuell wollte die Kundin auch einen Neuwagen kaufen, was eine weitere Beratung notwendig machte: Und so verging die Zeit. Simone beobachtete das alles sehr genau. Irgendwann stand sie auf, winkte ihm kurz zu und weg war sie. Manuel dachte: *„Was ist denn nun schon wieder los?"* Er wusste ja selbst, dass sie auf ihn wartete, aber die Arbeit... *„Simone müsste das doch verstehen. Aber sie kommt bestimmt bald wieder",* so dachte er.

Abends war sie immer noch nicht da. Unruhig rief er bei ihr an. Es meldet sich nur ihr Anrufbeantworter. Auch ihre Handy - Nr. war nicht zu erreichen. Er ließ heute extra ihretwegen den Bowlingabend ausfallen. Und nun saß er allein und frustriert vor seinem Fernsehapparat.

„Die hat Dir wohl gefallen?"

Gegen 23.00 Uhr meldete sie sich endlich am Telefon. *„Na, die hat Dir wohl gefallen?"* Manuel war ganz verblüfft und fragte: *"Wer? Was? Wovon redest du überhaupt?"* *„Na, die tolle Frau vorhin, mit der Du so geflirtet hast",* sagte sie, *„die hat Dir doch sicher gefallen."*

„Hey, sag einmal, was redest Du für einen Blödsinn. Das ist eine Kundin, wie alle anderen Kunden auch!" *„Ach",* meinte Simone mit schwankender Stimme, *„da kommen also viele tolle Frauen zu Dir und machen Dir schöne Augen. Vielleicht wollen die alle mit Dir schlafen. Du bist ja schließlich ein attraktiver Mann."*

Wieder einmal: betrunken

Er fragt sie: *„Sag einmal, hast Du schon wieder getrunken?"* *„Nein, nie und ganz und gar nicht",* lallte es aus dem Telefon.

„Aber sie hat Dir schon sehr gefallen", fing Simone wieder an. Manuel hatte nun das dringende Bedürfnis, sich ärgerlich verteidigen zu müssen. *„So ein Blödsinn",* sagte er, *„diese Frau interessiert mich überhaupt nicht. Das ist eine Kundin und nicht mehr."* Simone meinte: *„Ich habe doch gesehen, dass ihr Euch mit den Augen halb aufgefressen habt. Und deshalb bin ich dann auch gegangen, weil Du für mich ja sowieso keine Zeit hattest. Ich wollte Euch nicht im Weg sein. Vielleicht liegt sie sogar schon bei Dir im Bett?"*

Das war Manuel aber nun wirklich zu viel. *„**Also, das ist mir doch jetzt wirklich zu blöd und was jetzt in Deinem besoffenen Kopf vorgeht, darauf muss ich wirklich nicht antworten",*** schimpfte er.

Das was Simone hier sagte, das war widersinnig, unlogisch, und so unsinnig, wie nur irgendetwas verrückt sein konnte.

Wie sagte seine Therapeutin:

Ethanol tötet unwiederbringlich Gehirn- und Nervenzellen

- **Die Folgen: Irgendwann beginnen diese Menschen von der Psyche her immer seltsamer zu werden.**

- Er / Sie wird unberechenbar, launisch, zickig, misstrauisch, übertrieben eifersüchtig, bringt alles durcheinander.
- Sie werden angriffslustig und gemein oder auch gleichgültig bis apathisch, weil durch die Zellvergiftungen, das Gehirn und das Nervensystem im Laufe der Zeit immer weniger normal funktioniert.

- Typisch ist auch, dass sie im alkoholisierten Zustand oft die Menschen, mit denen sie zusammen sind und die es mit ihnen gut meinen, verdächtigen, beschimpfen, verletzen.

Wie von Donner gerührt

„Nein", so sagte er, „das stimmt doch alles gar nicht. Ich mag doch nur Dich. Mich interessieren andere Frauen gar nicht." „Wirklich", schniefte sie noch ein paar Mal, „gut, dann, komme ich jetzt zu Dir", und knack, war sie weg.

„Ja, spinnt die denn komplett. Nun will die besoffen auch noch Autofahren?" Manuel rief noch ein paar Mal bei ihr an, sie solle ja nicht in ihrem Zustand mit dem Auto fahren, aber es ging niemand mehr weder an das Telefon, noch an das Handy.

Verärgert
So etwas Verrücktes hatte er seit Vater oder Mutter, in deren bester Alkoholzeit, nicht mehr erlebt. Und jetzt fuhr sie auch noch betrunken mit dem Auto.
Irgendwann, so gegen Mitternacht, fuhr ihr Sportwagen vor dem Haus vor. Als er die Haustür öffnet, kam sie

schwankend auf ihn zu, hängt sich ihm sofort um den Hals und wollte sofort im Hausflur mit ihm schmusen. Er roch ihre Alkoholfahne, sah ihre tiefen Augenringe, ihre glasigen Augen, ihr komisch dümmliches Lächeln, was sie immer unter Alkohol hat. Das reicht ihm! Am liebsten würde Manuel jetzt die Tür zu knallen, so wütend ist er in diesem Moment, als er bemerkt, wie betrunken sie wirklich ist.

Aber sein Verstand sagte: *„Ich kann Simone doch in diesem Zustand nicht zurückweisen. Wenn ich sie jetzt wieder weg schicke, noch dazu so alkoholisiert und dann etwas passiert, ja, dann mache ich mich auch noch schuldig."* Also fasste er sie um und brachte sie ins Haus, wo sie in sein Schlafzimmer wankte, sich auszog und sofort in sein Bett legt. Und ehe er überhaupt im Bett war, ist sie schon ganz tief eingeschlafen.

Manuel lag dann, mit sehr widersprüchlichen Gefühlen in seinem Herzen, neben der betrunkenen und nach Kneipe riechenden Simone. Schon wieder erlebte er sie betrunken, insbesondere nach dem Zusammenbruch vom letzten Wochenende. Dabei hatte sie felsenfest versprochen, nicht mehr zu trinken.

„Wenn das so weitergeht", dachte er bitter, *„dann ist hier Schluss. Schade um diese Frau. Aber Liebe hin oder her. Diese Saufgeschichten und was die alles mit sich bringen, das finde ich widerlich und kostet mich viel zu viel."*

Der Körper wehrt sich: 2. Zusammenbruch
Samstag. Wie immer stand Manuel so gegen 6.00 Uhr leise
auf. Er ging in sein Büro, wo wieder Berge von Arbeit auf
ihn warteten. Gegen 8.30 Uhr kam er um Simone zu wecken. Dieses Mal zog sie ihn nicht ins Bett. Sie schaute ihn
leichenblass an und sie zitterte. Auch war ihr wieder
schrecklich übel.

Großer Gott, dachte Manuel, nicht schon wieder. Er ging
den Blutdruckmesser holen, und richtig.

222 zu 158, Puls 135. *„Du musst sofort zum Arzt"*, sagte er
entsetzt! Obwohl es Simone sehr schlecht ging, wurde sie
widerborstig: *„Ich gehe zu keinem Arzt, die können mir auch
nicht helfen, das wird schon wieder."*
Manuel wollte einen Notarzt holen. *„Du bist ja verrückt",*
schimpfte Simone, *„Wenn Du das tust, dann gehe ich sofort
zu mir heim. Ärzte können mir hier auch nicht helfen, das
wird schon wieder."*
Manuel wollte natürlich nicht, dass sie zu sich heim fährt.
Simone war jetzt krank, da konnte er sie nicht weglassen.
So setzte er sich an das Bett und redete ihr ins Gewissen.

„Du hast ein Alkoholproblem"
Er nahm Bezug auf ihren Zusammenbruch in der letzten
Woche, auf ihr Versprechen, nicht mehr zu trinken, auf sein
Wissen über Alkohol aus den Schilderungen der Gruppe,
seiner Therapeutin, aus dem Internet und dem, was
Andreas aus seiner Erfahrung gesagt hatte.

„Simone, Ich denke, Du bist alkoholkrank. Du gehörst jetzt in ein Krankenhaus und danach zum Entzug in eine Klinik."

Sie reagierte geradezu empört. *„Alkoholkrank? Nur weil ich einmal einen über den Durst getrunken habe? Das ist doch Blödsinn."*

„Schwarzer Peter"
Auf die Frage, warum sie denn wieder getrunken habe, sie hatte doch fest versprochen nicht mehr zu trinken, antwortete sie nur mit einem Schulterzucken:

„Weiß ich auch nicht genau", sagte sie.
„Aber ich habe mich gestern so gefreut, mit Dir zusammen zu sein. Das hat alles so lange gedauert, mit dieser Frau in Deiner Werkstatt und Du hast Dich die ganze Zeit NUR mit der beschäftigt. Ich bin mir so überflüssig vorgekommen. Nach einiger Zeit bin ich vor Wut gegangen und ich brauchte etwas zum Beruhigen. Wärest Du für mich da gewesen, wie ich es mir vorgestellt habe und wie es verabredet war, dann wäre das alles nicht passiert."

Nun hatte Manuel den „Schwarzen Peter" und… Schuldgefühle. Denn sie hatte ja recht. Sie war pünktlich da und er hatte wegen der Kundin noch zu tun. Sie hat auf ihn gewartet und er hat sie warten lassen. Klar, da ist sie irgendwann frustriert wieder gefahren. Aber muss man denn deshalb gleich trinken?

…Und er erinnerte sich an das, was seine Therapeutin über die Psyche von Alkoholikern gesagt hatte:

Alkoholiker: kleine Kinder geblieben
„Viele Alkoholiker sind als Erwachsene in ihrer Psyche kleine Kinder geblieben. Es ist ihnen sehr wichtig, immer das Gefühl zu haben, dass jemand für sie da ist, der sich um sie kümmert.
Wenn sie sich nicht geliebt oder gewürdigt fühlen, dann fühlen sie sich einsam und verlassen.
So wird ihr angelerntes Frustlösungsprogramm aktiviert.
Dann trinken sie einfach, in der Illusion, dass sich dadurch ihr innerer Frust auflöst

„Ich möchte ihr helfen"
„Simone trinkt also immer dann, wenn sie sich allein gelassen fühlt oder in ihrem Leben etwas schief läuft, " dachte Manuel.
„Es müsste doch möglich sein, ihr zu helfen und sie aus dem Alkohol raus zu bringen."

Auch am Montag in der Früh stand Manuel wieder in der Küche und spielte den Hausmann.
Wie immer telefonierten sie unter der Woche miteinander und beide freuten sich schon auf das kommende Wochenende, oder besser auf den Freitag, wo Simone wieder gegen 15.00 Uhr in die Werkstatt kommen wollte.

Das Schicksal hat oft eigene Vorstellungen

Aber „unser Schicksal" hat seine eigenen Vorstellungen, von dem, was wir im Leben alles lernen sollen... und deshalb entwickeln sich die Dinge oft ganz anders, als wir sie uns vorstellen.

Am Mittwochabend war Simone so richtig geladen. Sie schimpfte über ihre Kolleginnen, ärgerte sich über ihren Vater, der wieder über sie schimpfte, weil sie sich zu wenig um die Eltern kümmere.

„Alle wollen ständig etwas von mir. Ja, warum denn immer ich?" Simone meinte dazu, sie wolle sich von nichts und niemanden vereinnahmen lassen – Anwesende ausgeschlossen.

Manuel bemerkte beim Reden, dass ihre Stimme wieder verdächtig schwankt. *„Na"*, fragte er, *„auf den Ärger hin wieder ein Gläschen getrunken?"* Nach einer kurzen Pause nahm sie seinen lockeren Ton auf und meinte:

„Immer wenn ich Ärger habe, MUSS ich einfach etwas trinken."

„Dann brauche ich ein Glas Wein. Das entspannt, dass macht wieder locker und das lässt mich diesen ganzen Mist vergessen. Einige Gläser Wein, das erlöst und entspannt und ich habe diese Scheißwelt nicht mehr so nah bei mir."

Psycho- Tussis

Als sie dann von den nächsten Tagen sprachen, erzählte Manuel, dass er morgen Abend wieder in seine Selbsterfahrungsgruppe gehen werde... und sofort kippte die Stimmung. *„Ach",* meinte Simone spitz, *„gehst Du wieder zu Deinen Psycho –Tussis. "*

Manuel erklärte Simone noch einmal, diese Gruppe sei ihm sehr wichtig. Er habe durch die Gespräche, den Gedanken- und Erfahrungsaustausch mit den anderen, durch die Erklärungen der Therapeutin, sein Leben ganz anders betrachten gelernt und sich weiterentwickelt. Er halte das für sein Leben für sehr wertvoll.

Was immer Manuel ihr nun versuchte zu erzählen, Simone hatte ihre eigenen Vorstellungen von diesen Gruppenabenden.

Psychologisch: Simone hatte einfach Angst Manuel an eine andere Frau zu verlieren. Und Angst, kann zu einem mächtigen Ungeheuer werden:

Vorurteile

Simone war noch nie in einer solchen Gruppe. Sie hatte weder Erlebnisse noch Erfahrungen damit, also keine Kompetenz mitzureden.

Aber anstatt nun Manuel zu fragen, oder ihn erzählen zu lassen, fiel sie nun mit ihren (Angst-) Vorstellungen über ihn her. Was dabei herauskommt, das sind falsche Bilder, Vorurteile, Verurteilungen, Bewertungen, Abwertungen und Anklagen.

Manuel machte nun einen großen Fehler. Er versuchte sie zu beruhigen, ihr zu erzählen und zu erklären. Aber genau das, war für die Angst von Simone Benzin ins Feuer.

Manuel muss sich nun für die (Angst) - Vorstellung aus dem Kopfkino von Simone anklagen, verdächtigen und beschimpfen lassen. Ja, noch viel schlimmer: er muss sich dafür auch noch verteidigen und rechtfertigen.

Wichtig: so macht man ganz schnell eine Partnerschaft kaputt.

„Du solltest weniger trinken"

Simone schrie plötzlich: *„Du gehst doch da nur hin, um Dir von Deinen Psycho - Tanten Streicheleinheiten zu holen, genau so, wie in Deinem Bowlingclub."* Jetzt war Manuel aber sauer.

„Weißt Du was", sagte er nun mühsam beherrscht, *„Du solltest weniger Alkohol trinken. Dann würdest Du nicht so viel dummes Zeug reden und nicht über Leute und Dinge reden und urteilen, die Du gar nicht kennst und von denen Du keine Ahnung hast."*

„Alles nur gequirlte Scheiße"

Das war für Simones Misstrauen Benzin ins Feuer. *„Aha",* dachte sie, *„ich habe also recht, er verteidigt sein schlechtes Gewissen."*

Und nun eskalierte die Situation. Simones Gefühlsvulkan ging plötzlich hoch und sie schrie los: *„Das ist doch alles nur gequirlte Scheiße, was Du da redest, von wegen meinem Alkohol und so. Alles nur gequirlte Scheiße, was da in Eurem Psycho - Club geredet wird, nichts als gequirlte Schei-*

ße. Dir geht´s doch nur um die Frauen, die Dich da anhim-
meln." Ihre Stimme überschlug sich plötzlich und sie schrie
immer wieder „alles nur gequirlte Scheiße, alles nur gequirlte Scheiße."

Bis in die Seele erschrocken
Manuel war in diesem Moment bis in die Seele erschrocken.
War diese, die da jetzt aus dem Hörer schrie noch die lie-
benswerte und warmherzige Simone?

Alkohol, dachte er frustriert, typisch Alkohol.
Besoffen ist Simone ein widerliches und primitives
Ekel.

Das alles erinnerte ihn an die unberechenbaren Wut-
ausbrüche von seinem Vater, wenn dieser betrunken
war. Ausbrüche, die er als Kind immer so gefürchtet
hatte. Und nun ist diese Frau... Er war tief erschüttert.

„Jetzt ist es aber genug".

„Ein riesengroßes Arschloch"
Simones Vulkan war noch nicht leer. Sie schimpfte und
schimpfte immer weiter, schrie immer wieder „gequirlte
Scheiße", bis sie irgendwann bemerkte, dass Manuel schon
lange nicht mehr am Telefon war.
In ihrer Wut rief sie noch einige Freundinnen an, um dort
auch Dampf abzulassen.

Jedem erzählte sie nun, dass dieser Manuel ein riesiges
Arschloch sei, der immer nur gequirlte Scheiße rede... und

alle ihre Freundinnen freuten sich, von der betrunkenen Simone Details ihrer Liebschaft zu hören, die sie nüchtern NIE erzählt hätte. Betrunken und immer noch vor Wut geladen, fuhr sie in ihre Stammkneipe, in der sie Beate im Flirt mit einem Mann antraf, was sie sofort wieder ärgerte.

„Jetzt bräuchte ICH auch einen tollen Mann, der mir zuhört, der MICH versteht, der mich beruhigt, der mich streichelt, der mit mir schmust", dachte sie. *„Aber erst brauche ich ein was zu trinken, um den Scheißkerl zu vergessen."*

Nach einigen hochprozentigen bunten Cocktails, einem erlösenden Ahhh, noch einigen Gläsern Wein, ging es ihr wieder viel besser. Besser?

„Manuel, das ist ein Scheißkerl und ein riesengroßes Arschloch", lallte sie laut über den Tresen in Richtung Beate und sie streckte mühsam den Mittelfinger ihrer geballten Faust in die Höhe und dachte:

„Aber ich liebe ihn doch so, dieses Arschloch." Dann brach sie in Tränen aus, legte ihren vernebelten Kopf zwischen ihre Arme, und sie weinte und weinte und weinte.

Alkoholische Schizophrenie

Unser psychologischer Altmeister Dr. Sigmund Freud, um 1900, Wiener Nervenarzt (Spezialgebiet Neurosen, Hysterie bei Frauen und Gründer der Psychoanalyse)

hätte wäre bei dieser Szene, die Simone dem Manuel gerade gemacht hat, „sehr nachdenklich gewesen."

Er hätte wahrscheinlich in Simones Ausbruch unter Alkohol, an eine neurotische Hysterie oder einen Borderline – Schub gedacht.

Auch schizophrener Schub, oder beginnende Schizophrenie, aufgrund von Veränderungen ihres Gehirns, Nervensystems und der gesamten Psyche durch 30 Jahre chronischen Alkoholmissbrauchs, das hätte für Dr. Freud eine stimmige Diagnose sein können.

Dr. Freud hätte sicher einen sofortigen Aufenthalt in einer Klinik zu einer Kontrolluntersuchung für angezeigt gehalten, inwieweit das Ethanol bei Simone schon Gehirn – und Nervenzellen geschädigt hat, mit dringendem anschließenden Entzug und langzeitiger Psychotherapie!

Sie sollten sich, wenn es um langjährigen Alkoholmissbrauch geht, die Diagnose: „alkoholische Schizophrenie" merken.

Aber da unser guter Dr. Freud nicht mehr lebt, (und da Simone alle Ärzte wie die Pest meidet), geschieht natürlich nichts in dieser Richtung.
Und so nimmt das Verhängnis zwischen dem Co-abhängigen Manuel und der Alkoholikerin Simone seinen Lauf.

Wie schon so oft nach solchen Alkoholexzessen:
Der Körper wehrt sich: 3. Zusammenbruch

- **In der Früh wurde Simone von ihrem Körper geweckt. Ihr war hundeelend. Sie rannte ins Bad und musste sich heftig übergeben.**
- **Sie hatte kalten Schweiß auf der Stirn, auch weil ihr Blutdruck wieder extrem hoch war.**
- **Sie lag zum Sterben schwach mit geschlossenen Augen zitternd da, während ihr Herz wie wild weiter hämmerte, stolperte und stach.**
- **Sie hatte fürchterliche Angst zu sterben, so wie sie das bei ihrer Großmutter erlebt hatte.**

„Ich sollte wirklich nicht mehr so viel trinken"
Ihr Kopf war voller Nebel und sie wusste im Moment überhaupt nicht, was eigentlich mit ihr los war. Aber irgendwann, kamen bruchstückhafte Erinnerungen zurück: *„Bar, - Beate, - so ein Typ, - Manuel. Wieso Manuel? War der in der Bar? Wie war sie denn von der Bar überhaupt hierher gekommen?*
Ja, irgendeinen Streit gab es mit dem Vater und Manuel, - oder mit Manuel? Worum ging es denn da? Ach ja, seine Psycho - Gruppe. Ist doch egal", dachte sie, *„soll er doch hingehen, wenn er sich da wohl fühlt"*, und sie fühlte sich nur noch krank.

„Ich sollte wirklich nicht mehr so viel trinken", dachte sie, *„denn so kann ich heute nicht zur Arbeit gehen. Da muss ich mich krank melden."*

Am Vormittag klingelte ihr Telefon. Ihr Vater war es: *„Ich habe schon bei Dir in der Firma angerufen. Aber sie haben mir gesagt, Du bist krank. Das wundert mich nicht, nachdem Du gestern wieder so betrunken warst."*

„Weißt Du", sagte ihr Vater, „Trinken und trinken ist zweierlei. Aber wenn Du so besoffen bist, dass Du mir an den Kopf wirfst, dass ich ein riesiges Arschloch bin und nur noch gequirlte Scheiße rede, da hört der Spaß auf. Ich erwarte dafür eine Entschuldigung von Dir"... und knack, hatte er aufgelegt.

„Oh Gott", dachte Simone, *„was habe ich denn da wieder angerichtet. Habe ich etwa das Gleiche auch zu Manuel gesagt?"* Und ihr wurde ganz elend. Außerdem hatte sie plötzlich Schuldgefühle.

Teil 2 - Kapitel 11

Gruppenabend

Er brauchte heute nicht viel zu sagen, die anderen sahen es ihm an, dass es ihm nicht gut ging. Und so erzählte er von dem, was er gestern Abend am Telefon mit Simone erlebt hatte.

„Wie es ihm dabei gehe, wenn er das so erzähle?", fragte die Therapeutin. *„Schlecht"*, sagte Manuel, *„ganz schlecht,*

das hätte ich von Simone nie erwartet" und er musste sich auf die Zähne beißen, um nicht loszuheulen.

„Immer dieser Scheiß Alkohol", schimpfte die Teilnehmerin, die sich vor drei Jahren von ihrem alkoholsüchtigen Mann scheiden ließ.
„Ich habe mich von meinem Ex-Mann 22 Jahre lang auch immer auf das Übelste beschimpfen lassen, wenn er besoffen war. Das ist so gemein, so niederträchtig, so unwürdig. Wenn dieser Säufer dann endlich einmal wieder nüchtern war, dann ist das alles, was ich mit ihm erlebt habe, nicht wahr gewesen." Diese Sauferei vernebelt die Gehirne und dann wird die Sau raus gelassen. Dieser Scheiß Alkohol macht einfach alles kaputt", und darin waren sich alle einig.

Alkoholsucht? Das ist nur die eine Hälfte der Wahrheit
Die Therapeutin meinte dazu: *„Mit dem Alkohol ist das wie mit einer Medaille, die hat zwei Seiten. Der Alkohol selbst, ist ja nur die eine Seite der Wahrheit."* Alle Gruppenmitglieder schauten sie verständnislos an.

„Der Alkohol, das Ethanol, wirkt auf das Gehirn, Nervensystem und die Psyche wie ein Katalysator.
- **Alkohol enthemmt.**
- **Alkohol ist ein Türöffner.**
- **Alkohol hilft, den Riegel zu öffnen."**

Die Kindheit anschauen:

„Die Frage ist: Was hat der heutige Trinker in seiner Kindheit, in seiner Erziehung, Prägung, in seiner Lebenserfahrung, insbesondere in der frühkindlichen Zeit zwischen Vater und Mutter, im gesamten Elternhaus und in seiner sozialen Umgebung erlebt und erfahren und... welche Probleme aus dieser Zeit schleppt der Mensch HEUTE NOCH unsichtbar in seinem Unterbewusstsein mit sich herum?"

- Ein Kind, das viel Liebe, Nähe, Wärme, Zuneigung, Zärtlichkeit, Anerkennung und Harmonie von seinen Eltern bekommen und im Elternhaus erlebt hat, wird wohl kaum ein Sorgen- oder FRUST-Trinker werden, wenn überhaupt, dann schon eher ein LUST-Trinker.

- Ganz anders die Erwachsenen, die als Kinder viele Ängste, Lieblosigkeiten, Ablehnung, Depression, Krankheiten und Aggression, oft auch Armut, viele Sorgen oder Alkoholismus, insbesondere bei ihren Eltern und Bezugspersonen, erlebt haben.

Diese Kinder sind aufgrund ihrer - mit vielen Problemen, Verletzungen, Ängsten, Wut und Aggression beladenen Lebenswurzel, als spätere Erwachsene zum Trinken geradezu disponiert (veranlagt), weil diese Kinder in diesem Elternhaus in der Regel:

- viel zu wenig Selbst – Vertrauen aufbauen konnten,
- nie richtig lernen konnten, was seelische und geistige Stabilität bedeutet,

- nie richtig lernen konnten, wie man mit Schwierigkeiten und mit der realen Welt umgehen soll,
- oder weil sie Dinge erlebt und erfahren haben, die sie einfach nicht verarbeiten konnten, zum Beispiel sexuellen Missbrauch, Vergewaltigung, Krieg, oder andere Scheußlichkeiten.

Aber eines haben sie irgendwann gelernt: dass ihnen der Alkohol immer wieder hilft, für einige Stunden aus „ihrem inneren Jammertal" auszubrechen. Und dieses Programm ist in ihrem Unterbewusstsein gespeichert.

Wichtig:
Genau deshalb ist dem Problem des Alkoholismus so schwer beizukommen.
Solange es Menschen gibt, die unbewältigte Probleme in sich tragen und die erleben, wie Alkohol das alles *„entspannen, lockern und vergessen machen"* kann, solange wird weiter getrunken.

Das wahre Problem des Alkoholikers sind also all die negativen Erfahrungen, welche die heutigen Alkoholiker in ihrer Kindheit gemacht haben.

Viele Psychologen sprechen hier vom
„Problem beladenen inneren Kind"

Krippe, Schafstall oder Schweinestall?
„Jeder weiß, dass Alkohol enthemmt", so fuhr die Therapeutin fort. *„Wenn also jemand zu viel trinkt, dann ist es nur die Frage, was der Trinkende in seinem Unterbewusstsein ge-*

speichert hat und WELCHE Tür nun durch die enthemmende Wirkung des Alkohols geöffnet wird:

Und dann sagte die Therapeutin etwas, was alle sehr nachdenklich machte:

- **Wer eine Krippe in sich trägt, bei dem kann man ein Jesuskind bewundern.**

- **Und wer einen Schafstall in sich trägt, der kann auch betrunken nur Schafe herauslassen.**

„Wer aber Ängste und Verletzungen, vermischt mit Hass, Zorn, Wut, Aggression, Trauer, Wehmut, Sorgen, in seiner Seele mit sich herum trägt, der braucht oft nur noch einige Gläser Alkohol:

Dann öffnet sich die Tür zu dem inneren Schweinestall und heraus kommt die gemeine, primitive und aggressive Sau, die dann plötzlich: „Du Arschloch und Du redest nur gequirlte Scheiße schreit", so die Therapeutin und sie schaute dabei Manuel ganz groß an.

„Wer also einen solchen „Saustall" in sich trägt, der kann auch betrunken nur die Säue herauslassen".

„Schafe, lieber Manuel, Schafe schreien nicht: „Du Arschloch und Du redest nur gequirlte Scheiße.
Schafe machen das nicht."

Alle hatten verstanden… und Manuel standen die Tränen in den Augen.

„Was tust Du Dir denn mit dem Weibsstück an?" „Aber Schweine, sind nun einmal Schweine und die benehmen sich auch wie Schweine, wie diese Simone, die Dich als Arschloch beschimpft und dass du gequirlte Scheiße redest"*, schimpfte nun wieder die Teilnehmerin mit Tränen in den Augen, die sich nach vielen leidvollen und demütigenden Jahren von ihrem alkoholsüchtigen Mann scheiden ließ.

„Was glaubst Du, wie ich und die Kinder, wie wir uns oft von meinem damaligen Mann und seinem Suff gefürchtet haben? Wie wir uns in seinem Rausch immer wieder haben beschimpfen und beleidigen lassen, wenn er seine besoffene fiese Sau wieder raus gelassen hat?" Und sie weinte nun heftig aufgrund der plötzlich aktivierten Erinnerungen und war überhaupt nicht zu beruhigen.

„Mensch Manuel, trenn Dich endlich von dieser versoffenen Frau. Die scheint nicht anders zu sein, wie mein ehemaliger versoffener Mann war.
Was tust gerade Du, gerade Du sanfter und liebenswerter Mann, Dir denn mit dem Weibsstück an? Mit der hast Du doch nur Frust und Kummer."

Viele in der Gruppe hatten Tränen in den Augen und sahen ihn erwartungsvoll an.

Jahrelange Psychotherapie
„Und deshalb brauchen Alkoholiker nicht nur eine medizinische Entgiftung für den Körper in einer Klinik.

Sondern sie brauchen insbesondere jahrelange Psychotherapie, um ihren „inneren Saustall" endlich kennenzulernen und den aufzuräumen", sagte die Therapeutin.

Durch diese Darstellungen der Therapeutin hat der Alkoholismus von Simone für Manuel ein ganz neues Gesicht bekommen. Die ständigen Rückfälle, das kannte er ja von seinem Vater, auch später von seiner Mutter.

Aber noch etwas Wichtiges hatte er begriffen:

„Wer keinen Schweinestall in sich trägt,
der kann auch keine Sau herauslassen".

Manuel wurde klar, dass er Simone bisher überhaupt nicht kannte. Sie haben, wie viele andere auch, einfach so dahin gelebt.

„Typisch Mann, nichts als stur"
Simone ging es elend. Mein Gott, wie oft hatte sie – nach zu vielem Alkohol - schon ähnliche Zustände und Zusammenbrüche in den letzten Jahren durchlebt. Aber so ausfallend, war sie schon lange nicht mehr. Was war denn da nur in sie gefahren?

Ja, sie hatte schon viele Männer gehabt. Aber das waren alles nur kurzzeitige Bettgeschichten. Kein Mann war bisher so weich, so verständnisvoll und einfühlsam mit ihr umgegangen. Nur Manuel, so dachte sie, der ist jetzt auch so richtig stur, typisch Mann, nichts als stur, der könnte mich doch anrufen.

Auch Manuel wartete auf ihren Anruf. *„O.k., dann ist es eben aus"*, dachte er frustriert. Und er wusste gleichzeitig, dass ihm dieser Schritt wehtun würde.

Teil 2 - Kapitel 12

„Nicht gut beinand"
Am Freitagabend, nach dem Bowlingclub, kam Manuel schon so gegen 23.00 Uhr heim. Heute hatte er keine so richtige Freude gehabt. Er sei „wohl ein bisschen grippig", was bei dieser Jahreszeit - ja nun wirklich nichts Ungewöhnliches war. Aber der wahre Grund, warum es ihm nicht so gut ging, war Simone. Er wartete, ob sie eventuell bei ihm anrufen würde. Nur, sein Telefon blieb stumm. Schließlich ging er schlafen.

Im Kopf immer nebliger
Am Freitagabend machte Simone die telefonische Rundreise bei ihren Freundinnen. Jede von ihnen hatte etwas vor, oder keine Lust, mit Simone zum Essen, in den Pub oder ins Kino zu gehen.
Frustriert nahm sie sich eine Tüte Chips und eine Flasche Wein, setzte sich vor den Fernsehapparat und schaute sich irgendeine Show an, während sie die Chips knabberte und den Wein austrank.

Bald hatte sie ihren Alkohol - Wohlfühlpegel erreicht. Sie begann unruhig zu werden.

„Jetzt müsste Manuel heimkommen", dachte sie, nahm den Telefonhörer in die Hand, wählte seine Nummer, überlegte es sich im letzten Moment und legte wieder auf.
„Nein", maulte sie vor sich hin: *„Soll doch er mich anrufen."*
Gegen Mitternacht ließ sie es bei Manuel klingeln.

„Überrumpelt"

Da Manuel für seine Kunden auch einen Nacht – Unfall und Abschleppservice anbot, ging er natürlich ans Telefon. Simone war total erleichtert seine Stimme zu hören. *„Na, war´s schön mit ihr im Bett"*, fragte sie lallend, denn der Alkohol ließ ihre Fantasiebilder wieder zur Wirklichkeit werden.

„Das fragst du das große Arschloch, das sowieso nur gequirlte Scheiße redet?", sagte er sie. *„Ach"*, lallte sie, *„das habe ich doch nur gesagt, weil Du immer so gemein zu mir bist. Ich möchte gern zu Dir kommen, ja?"* Knack, weg war sie … und was nun kam, das kannte er ja schon.

Manuel standen die Haare zu Berge: *„Jetzt fährt sie schon wieder betrunken mit dem Auto."* Kurz darauf stand sie, mit einem hauchdünnen Sommerkleid angezogen, glasigen Augen und schwankend vor seiner Haustür, während es draußen kräftig schneite. Schon hing sie ihm am Hals, ging unsicher in sein Schlafzimmer, stieg sofort in sein Bett und schon schlief sie tief und fest, während sie stark nach Alkohol roch.

Manuel konnte in diesem Moment wahrlich keine Freude an ihr finden. Zu präsent waren in ihm noch das große Arschloch und die gequirlte Scheiße.

Mit dem Weinglas vor dem Fernsehapparat

Samstag: Als Manuel nach Werkstattschluss in seine Wohnung kam, war er schon auf das 1. Mittagessen von Simone gespannt, denn er hatte jetzt Hunger.

Aber, in seine Wohnung roch es nicht nach Essen. Die Küche war ungenutzt und der Tisch war nicht gedeckt. Manuel war enttäuscht.

Dafür fand er Simone im Wohnzimmer. Sie saß noch fast nackend, mit einem Glas Wein in der Hand vor dem Fernsehapparat und war völlig in irgendeine Show vertieft. Sie hatte anscheinend schon einige Gläser Wein „gefunden", das Weihnachtsgeschenk von Kunden. Als Manuel das alles sah, da wurde er so richtig sauer.

Simone hingegen meinte mit etwas verwaschener Stimme, er solle sich doch zu ihr setzen und mit ihr diese Show anschauen, die sei sehr komisch, was Manuel nun so richtig wütend machte.

Außerdem war Samstagnachmittag, er hatte Hunger und musste noch zum Einkaufen gehen.

„Du verstehst überhaupt nichts!"

Er mache ihr nun verärgert heftige Vorwürfe, von wegen nicht mehr trinken und dass sie gestern betrunken vor seiner Tür gestanden sei.

Außerdem sei jetzt Winter und sie komme nur im Sommerkleid und Sandalen, habe bis jetzt geschlafen, nichts zum

Essen gemacht und sitze um 14.30 Uhr immer noch halb-nackt vor dem Fernsehapparat und sie trinke schon wieder. Simone schaute ihn lange an, schaltete den Fernsehapparat aus, stand langsam auf, ließ seinen Morgenmantel von ihren Schultern herunterrutschen, stand dann längere Zeit nackend da. Das war ein Machtkampf, eine unsichtbare Kampfansage!

Als der wütende Manuel immer noch nicht reagierte, zog sie demonstrativ langsam ihr dünnes Sommerkleid über und sagte dann bissig zu ihm: *„Aber als Nutte, die Du Dir extra ins Haus hast kommen lassen, dafür bin ich Dir gut genug."* Danach drehte sie sich um, knallte die Türen zu und ehe der völlig verblüffte Manuel reagieren konnte, verließ sie sein Haus, während es draußen wieder heftig schneite.

„Du bist ein riesiges Arschloch", rief sie auf dem Garagenhof laut und wütend, während sie in ihr Auto einstieg, *„So ein richtiges Arschloch und Du verstehst überhaupt nichts!"* ... und weg war sie.
Für Manuel war klar: Das reicht jetzt. Eine Frau, die von Haus und Haushalt nichts wissen möchte und dafür besser soff? Ihm fiel daraufhin die gigantische Unordnung in ihrer Wohnung ein, auch ihre Küche voller Geschirr, die Batterien von leeren Flaschen.
Gegen Abend saß er völlig deprimiert vor seinem Computer. Irgendwann fasste er seine Gedanken in einem Brief zu-sammen, den er als e- Mail an Simone schickte.

1. E-Mail

Liebe Simone,

Deine Liebe zum Alkohol wurde für uns – immer wieder zum Auslöser von Zerwürfnissen, Streit und Ärger. Ich bin von Dir schwer enttäuscht, denn Du hast mir am Samstag früh noch versprochen, nicht mehr zu trinken.

Aber, um mir zu zeigen, dass Du von dem Arschloch sowieso nichts hältst, der ja Deiner Meinung nach nur gequirlte Scheiße redet, standest du ziemlich betrunken vor meiner Tür und bist heute schon wieder angetrunken im Wohnzimmer vor dem Fernsehapparat gesessen.

Und da ich diese betrunkenen Zustände nun schon oft mit Dir erleben musste, sehe ich ein, dass ich mich nicht auf Deine Versprechungen verlassen kann.

Ich denke, ohne Alkohol wärst Du sicher eine gute Frau für mich, aber so....

Nach alledem, was ich mit Dir, aber insbesondere mit Deinem Alkohol erlebt habe, mag ich nicht mehr mit Dir zusammen sein. Leb wohl!

Manuel

Teil 2 - Kapitel 13

Als Manuel seine Mail an Simone abgeschickt hatte, saß er noch lange Zeit völlig deprimiert vor seinem Computer. „Aus", dachte er.

„Ich möchte leben"

Auch Simone saß am Samstagabend vor ihrem Computer und surfte im Internet. Sie war auf Manuel sauer, weil der sie einfach nicht verstand. Es stimmte doch: Sie war weder seine Ehefrau, seine Köchin, noch seine Putzfrau. *„Ich möchte leben"*, dachte Simone. *„Ich möchte es mir mit einem Mann gut gehen lassen. Dafür habe ich ja als Frau auch einiges zu bieten."*

Plötzlich fand sie die Mail von Manuel. *„Der liebt mich einfach nicht"*, dachte sie, *„der hat mich immer nur im Bett gebraucht, wie all die anderen"* und sie weinte und weinte.

Tankstelle

Sonntag fuhr sie einfach so herum, am Ende zu ihrer Tankstelle, um dort zwei Flaschen Wein und einige Tüten Chips zu kaufen. Daheim schüttete sie sofort den Inhalt der ersten Weinflasche in sich hinein, um schnell ihren „Wohlfühlpegel" zu erreichen.

Konflikt und Schuldgefühle

Manuel hatte Zweifel und Schuldgefühle.

Er musste sich immer wieder klar machen, dass Simone – wie Vater und Mutter - alkoholsüchtig war und es KEINE Aussicht gab, dass endlich mit dem Alkohol Schluss sein würde.

Natürlich fragte er sich auch, ob er nicht irgendetwas für sie tun könne?

Nein, sagte sein Kopf ganz eindringlich. Denke an Deine Eltern: Du kannst gegen Simones Alkoholismus nichts tun! Du hast doch wirklich schon genug getan!

Simone verstand überhaupt nicht, worum es Manuel ging und worunter er litt. Alles, was er über sie und ihren Alkohol sagte, war für sie völliger Blödsinn, denn sie hielt sich für völlig normal.

„Ich und alkoholsüchtig? Dieser Manuel spinnt ja total."

Teil 2 – Kapitel 14

Gruppenabend

Am Donnerstag war wieder Selbsterfahrungsgruppe. Manuel konnte gar nicht anders. Er hatte einen solchen Druck auf seiner Seele, dass er sofort freiwillig erzählte.

Es war so wunderbar heilsam mit Gleichgesinnten zu reden, die einem wirklich zuhören und nicht verurteilen. So wurde wieder einmal der Alkohol zum zentralen Thema des Abends.

Die Therapeutin hatte zu dem Thema Alkohol eine Geschichte aus dem Buch: **„Wenn die Seele ruft", Erlebnisse, Erkenntnisse und Erfahrungen auf dem Jakobsweg von Carlo L. Weichert** (BoD-Verlag) mitgebracht, aus dem sie nun vorlas:

Hans und Bärbel: Durch Alkohol zum Jakobsweg

„Der Camino de Santiago (Jakobsweg) führt mich nun durch das grüne Galicien, durch seine hügelige Landschaft, über steinige Schotterstraßen, Feldwege und Bauernstraßen, vorbei an Wiesenhängen, grünen Weiden, Wäldern, Ackerland und durch kleine Dörfer und Orte.

An einem Waldrand sitzt ein älteres Paar. Sie sprechen, schon von weitem hörbar, einen klassischen Kölner Dialekt. Beide sind Liebhaber guten Essens, wie man an ihrer Figur sehen kann, offen, lustig und gemütlich und sie freuen sich, mich als Landsmann hier in Spanien zu treffen. Da meinen schmerzenden Füßen ein wenig Ruhe guttut, setze ich mich zu ihnen. So plaudern wir erst einmal über „Gott und die Welt", bald aber bekommt unser Gespräch eine ernste Wendung, als es nämlich um die Frage geht: „Weshalb bist Du / seid Ihr auf diesem Camino?"

Hans erzählt mir ohne Umschweife, er sei gut 20 Jahre Alkoholiker (er sagt einfach Säufer!) gewesen. Er habe durch sein Saufen alles kaputtgemacht: seine Ehe, habe seine Kinder verloren, mehrfach die Arbeit gewechselt und am Ende vom Sozialamt gelebt, sei oft mit anderen Säufern tage- u. nächtelang durch die Kneipen gezogen.
*„Ich glaube, ich war immer irgendwie besoffen. **Jeder kleinste Ärger, jeder Frust, jeder Streit mit Bärbel, den Kindern oder anderen hat ausgereicht und ich war tagelang besoffen"**, so Hans.*

Irgendwann sei er in einem Krankenhaus auf einer Intensivstation aufgewacht. Der Oberarzt habe ihn so richtig „zur Sau gemacht", von wegen: „Wir haben hier anderes zu tun, als uns um unbelehrbare Säufer zu kümmern."

Einige Tage später musste er miterleben, wie sein langjähriger Saufkumpel in der Klinik im Leberkoma richtig krepiert ist. Seine Frau knallte ihm gleichzeitig die Scheidung auf den Tisch. Der Oberarzt machte ihm „die Hölle heiß, wegen seiner schlechten Gesundheit und dass er genau so krepieren werde wie sein Kumpel. Da habe er das erste Mal zu einer sofortigen Einweisung in eine Entzugsklinik JA gesagt", so erzählt Hans. „Mit wem hätte ich denn noch Saufen gehen sollen. Mein langjähriger Freund war tot, meine Familie kaputt, ich war allein."

„Die Klinik, der Entzug, die Gruppen- und Einzelgespräche, das war zu Beginn die Hölle", so Hans. Aber nach einigen Monaten wollte ich keinen Alkohol mehr sehen. Ich grübelte viel, wurde immer depressiver, hätte am liebsten wieder gesoffen, um mein Leben, aber insbesondere meine Schuld nicht anschauen zu müssen. Ich schämte mich so, was ich meiner Frau, meinen Kindern und all den anderen im Suff angetan hatte.

Da kam plötzlich ein Brief von meiner geschiedenen Frau. Sie hat mir so viel geschrieben, von sich, den Kindern und dass sie sich über mich freue. Sie hoffe, dass wenn ich das alles geschafft habe und wirklich für immer trocken bin, das ich wieder heimkommen soll, weil sie mir verzeiht."

„Weißt, Du", so Hans, jetzt mit Tränen in den Augen, „ich habe in dieser Nacht das erste Mal in meinem Leben geheult wie ein Schlosshund und gebetet."

Auf dem Jakobsweg
Wir hatten da so einen komischen Therapeuten, der erzählte öfter vom Jakobsweg. Als ich nach acht Monaten trocken entlassen wurde, bin ich mit dem einzigen Geld, das ich

hatte, sofort nach Frankreich gefahren und acht Wochen lang nach Santiago gepilgert.

Dieser Weg, das war für mich wie eine Offenbarung. Ich habe nun (nach den Gruppen und Einzelgesprächen in der Entzugsklinik) noch einmal ganz tief in mein Leben, in meine beschissene Kindheit und mein desolates Elternhaus hineinschauen dürfen. Aber hier auf dem Jakobsweg noch einmal ganz anders.

Dann, nach acht Wochen Pilgern, bin ich endlich in Santiago angekommen.

Ich saß stundenlang in der Kathedrale, habe vor lauter Reue und Schuldgefühle nur gebetet und geheult.

*Ich habe mir und dem Hl. Jakobus geschworen: Wenn ich mit Bärbel wieder zusammen sein kann, dann: **„Nie mehr in meinem Leben Alkohol, NIE mehr!" Und ich werde, nein ich muss versuchen alles wieder gut zu machen.***

Danach habe ich Bärbel von Santiago aus angerufen und habe ihr meinen Schwur erzählt und sie sagte nur; „O.k. dann komm heim." Als ich dann trocken heimkam, hat mich Bärbel wieder bei sich aufgenommen. Jetzt sind wir wieder verheiratet und wir gehen nun gemeinsam jedes Jahr Variationen des Jakobsweges. Dieser Camino hat mein und unser Leben völlig verändert. Wir haben nun viele gemeinsame Ziele.

***Heute leiten wir eine Selbsterfahrungsgruppe für Alkoholkranke und deren Angehörige und Gott ist für unser Leben sehr wichtig geworden.** Also deshalb sind wir hier",* so erzählte Hans, und seine Augen leuchten und er tätschelt dabei Bärbels Hand.

Diese Lebensbeichte von Hans, ist auch für mich als Therapeut, hier so einfach und unerwartet auf dem Camino erzählt, so umwerfend, dass mir im Moment sogar die Tränen in den Augen stehen.

Was soll ich auch dazu sagen? So ist das eben, denke ich mir, wenn Gott an uns arbeitet.

Teil 2 - Kapitel 15

Das Schicksalsgesetz
Nach dem Vorlesen dieser Lebensgeschichte war es in der Gruppe lange still. Jeder musste erst einmal „verdauen", was er da gehört hatte. Und dann kam die Frage nach diesem sogenannten Schicksalsgesetz.
Die Therapeutin erzählte aus ihrer Erfahrung. Einer Erfahrung, die, so stellten alle fest, jeder von uns schon oft gemacht hatte:

Durch Leid zu Erkenntnis und Veränderung
Natürlich stellt sich bei solchen Lebensgeschichten wie bei Hans und Bärbel immer die Frage: War das alles Zufall? Oder gibt es wirklich so etwas, wie ein „von oben" vorbestimmtes Schicksal oder gar eine Fügung?

„Niemand", so die Therapeutin, „kann diese Frage grundsätzlich beantworten. Denn das ist eine Frage des persönlichen Glaubens und der eigenen Erfahrungen.

Viele nennen alles was im Leben passiert einfach Zufall, andere Schicksal, wieder andere Fügung oder Bestimmung.

- *„Ich glaube an unseren Schöpfergott, der mit oder durch seinen liebenden Geist Gottes (Heiligen Geist) oder durch seine Engel in unser Leben eingreift.*
- *Ich glaube auch an Bestimmung und Fügung für unser Leben"*, so die Therapeutin, *„sonst wäre so vieles, was ich ständig erlebe, nicht erklär- und verstehbar."*

Es geht darum zu erkennen:
- **Dass unser Leben (in Sinne des Schöpfungsplanes) neue und wertvollere Inhalte bekommen muss, die für das jetzige Leben stimmiger sind.**

- **Deshalb müssen die alten Lebenseinstellungen, Gewohnheiten und Denkweisen verändert werden.**
- **Ideal wäre: Dass dieser Mensch die spirituellen Gesetze und die göttlichen Wahrheiten und Weisheiten erkennt, diese in sein Leben einbaut und danach lebt.**

Das Schicksal, oder Gott, möchten nicht, dass wir als Seine Geschöpfe unsere Seele mit Problemen und Ängsten vergiften und dadurch unser Leben zum Beispiel im Alkohol zerstören.

Gott wird so lange bei uns anklopfen, bis wir unser Leben verändert haben.

Und wer nicht lernen will, der muss eben leiden,
Dieses Gesetz, das kennt schon jedes Kind.

Auch Simone möchte absolut nichts davon hören, dass sie wieder getrunken und was sie im „Suff" angerichtet hat.
Sie streitet alles ab, sie ist völlig uneinsichtig. Ja, ganz im Gegenteil: sie beschimpft und beschuldigt Manuel.

Leid ist Lehre
Gott/das Schicksal ist gerecht. Er/es hat mit all diesen uneinsichtigen Menschen lange Geduld. Nur - wenn Menschen einfach „verbohrt" sind, wenn ihr Fehldenken – in unserem Fall die Alkoholsucht - Entwicklungen blockieren, wenn sich also in diesem Leben nichts verändert, dann setzt „das Schicksal" seinen „Nussknacker" ein, der uneinsichtige Menschen unter Druck setzt.

Dieser Schicksals-Knacker heißt: „Leid"

Leiden, durch Probleme und/oder Krankheit(en), um dadurch zu erreichen, dass der Mensch zum Nachdenken kommt. Das Ziel: Der Mensch soll seine falsche und erstarrte Lebenshaltung aufgeben, damit sich am Ende doch alles zum Guten verändern kann.
Zwar könnten wir uns das alles mit Verstand, Einsicht und Toleranz ersparen. Aber viele Menschen sind für

Mahnungen, gute Worte und neue Einsichten und Veränderungen geradezu taub.

Diese Menschen brauchen anscheinend - um ihre ver-
härteten Schalen um ihre Seele herum aufzubrechen -
den Schicksalsknacker Leid. So erfüllt sich dann das
Schicksalsgesetz. So wird Leid zu Lehre.

Manuel war nach diesen Ausführungen seiner Therapeutin
sehr nachdenklich. Und er dachte wie stimmig dieses
Schicksalsgesetz doch sei, wenn er insbesondere an das
Schicksal seiner Eltern dachte und was er bei den Familien
seiner Brüder beobachten konnte.

Buddha sagt:

*„Du hast von Gott dieses Leben übergeben bekommen.
Er übergibt Dir dieses Leben als sein wertvolles Geschenk, in Deine absolute Verantwortung. Also ist es
Deine Verantwortung, für Dich und Dein Leben gut zu
sorgen, diesen Tempel Deines Lebens rein zu halten
und darauf zu achten, was Du isst, was Du sagst, was
Du tust."*

**Auch Jesus Christus sagt: „Du sollst den Tempel Dei-
nes Lebens rein halten."**

Brauchen Alkoholiker wirklich erst Leid?
Und Simone? fragte sich Manuel.
- Verteidigte sie nicht ständig ihr Trinken?

- Hatte sie nicht Manuel immer wieder beschimpft, wenn er ihre Alkoholgeschichten nur ansprach?
- Hatte er bei ihr nicht schon mehrfach schlimme Zusammenbrüche erlebt, die sie aber herunterspielte und nicht wahrhaben wollte.

Manuel erkannte: Der große „Nussknacker des Schicksals" war oder ist auch hier, bei Simone, schon lange bei der Arbeit. Nur Simone ist noch meilenweit davon entfernt, das zu erkennen.
Denn:

Alkoholiker, sind „harte Knochen", weil ihre Sucht so dominant und so stark ist. Diese brauchen oft viele und harte Schicksalsschläge und viel Leid, bis sie endlich bereit sind, in ihrem eigenen Leben etwas zu verändern, ihre Schuld anzuerkennen und absolut nichts mehr zu trinken, (so wie Hans!).

Die Erkenntnis: Manuel erkannte (endlich) schweren Herzens:
- Also muss ich Simone ihren Lebensweg mit dem Alkohol gehen lassen, so wie sie das möchte.
- Es ist ihr Leben.
- Sie hat sich dafür entschieden.
- Sie trägt auch für sich und für alles das, was sie im Alkohol anrichtet die Verantwortung (auch wenn sie das – wie für alle Alkoholiker typisch - nicht einsehen möchte).

Solange sich Simone für so toll hält, nicht einsichtig ist und sogar noch ihr Trinken bagatellisiert oder verteidigt, kann ICH - Manuel nichts tun, außer:

- **akzeptieren und damit leben.**
- **aber wenn ICH das akzeptiere, dann brauche ICH mich auch nicht zu beschweren, wenn sie säuft.**
- **oder ICH musst gehen!**

Sonst bist bin ich ein Leben lang wie:
Ein Hund, der mit einer blutigen Schnauze wütend bellend vor einem eingerollten Igel steht und der hofft, dass dieser irgendwann einmal herauskommt.

Das ist doch wirklich sinnlos, so die Therapeutin.

Langsam wird mir das alles zu viel, dachte Manuel traurig. Er wusste nur eines: Der bellende Hund mit der blutigen Schnauze, der war er lang genug und der wollte er bei Simone nicht mehr sein.

Das war er in seiner ganzen Kindheit und Jugendzeit bei seinem Vater und später bei seiner Mutter. Aber geändert, geändert hat das ständige Bellen gar nichts. Nur die Wunden wurden immer tiefer.

Um die Hintergründe, warum Simone und Manuel so seltsam miteinander „verstrickt" sind, noch besser zu verstehen, fragen wir uns einmal nach ihrer Seele und Kindheit...

115

Teil 3

Alkoholismus:
Begegnungen mit
Deinem
„Inneren Kind"
von damals

Begegnung mit Deinem „Inneres Kind" von damals...
Ein kleines bisschen Psychologie

Sprechen wir hier einmal von einer ganz anderen Form von **„Sucht", dem Suchen nach: Liebe, Nähe, Wärme, Zuneigung, Zärtlichkeit, Wertschätzung, Anerkennung, einer „Sucht", die aus unserer Seele kommt.**

„Seele", die Quelle unseres Lebens
Wenn sich im Moment der Zeugung, eine männliche Samenzelle mit einer weiblichen Eizelle verbindet, dann strömt in dem Moment in diese Verbindung das ein, was wir Seele nennen. Die Materie wird nun „beseelt", denn ohne diese **Lebensenergie = Seele**, ist Leben nicht möglich.

In der Bibel steht dazu: GOTT hauchte dem „Lehmklumpen" Adam seine Seele ein. Er machte ihn auf diese Art und Weise lebendig.
Wenn nun die göttliche Lebensenergie diesen „Lehmklumpen" beseelt hat, dann gleicht alles zusammen - als Bild gesprochen - einem fertigen Samenkorn.
Als ein solches Samenkorn betritt nun jedes Kind unsere Welt. Darin befindet sich die Summe all der verschiedenen genetischen Anlagen seiner beiden Eltern, Großeltern, Urgroßeltern.

Aus dieser Gen-Vermischung entstehen nun wieder neue, eigene Merkmale, die nur für dieses Kind typisch sind: **Kör-**

pergröße, Haar- und Augenfarbe, Intelligenz, Anlagen zu Gesundheit und/oder Krankheiten usw.

Auch trägt das Kind schon die Anlage zu Eigenheiten, Wesensmerkmalen, Charakterzüge in sich.

„Du bist willkommen"
Wichtig für die Seele dieses Kindes ist zu wissen: *„Hier bin ich willkommen, hier erwartet man mich".* Das schafft Vertrauen zu den Eltern und gibt dem Kind Halt und Selbstvertrauen.
Was wird es aber für ein Kind bedeuten, wenn es nicht willkommen ist, weil die zukünftige Mutter das Kind nicht möchte? Das macht die Seele des Kindes unsicher und erzeugt Angst.

Grundbedürfnisse: Liebe, Nähe, Anerkennung
Heute ist es für uns gar keine Frage, dass die Seele eines Kindes, **Liebe, Nähe, Wärme...** braucht. Je mehr davon, desto besser.
Oft geschieht es auch, dass die Mutter zwar meint, sie gäbe ihrem Kind doch alle Liebe, aber die Liebe dieser Mutter reicht für dieses Kind nicht, oder das Kind hat noch stärkere Bedürfnisse. Dieses Kind hat immer das Empfinden, es kommt zu kurz, aber die anderen, die bekommen alles, (oft unter Geschwistern). So entstehen in der Seele dieses Kindes **emotionale Defizite,** die sich auf den verschiedensten Ebenen seines Lebens offen oder versteckt zeigen werden.
Entscheidend ist also nicht, was war, sondern wie das Kind seine Welt erlebt und empfunden hat.

Der Brunnen will „gestillt" sein
Bei dem Wort „Stillen", da denkt man sofort an Mutterbrust. Aber auch uns Erwachsenen ist das „sich stillen" nicht fremd.

Das liegt daran, weil unser sogenanntes „Inneres Kind" auch heute oft noch NICHT SATT ist und immer noch „gestillt werden möchte." Sie werden gleich sehen, wie das stimmt.

Nur: Dieses **„sich selbst Stillen, oder wer stillt mich?"** Ist ein völlig unbewusster Prozess, der aus den Verlusterfahrungen unserer frühen Kindheit stammt.

Ein Bild dazu: Wenn ein Kind diese Welt betritt, dann bringt es (symbolisch gesprochen) einen unsichtbaren „Brunnen" mit. Dieser Brunnen ist zum Beginn des Lebens leer und er wartet darauf, dass er gefüllt wird. Natürlich mit **Wasser, mit Wasser des Lebens, oder besser: mit Wasser für das Leben.**

Dieses **„Wasser für das Leben"** ist eine Mischung aus **Liebe, Nähe usw.** Bekommt ein Kind nun viel davon, dann plätschert es ständig in diesem Brunnen, das Wasser steigt und das Kind entwickelt auf diesem Hintergrund **Selbstbewusstsein und Selbstvertrauen.**

Ganz anders bei den Kindern, die von diesem Wasser des Lebens wenig oder zu wenig bekommen haben:

- **1. Möglichkeit:** Das Kind wird versuchen, so lange Aufmerksamkeit zu provozieren, bis es Liebe, Nähe..., also Wasser für sein Leben bekommt.
- **2. Möglichkeit,** das Kind lernt/versucht „sich selbst zu stillen", weil die Elternwelt nicht antwortet.
- **3. Möglichkeit.** Das Kind wird resignieren, weil es von seinen Eltern zu wenig Lebenswasser bekommt (Depression)

Simones „Stillmuster":
Simone ist zwar biologisch erwachsen, aber ihr „Inneres Kind" hat diese Sehnsucht nach Liebe, Nähe usw., nach: „Ich möchte gestillt werden", in die Erwachsenenwelt mitgenommen.

- Wie viele andere Menschen auch, lässt sie sich gern von anderen stillen. Sie leben aus zweiter Hand, das heißt, sie begeben sich in Abhängigkeit zu anderen Menschen, die ihnen „stark" erscheinen, z. B. Partner, Kollegen, Freunde, Chef.
- Hier erwartet ihr bedürftiges „Inneres Kind", dass ihnen der/die andere ihren trockenen Brunnen auffüllt und sie ständig „stillt".

- Simones „Inneres Kind" zum Beispiel, sucht sich immer wieder Männer, um sich von diesen „stillen" zu lassen. Sie sind dann dafür zuständig, dass es Simones „Innerem" Kind gut geht.

- Fühlt sich Simones „Inneres Kind" von Manuel gut „gestillt", so ist sie liebenswert und kuschelig, wie eine schnurrende Hauskatze, die gut gefüttert und gestreichelt wird...
  Sie füttert Manuel dafür mit Nähe, Kuscheln und Sexualität (was ihrem „Inneren Kind" ja auch wieder gut tut, also eigentlich befriedigt sie sich schon wieder selbst).

- Aber: Wird ihr „Inneres Kind" nicht so gestillt wie sie das gern hätte, dann ist Sturmflut in ihren Gefühlen. Irgendwann hält sie sich selbst nicht mehr aus, **ihr Brunnen schreit nach Liebes-Ersatz... und:**

Sie befriedigt – „das heißt, sie stillt sich selbst" mit ihrem „erlernten Alkohol-Befriedigungsprogramm", bis sie ihre aufgewühlten Gefühle nicht mehr spürt...

Süchte: „Mutterbrust-Ersatz"

Was man kaum glauben würde: Es gibt sehr viele dieser „Trockenen – Brunnen - Menschen":

- **Zum Beispiel kann Mann/Frau sich herrlich an reichlichem (oft auch unvernünftigem) Essen „stillen".**
- **Für viele sind die Süßigkeiten ideal zum „Stillen" frühkindlicher Bedürfnisse.**
- Typisch ist auch das **Mutterbrust – Saug - Erlebnis: „Rauchen".**

- Auch Schmusen, Küssen, Herumknutschen ist eine besonders lustvolle Form des **Mutterbrust – Saug - Erlebnisses „Stillen"** und im weiteren Sinn die **ausgelebte Körperlichkeit und Sexualität.**

- Oder wie wäre es mit „Stillen -Total" eine Kombination, die Simone so liebt:

Erst „schön" miteinander Essen gehen, mit Espresso und Dessert am Ende. Dazu 1-2 Flaschen Wein/Sekt, damit man so schön locker ist. Dann übereinander herfallen und sich bei wildem Sex austoben. Danach unter der warmen Decke miteinander kuscheln, schlafen. In der Früh, erst wieder tollen Sex, dann ausgiebig Baden und danach super miteinander Frühstücken. Das ist doch „sich stillen" pur!!!

Irgendwann lernt man, dass auch **„sich Stillen mit Alkohol",** so schön leicht und fröhlich macht, bis hin zum Alkohol-Exzess, manchmal auch durch Drogen.

In jedem Fall ist es ein nie endender Versuch, das bedürftige „Innere Kind" von damals immer wieder neu zu befriedigen.

Das Selbsterhaltungs-, Bedürfnis- Befriedigungsprogramm

Beim „Inneren Kind" soeben, sprach ich von der „Sucht", die aus unserer Seele kommt.

Hier aber geht es nun um den 2. Teil der Sucht, die Sucht, die der KÖRPER selbst entwickelt.

Um das zu verstehen, müssen wir in die Evolution, **in die tierische Entwicklungsgeschichte** zurückgehen, aus der wir Menschen ja hervorgegangen sind.

Wir müssen uns die Millionen Jahre alten, biologischen **Selbsterhaltungsmechanismen** anschauen, die in unseren Tiervorfahren als Lebens- und Überlebensmechanismen angelegt sind, die AUCH WIR Menschen, heute noch in uns tragen.

Triebbefriedigung gehört zur Natur

Kein Lebewesen auf dieser Welt kann ohne Essen, Trinken, Schlafen usw. leben. Ein Tier frisst das andere, um zu überleben. Fortpflanzung geschieht nach genetischem Programm. Das hat aber alles nichts mit „Sucht" zu tun.

Schon Tiere können lernen, zum Beispiel bei Gabe von verschiedenem Futter, das zu fressen, was ihnen am besten schmeckt. (Meine Katzen jedenfalls tun das!)

Um wie viel besser, können wir Menschen das:

Da erzieht zum Beispiel eine junge Mutter ihren Sprössling gesund mit viel Obst, Rohkost, Gemüse, was für den Junior sehr normal ist. Er isst alles brav und gedeiht prächtig. Bis er ein Wochenende bei Oma und Opa verbringt. Weil man es mit Junior gut meint, bekommt er dort Kekse, Schokolade, Gummibärchen, (was die Mutter aber ausdrücklich verboten hat).

Die Folgen: Ab Montag gibt es bei der Mama Terror. Junior verweigert jede Form von Obst, Rohkost, Gemüse und gesunder Ernährung. Er spuckt alles wieder aus. Die Mutter versteht die Welt nicht mehr.

Was ist passiert? Junior möchte ab sofort nur noch süß schmecken. Süß macht sehr schnell süchtig, insbesondere bei Kindern. Verblüfft?

So schnell geht die **Prägung von Bedürfnisbefriedigung zur Sucht**.

Versuchen Sie einmal einem übergewichtigen Menschen in einer Konditorei zu erzählen, dass ihm zu viel Essen, Kaffee und Sahnetorte, die Zigarette und der Verdauungsschnaps krank machen werden.

So werden diese Menschen immer dicker, rauchen immer weiter, machen sich und ihre Familie mit Alkohol kaputt (siehe den Vater von Manuel, Hans und Simone) und werden immer kranker.

Diesem „Bedürfnis- Befriedigungs-Programm" (der Sucht), ist mit Vernunft nicht beizukommen.

Dieses uralte, **primitive Bedürfnis- Befriedigungsprogramm** meldet sich auch bei Simone sofort, wenn ihr Alkohol angeboten wird.

Ab diesem Moment „steuert" sie **die Gier, der Trieb, die Sucht.**

Denn ihr Gehirn hat schon in jungen Jahren Alkohol als etwas für ihr Leben sehr Wichtiges in ihr Bedürfnis- Befriedigung Programm gespeichert.

Teil 3 – Kapitel 4

Alkoholismus: Der Zwang zum Trinken
Zwänge sind nicht vorstellbar. Wenn Süchte in Form von Zwängen (verstärkte Sucht) einen Menschen beherrschen, dann können sie eine große Macht über den Menschen haben, denn sie sind etwas Ur-Triebhaftes.

- Vielleicht haben sie schon von Menschen gehört, die von Zwängen beherrscht werden:
- die sich zum Beispiel 30 Mal am Tage die Hände waschen MÜSSEN, die also einen **Waschzwang** haben, oder andere, die einen **Putzzwang,** einen **Spielzwang,** einen **Kontrollzwang,** einen **Arznei-mittelzwang,** einen **Esszwang,** einen **Rauchzwang** oder einen **Sex zwang** haben usw.,

- oder junge Mädchen und Frauen, die den **Zwang haben abzumagern,** also nichts essen, oder den Zwang, **alles wieder zu erbrechen,** um ja nicht dick zu werden (Krankheitsbild von Anorexie und Bulimie).

- oder auch: sich mit spitzen oder scharfen Gegenständen in den Arm/Oberschenkel ritzen oder schneiden zu MÜSSEN, bis Schmerz und Blut kommt usw., bis sich dieser Zwang (wie bei einem

Gewitter) für diesen Moment entladen hat und der **innere Druck nicht /kaum mehr zu spüren ist**.

Die Zwangshandlung ist ein Ventil, um Druck abzulassen.

Zwang schaltet Vernunft aus
Zwänge haben noch einen weiteren fatalen Mechanismus: Sie sind oft so stark, dass sie die Vernunft ausschalten!

Sagte nicht Simone vor ihrer Abfahrt noch fast beleidigt zu Manuel: *„Mensch Manuel, ich weiß doch, dass Dich der Alkohol stört und ich möchte aufhören zu trinken. Außerdem würde ich gern mit Dir den Abend und das Wochenende verbringen."* Und wir dürfen unterstellen, dass es Simone in diesem Moment absolut ernst meint.
Aber dann, in ihrer alten Trinkerumgebung, auf der Party der Nachbarn, da wird ihr Alkohol angeboten und es meldet sich ihre erlernte Trink-Sucht, die sofort inneren Druck erzeugt und nur noch eines will: Zwanghaft ihre Bedürfnisse befriedigen, also trinken, trinken, trinken.

**In diesem Moment, wo die Alkoholerinnerung aktiviert ist,
wird der Verstand- die Vernunft blockiert.**

**Simones innerer Druck, Ihre Suchtbefriedigung
wird zur Gier, zum Zwang Alkohol zu trinken, trinken,
trinken.**

Was nun passiert ist fatal, aber das kennt jeder Alkoholiker und jeder, der mit Alkoholikern zusammenlebt: „Vergessen" sind in diesem Moment alle guten Vorsätze, die Simone hatte, als wären sie NIE da gewesen.

Die Falle: Das Alkoholgedächtnis

Was jedem Alkoholiker - ein Leben lang –
in seinem Gehirn –
im sogenannten Alkoholgedächtnis –
gespeichert ist und bleibt,
das ist der Alkohol- Sucht – Mechanismus.

Das Alkoholgedächtnis lauert.
Es ist immer aktiv,
auch wenn ich jetzt nichts mehr trinke.

Deshalb dürfen alkoholkranke Menschen,
die das Trinken aufhören wollen,
KEINEN TROPFEN Alkohol mehr trinken.

Reden, Mahnen, Schimpfen: völlig sinnlos!
Und genau deshalb, (weil die Sucht die Vernunft und das Gedächtnis ausschaltet), ist Reden, Mahnen, Schimpfen, dem Suchtmenschen Vorwürfe machen und ihm/ihr das Versprechen abzupressen, ja nichts mehr zu trinken, sinnlos – völlig sinnlos!

Fragen Sie also NIE einen Alkoholiker (Raucher, Vielesser usw.) WARUM er schon wieder sein Versprechen gebrochen und getrunken, zu viel gegessen, schon wieder geraucht... und das und das getan hat. Glauben Sie mir, das kann ihnen kein Suchtkranker erklären.

Das Problem ist ja nicht der Mensch, sondern die Sucht. Denn dieses zwanghafte Trink-Programm verpasst dem Alkoholiker im Moment des Trinkens eine Art „Narkose seines Gehirns."

Sparen Sie sich also bei Ihrem Alkohol-Partner(in) all das Reden, sparen Sie sich all ihre Sorgen, Ängste... außer, Sie sind Masochist und lieben Enttäuschungen.

Genau das ist der Punkt, wo alle Partner, die mit Alkoholikern zusammenleben, immer wieder sagen: „Er/sie ist unzuverlässig, er/sie lügt , er/sie betrügt, er/sie verspricht und hält nichts. Stimmt! Ja, so sieht das von außen aus.

Sind Sie weise:
Sie lieber Leser(in), Sie wissen jetzt viel mehr von den Ursachen und Hintergründen von Süchten und Zwängen.
Es gibt nur eine Erklärung: Wer zu viel Alkohol trinkt, ist krank. Suchtkrank.

Dieser Mensch steht unter dem Zwang, bei Störungen seiner Seelenlandschaft Alkohol trinken zu MÜSSEN...
und wir nennen das krank!

Zwänge
sind also eine Störung,
eine Krankheit des Geistes
und/oder der Seele.
Dahinter steht ein starker „ innerer Druck"
zur Zwangshandlung.

Alkoholismus
ist also in Wirklichkeit ein Symptom,
das auf Probleme, Störungen oder Krankheiten
in der Seele des Trinkers hinweist.

Deshalb sagen viele Psychologen und Alkohol-
Selbsthilfeverbände:

„Alkoholismus ist
eine Krankheit des Geistes oder der Seele"

...aber,
diese Sucht-Krankheit
kann durch Therapie behandelt werden.

Der Suchtkranke muss das „nur" einsehen
und auch wollen.

Zusammenfassung:

Alkoholsucht: Ursachen aus psychologischer Sicht

Viele Psychologen, wie auch die Alkoholiker Selbsthilfeverbände wie zum Beispiel AA, Blaues Kreuz, Kreuzbund usw. sehen die wahre Ursache für das Trinken in den Lebenshintergründen des Alkoholikers(in) selbst.

Deshalb sprechen diese Verbände auch davon, dass Alkoholismus eigentlich zuallererst einmal „im Kopf" stattfindet.

Sie meinen damit die **unbewältigten seelischen Belastungen und Probleme** und den Berg an NEGATIVEN GEFÜHLEN, welche typischerweise gerade Alkoholiker unbewusst mit sich herumtragen und von denen sie absolut nichts wissen wollen, wie:
Unbearbeitete seelische Verletzungen, (meistens aus Kindheit und Vergangenheit) wie Ängste, Frust, Wut, Zorn, Trauer...

Diese NEGATIVEN Gefühle sind wie unsichtbare Gespenster. Sie lauern unbewusst und unbearbeitet tief im Unterbewusstsein des Trinkers. Sie sind wie böse Dämonen, die in allen möglichen Lebenssituationen schnell bereit sind, aus der Seele des Trinkers aufzusteigen und in ihm Missempfindungen auszulösen, wie:

- **Sich schnell angegriffen, beleidigt, verletzt, nicht verstanden fühlen, einsam und verlassen fühlen** aber das schlimmste Gefühl ist:

- Sich wieder einmal nicht geliebt, angenommen, akzeptiert zu fühlen

Auch wenn diese Menschen nach außen gern stark und großartig auftreten, so lassen all ihre NEGATIVEN Gefühle in ihrem Unterbewusstsein, nur ein sehr mangelhaftes Selbstbewusstsein und ein mangelndes Selbstwertgefühl zu, was ja alles auch für Simone typisch ist.

Alle anderen sind Schuld…
Und diese NEGATIVEN Gefühle, oder besser, die schlimmen Menschen, welche diese Gefühle in dem Trinker „wach gerüttelt" haben, die sind nun Schuld daran, dass es mir wieder schlecht geht und ich diese Gefühle in mir nun weg- oder gefühllos trinken muss.

Teil 4

„Lass keinen Tag
Deines Lebens vergehen,
ohne dass Du etwas
für Deine Träume getan
und etwas Neues
über Dich dazu gelernt hast."

Von der Liebe...

Nach diesem Gruppenabend fuhr Manuel sehr nachdenklich heim. Sein Verstand sagte ihm nun völlig klar:

„Ich und Simone? Nein! Wir haben für eine Beziehung absolut keine Chance, solange Simone immer noch „ihren Alkohol" so liebt."

Wollte er mit ihr zusammen sein, so müsste sie völlig auf Alkohol verzichten. Aber das würde sie als Alkoholikerin nie tun, das hat sie ja immer wieder gesagt und heftig verteidigt. Bedeuteten diese Tatsachen nun eine klare Trennung?

Manuel hatte noch ganz genau die Mahnungen und Warnungen seiner Therapeutin, der Gruppenmitglieder und seines HP Freundes Andreas im Ohr, was alle über Alkoholiker gesagt haben.

Er hatte auch noch die schrecklichen Erfahrungen mit seinem Vater, seiner Mutter, seinen Brüdern vor Augen...

Trotzdem sagte er sich:

„Was soll ich tun? Ich liebe diese Frau. Ich möchte ihr helfen. Ich werde alles daran setzen, dass Simone nicht das Schicksal wie Mutter oder Vater bekommt.

Es gibt so viele trockene Alkoholiker. Warum soll das Simone nicht auch schaffen.

Also werde ich alles daran setzen, sie aus dieser Alkoholfalle herauszuholen."

Die alten Weisen und Philosophen sagten schon immer: *Die menschliche Seele sei ein „seltsam Ding"*, und sie meinten damit:

In unserer Seele „wohnten seltsame Kräfte", nämlich Gefühle, die sich oft schwerlich vom menschlichen Verstand und seiner Vernunft leiten ließen, weil sie „eigenen Bestimmungen und Bedürfnissen" folgten.

Und die alten Weisen meinten weiter:
„Nichts sei unberechenbarer als „DIE" menschlichen Gefühle. Diese seien unsichtbar im menschlichen Unterbewusstsein gespeichert.

- *Oft seien diese Gefühle voller Leidenschaft, glühend, alles verzehrend und liebestoll.*
- *Sie erzeugten sowohl Freude und Wohlbefinden, als auch Ängste und Aggressionen, inneren Sonnenschein, oder Sturmflut im Leben.*
- *Ein anderes Mal seien sie launisch und schwankend, dann wieder seien sie unberechenbar, kalt und zurückweisend, oder sogar voll von Hass und Zorn.*
- *Gefühle ließen uns Menschen erstrahlen, erzittern oder erbeben. Sie führten die Menschen oft auf Pfade, die jenseits ihres Verstandes liegen.*
- *Nur, was der Mensch meistens nicht wisse: Die göttliche Schöpfung, die Vorsehung, die Fügung, möchte ihm helfen und ihn liebevoll lenken und leiten.*
- *Denn häufig habe der Mensch göttliche Lenkung und Leitung sehr nötig.*

- *Zu diesem Zweck nehme die Schöpfung über die Seele Kontakt zu den menschlichen Gefühlen auf.*

Denn unsere menschliche Seele ist zutiefst göttlicher Natur.
- **Sie ist ein „Ableger der göttlichen Schöpfung", die den Menschen für sein Erdenleben geliehen werde und die ihn im wahrsten Sinne des Wortes beseele.**
- **Sie ist die unsichtbare Quelle unseres menschlichen Seins, aus der wir – nach Göttlicher Vorbestimmung - liebevoll geleitet werden.**
- **Sie ist also der Zugang „nach oben", was viele Menschen oft ein Leben lang nicht bemerken oder begreifen.**

Deshalb fragen unsere Gefühle weder nach Vernunft, noch nach dem Verstand. Sie stünden über den Dingen."

Versöhnung
Samstag: kurz nach 14.00 Uhr, als Manuel gerade dabei war, seine Arbeit in der Werkstatt zu beenden, piepte sein Handy. Es war eine SMS von Simone.
Sie schrieb: *„Du fehlst mir so sehr. Ich vermisse Dich so, Simone".*

Da waren plötzlich Manuels Bedenken über Simones Alkoholismus weg, weggeschmolzen, wie Eis in der Saharasonne. Denn schon lange war seine Reue, diese warmherzige Frau verloren zu haben groß und seine Sehnsucht meldete sich nun in ihm.

Er freute sich über ihre Nachricht, dass er sie sofort anrief. Und er war froh, wieder ihre Stimme zu hören und sie war froh, seine Stimme zu hören.

Und vergessen waren in diesem Moment all die Gedanken über ihren Alkoholismus, all die negativen Gefühle in der letzten Zeit.

Sie konnten sich wieder haben, sich wieder spüren, sich wieder genießen, alles andere hatte jetzt keine Bedeutung, auch nicht, dass Simone schon wieder ein bisschen nach Alkohol roch.

Teil 4 - Kapitel 2

Glücklich und zufrieden
Dann gingen beide zum Einkaufen, abends ins Kino... und danach kuschelten sie noch vor dem Fernsehapparat und sie genossen ihre gegenseitige Nähe und Wärme.

Sonntag: In der Früh stand Manuel - wie immer - vor 6.00 Uhr auf, um Büroarbeiten zu erledigen. Da es heute die Wintersonne so richtig gut meinte, gingen sie am Nachmittag spazieren und danach zum Kaffeetrinken.

Dann saßen sie sich bei Kaffee und Kuchen gegenüber. Manuel fand, dass jetzt hier, auf neutralem Boden, der richtige Zeitpunkt wäre, mit ihr über die Ereignisse der letzten Zeit zu reden. Er MUSSTE mit ihr darüber reden und wo ging das am besten, als hier beim Kaffeetrinken, in dieser neutralen Umgebung.

Manuel fasste sich also ein Herz und er sprach die Ereignisse der letzten Zeit und Simones Alkoholproblem ganz offen an. Simone jedoch, verstand Manuel überhaupt nicht.

Ganz im Gegenteil: Sie fühlte sich sofort angeklagt... und vergessen waren augenblicklich die schönen letzten Stunden.

„Du musst immer alles kaputtmachen"...

„Was bist Du nur für ein Mensch", fauchte sie ihn sofort an. „Immer wenn es einmal schön zwischen uns ist, dann musst Du sofort alles kaputtmachen. Du musst mir nun unbedingt so alte und unnötige Kamellen vorwerfen, die noch nicht einmal stimmen, musst mir alles Mögliche unterstellen und andichten, willst mir unbedingt Schuldgefühle einreden.
Nur weil Du Dir vorgestellt hast, dass ich Deine Putzfrau und Köchin spiele. Aber ich bin weder Deine Köchin, noch Deine Putzfrau", zischte sie ihn nun böse und immer lauter werdend an.
Simone sah überhaupt nicht, worum es Manuel ging und worunter er litt. Denn für sie gab es das Argument Alkohol nicht.

„Und alles, was Du da über mich und meinen angeblichen Alkohol sagst, das ist doch alles völliger Blödsinn, hoffnungslos übertrieben und an den Haaren herbeigezogen", fauchte sie ihn nun wütend an. „Ich bin völlig normal, weißt Du, völlig normal und ganz bestimmt normaler und wesentlich intelligenter als Du, oder merkst Du, dass ich ein bisschen getrunken habe?"
„Nein, aber gestern", meinte Manuel nun und er war wieder einmal über ihre heftige Reaktion sehr betroffen, auch, dass sie ihn ganz bewusst beleidigte.

„Na, und", meinte sie patzig „was geht Dich denn mein Privatleben an? Hie und da ein Gläschen Wein, na und? Das *tut doch nur gut und gehört mit dazu. Das ist Lebensqualität mein Lieber, von der Du sowieso nichts verstehst. Für Dich gibt es sowieso nur Deine Arbeit und Deine Werkstatt. Und schon gar nicht verstehe ich diese Mail, die Du mir letzte Woche geschickt und Dich von mir verabschiedet hast.*"

Und wütend sagte sie nun laut, dass es alle im Cafe hören konnten:

„Ich will leben und ich will mich von keinem Mann für mein Leben anklagen lassen. Und wenn ich einen Mann an mich heranlasse, dann möchte ich es mir gut gehen lassen. Dafür habe ich ja als Frau auch einiges zu bieten. Für das Bett bin ich Dir ja gut genug, da beschwerst Du Dich ja auch nicht bei mir."

Diese ewigen Vorwürfe. Jetzt fing Manuel auch schon so an, wie ihre Mutter und ihr Vater... Na, das fehlte gerade noch, dass sie sich das von ihm gefallen ließ.

Teil 4 - Kapitel 3

Es ist alles so sinnlos

Manuel saß nun wie ein begossener Pudel da. Ihm war das alles sehr peinlich, denn viele in diesem Cafe hatten natürlich Simones Wutausbruch mitgehört. Sie sprach ja auch sehr emotional und laut genug und alle hatten ihren bühnenreifen Abgang miterlebt. Großer Gott: Was mochten nur alle jetzt von ihm denken?

Es erschien ihm wieder einmal so sinnlos. Dabei hatte er Simone nur gefragt, ob es nicht an der Zeit wäre, so langsam mit dem Trinken aufzuhören, denn sie werde immer älter, und vertrage auch immer weniger.

Wie sagte seine Therapeutin:

- *Im Grunde sind Alkoholiker kranke Menschen, denn oft sind sie für sich selbst und für ihre Alkohol - Probleme blind.*
- *Die meisten von ihnen bagatellisieren, spielen herunter und verdrängen ihre Alkohol – Sucht, stellen dafür den anderen als Lügner hin und verteidigen auch noch ihre Trunksucht.*
- ***Sie wollen einfach weder einsehen noch wahrhaben, dass sie schon lange Alkoholiker und damit suchtkrank sind und dringend therapeutische Hilfe brauchen würden.***

Nach einiger Zeit zahlte er, stand auf und ging verärgert und peinlich berührt hinaus.

Jung, schön, sexy: das war einmal…
Simone ging wütend den Weg zu ihrem Auto zurück. Dabei dachte sie mit Wehmut an die schöne Zeit von damals, als sie noch „jung" war, so herrlich unkomplizierte Männer hatte, die sie nach nichts gefragt haben, sie einfach verwöhnten, ihr viel geschenkt und die mit ihr Nächte in Bars, Restaurants und teueren Hotelzimmern verbracht haben. Und von diesen Männern hat sich nie jemand über ein paar Gläschen Wein beschwert.

Plötzlich weinte Simone, denn ihre innere Stimme meldete sich. Sie fragte sich, ob sie wohl heute, mit fast 50 und beginnenden grauen Haaren, Falten und Hängebusen bei den Männern von damals noch die gleichen

Chancen hätte? ... und ihre Antwort war eindeutig: Nein!
„Männer möchten was Junges und Knackiges im Bett"... so wie sie einmal war. Nach dieser Erkenntnis flossen ihr die Tränen herunter... und sie bedauerte sich selbst. Sie hatte plötzlich das dringende Bedürfnis, eine Flasche Sekt oder Wein wäre jetzt gut.

„Von einem Mann lasse ich mir nichts sagen"
Auf der anderen Seite hasste sie es, wenn ein Mann ihr etwas wegen ihres Alkohols sagte. Für sie hieß das sofort: Vorwürfe machen, den anderen etwas aufzwängen wollen, ins Leben hineinreden.
Sie wollte von keinem Mann über sich etwas hören, Komplimente ausgeschlossen. **Wenn das nicht möglich war, dann musste sie diese Wut, diesen Frust, in Alkohol ertränken!**
Simone dachte: *„Aber andererseits: Ich liebe diesen Mann, auch wenn ich ihn jetzt für seine Vorwürfe umbringen könnte. Der hat einfach etwas. Ich fühle mich in seiner Nähe wohl. Es ist so schön, wenn er mich verwöhnt, mich anfasst, mich streichelt und wenn er mit mir zärtlich ist.*

Nur, in einem hat er recht, dachte Simone, ich vertrage heute nicht mehr so viel wie früher, ich sollte da wirklich etwas vorsichtiger sein.

„Ich mache mir Sorgen"
Als Manuel nach langem Rückweg endlich bei sich daheim wieder ankam, saß Simone frierend in ihrem Auto und war-

tete auf ihn. *„Soll ich noch mit hineinkommen, oder soll ich besser fahren?"*, fragte sie. Er deutete ihr nur zu kommen. Lange schwiegen sie. Irgendwann sagte Manuel: *„Mensch Simone. Weißt du, warum ich Anti-Alkoholiker bin?*

Ich bin als Kind und Jugendlicher mit Vater und Mutter, beide schwerkranke Alkoholiker, aufgewachsen. Bei dir sehe ich jetzt genau das Gleiche. Ich mache mir große Sorgen, wegen Deiner Alkoholgeschichten. Du bemerkst doch selbst, wo das immer wieder hinführt. Kannst Du denn nicht langsam einmal aufhören?"

Simone nickte vor sich hin.
„Tut mir leid, meine Reaktion vorhin im Cafe", sagte sie nach einiger Zeit kleinlaut. *„Ich weiß, das war zu heftig und Du meinst es ja nur gut. Du hast ja recht, ich sollte weniger trinken"*, sagte sie nun nachdenklich und einsichtig.

Scheinfrieden
Manuel war damit zufrieden, denn er war ein versöhnlicher Typ. Aber es war ein Scheinfriede, eine Illusion. Denn Simone empfand Manuel als einen sturen „Kotzbrocken", der sie, wie ihr Vater, wegen einiger Gläschen Wein völlig ungerechtfertigt „kritisierte".
Montag: In der Früh standen beide wieder pünktlich auf. Während Simone sich noch im Bad herrichtete, war Manuel schon wieder in der Küche. Wenn man so verwöhnt wird, da war Simone natürlich zufrieden, da plätscherte es wieder in ihrem Brunnen.
Obwohl sie Manuels Gutmütigkeit sofort einen Dämpfer aufsetzen musste, indem sie meinte: *„Na ja, Brotzeit herrich-*

ten, das hätten „ihre" anderen Männer früher auch immer für sie getan." Manuel lächelte süßsauer und fühlte sich brüskiert!

Teil 4 - Kapitel 4

Fasching
Dienstag: Als sie einmal schnell miteinander telefonierten, erzählte Manuel, dass am Freitagabend im großen Stadtsaal, wieder der jährliche Schwarz – Weiß Faschingsball stattfinden würde. Er fragte, ob sie nicht Lust hätte, mit ihm dorthin zu gehen.
Simone war sofort Feuer und Flamme, aber sie konnte es einfach nicht unterlassen zu sticheln: „Ach, da ist ja dann auch Dein Partnervermittlungsclub dabei. Da lerne ich dann auch die vielen Frauen kennen, die Du alle schon ausprobiert hast und die anderen, die noch auf Dich warten."
Manuel holte tief Luft, schaute zur Decke... und bereute es sofort, dass er überhaupt etwas zu Simone gesagt hatte. Aber aus welchem Grund auch immer, sie musste einfach immer stänkern und ihre dummen Kommentare dazu geben.

Psychologisch: Angst
Die menschliche Seele ist oft schwer erklärbar: Im Grunde hatte Simone einfach nur Angst, Manuel an eine andere Frau zu verlieren. Da ihr diese Angst aber nicht bewusst war, erzeugte jeder Gedanke an eine andere Frau, in ihr sofort Missstimmungen oder Aggressionen, die sich dann hinter solchen Sticheleien versteckten.

Außerdem sollte man ruhig einmal das so genannte Spiegelgesetz betrachten:

„Was ICH denk und tu – das trau ich andern zu."

Manuel nimmt Simones „anzügliches" Gerede ernst und sagte: *Aber wenn Du nicht willst und Angst vor denen hast, dann brauchst Du ja nicht mitzukommen."*

Psychologisch:
… und nun hat Manuel bei Simone wirklich ins Schwarze getroffen. Denn auch hier geht es wieder nach dem Spruch:

„Was mich betrifft, macht mich betroffen".

Simone hat nämlich wirklich unbewusst Angst vor dieser „feinen und gehobenen schwarz – weiß Gesellschaft", von Politikern, Geschäftsleuten und deren Frauen, denn bisher gab es für sie immer nur Bars, Kneipen, Hotels usw.

„Angst", schimpfte nun Simone los, *„Ich habe überhaupt keine Angst. Aber ich möchte nur nicht, dass alle auf mich mit dem Finger zeigen, mit denen Du schon im Bett warst."* In Simone tobten nun wieder ihre Angst-Gespenster und – temperamentvoll-hysterisch wie sie war - verrannte sie sich nun völlig, in ihre Angst - Fantasien.
„Sag mal, spinnst Du jetzt ganz?", fragte er sie.

Und wie so oft, in solchen Momenten: Sie hatte sich, ihre Gefühle nicht mehr unter Kontrolle. In ihrer Seele war wieder einmal Sturmflut. In ihr tobten nun ihre eifersüchtigen Angstgespenster!

Und schon schrie Simone ins Telefon: *„Ist mir schon klar, dass Du da unbedingt hin willst, der große Herr Autohaus- und Reparaturwerkstattbesitzer, die gute Partie für alle Witwen und Singlefrauen. Deine Tussis dort warten ja nur alle auf Dich und die sind bestimmt im Fasching besonders freigiebig."* Manuel unterbrach, voller Ärger über ihre Reaktion, die Telefonverbindung. So schnell kann aus Freude Ärger werden!

Wichtig:
Psychologisch gesehen ähneln diese massiven emotionalen Ausbrüche von Simone einer unkontrollierten **Angsthysterie,** oder eher einem **Borderline – Schub.**
Ein anderer Betrachter könnte darin auch einen **Ausbruch von Schizophrenie** sehen (was oft schwer voneinander abgrenzbar ist). (Siehe dazu mein Buch über Charakterstrukturen: „Ich möchte dich endlich einmal verstehen")

Immer wieder einen großen Schluck Wein
Simone war nun so geladen, dass sie zu einer Tankstelle fuhr und sich dort zwei Flaschen Wein und Knabberzeug kaufte. Sie blieb am nächsten Waldrand stehen, öffnete eine Weinflasche, drehte das Autoradio laut auf und trank schnell hintereinander, bis die 1. Flasche leer war.

Schon etwas benebelt fuhr sie heim. Sie dachte an die „schöne Zeit" zurück, wo sie immer wieder Männer hatte, die mit ihr so manches Wochenende irgendwo in Italien, Kroatien usw. in netten Bars, Restaurants und schönen Hotelzimmern verbrachten.

„Diese Männer fanden mich alle Klasse, gerade dann, wenn ich getrunken hatte." Als sie dann bei sich daheim ankam, schwankte und schwamm ihre Welt um sie herum schön rosig und leicht. Nach der zweiten Flasche Wein lallte Simone nur noch, drehte ihre Stereoanlage voll auf, sang laut vor sich hin und so wussten alle im Haus: *„Aha, Frau Simone ist wieder einmal betrunken."*

„Du hast mich NIE geliebt"
Gegen 22.00 Uhr saß Manuel noch am Schreibtisch, als sein Handy piepte. *„Du hast mich nie geliebt. Leb wohl Du meine Liebe."*
Also schrieb Manuel zurück:
„Quatsch, natürlich liebe ich Dich, aber nicht Deinen Alkohol und Dein Saufen."
Bald darauf klingelte sein Telefon. Er hörte bei den ersten Sätzen an ihrer schwankenden Sprache, dass sie völlig betrunken war. Sie ließ ihn gar nicht zu Wort kommen und sie lallte immer wieder: *„Du hast mich NIE geliebt, NIE geliebt"…* und sie beschimpfte ihn auf das Übelste.

Böses Blut

Was unter dem Einfluss von Alkohol an Gemeinheiten gesagt oder getan werden, das erzeugt fast immer böses Blut. Das kann später auch NIE mehr gut gemacht oder schön geredet werden, auch das sollte jedem Alkoholiker klar sein.

Die Ausrede: „Ich war ja betrunken", ist für die Kinder, den Partner(innen), die man betrunken angepöbelt und in ihrer Seele verletzt hat, nicht akzeptabel.

Denn der Nicht – Alkoholiker nimmt all diese Worte, auch die, welche unter Alkohol gesagt werden, ernst und er/sie vergräbt diese in seinem Herzen (auch wenn er mit Ihnen weiterhin zusammen ist), aber glauben Sie mir:

- **Er/Sie vergisst und verzeiht Ihnen das NIE!**
- **Denn das tötet jedes Mal ein Stück mehr die Liebe**
- **und es vergiftet zunehmend die Beziehung**

Das Problem ist aber: Wenn man dem jetzt Betrunkenen, wenn er/sie wieder nüchtern ist, das alles erzählt, oder vorwirft, was er/sie im betrunkenen Zustand gesagt hat, das gibt mit Sicherheit einen riesigen Streit, denn Alkoholiker werden immer sagen:

- **ich war Nie betrunken!**
- **das habe ich NIE gesagt!**
- **das seien doch alles nur boshafte Unterstellungen!**

Mein Tipp:
Sollten sie eine solche Situation erleben, so antworten sie dem Betrunkenen auf seine Anklagen, Verdächtigungen, auf seine „Wahrheiten" NICHT, kein Wort!
Das ist im Moment auch völlig sinnlos und das gibt nur unnötigen Streit! Schimpfen sie nicht: auch das ist im Moment völlig sinnlos! Der/die andere ist in seinem, vom Alkohol vernebelten Kopf, sowieso weder ansprechbar noch erreichbar.
Täuschen Sie besser schlimme Kopfschmerzen vor und dass sie Ruhe brauchen, oder dass sie unbedingt zum Arzt gehen müssen.
Krankheit versteht meistens auch noch jeder Betrunkene und Krankheit macht „Beißhemmung", das heißt, er/sie lässt Sie in Ruhe.
Vielleicht sollten Sie einmal, wenn der andere wieder so betrunken ist, ihren MP 3 Player in die Tasche stecken und auf Aufnahme schalten und ihrem Partner/in, wenn er/sie wieder völlig nüchtern und offen dafür ist, seine Worte und sein Gelalle einmal kommentarlos vorspielen.
Glauben sie mir, das wirkt besser als jedes Wort. Und… es macht den anderen für das nächste Mal vorsichtig, denn er mutmaßt ja, dass sie wieder alles aufnehmen werden.

Völlig frustriert
Manuel – wie auch alle anderen Partner (innen) und Familienangehörigen – die mit einem Alkoholiker/in zusammenleben, fühlt sich gegenüber all den Dingen, die durch den Alkohol passieren, völlig ohnmächtig und hilflos.
Und das macht wütend. Deshalb schrieb er ihr um Mitternacht wieder eine Mail.

151

(2. Email)

Liebe Simone

ES reicht wirklich! Vorhin am Telefon warst Du schon wieder so richtig betrunken. Du hast mich- wieder einmal! - heftig beschimpft und mir alle möglichen Vorwürfe gemacht, weil ich Dir sage:
„Ich möchte nicht mit einer Frau zusammen sein, die immer wieder betrunken ist."
So wie Du, könnte ich auch sagen: „DU hast mich nie geliebt. Denn DU hast nie Rücksicht auf MICH genommen, weil ich Alkohol widerlich finde." ... und wie oft hast du mir schon in die Hand versprochen nicht mehr zu trinken, um dieses Versprechen immer wieder zu brechen und Dich wieder zu betrinken?
Sag einmal, warum willst Du einfach nicht wahrhaben, dass du alkoholkrank bist?
Aber da Du einfach das Trinken nicht lassen kannst, muss eben jeder seinen Weg gehen
Wieder einmal, alles Gute für Dich und Deine Zukunft, Manuel

Teil 4 - Kapitel 6

Manuel hatte von Simone und ihrer Sauferei wieder einmal so richtig die Nase gestrichen voll. Mittwoch in der Früh fand er auf seinem Handy eine sms von Simone mit dem Text:
„Leb wohl, Du warst mein Leben. Ich habe Dich so geliebt".
Und Manuel war darüber stinksauer.

Der 4. Zusammenbruch

Manuel hörte bis Freitag nichts von Simone. Natürlich machte er sich Sorgen, aber er war noch so sauer, dass er sich nach diesem Theater vom Dienstag auch nicht bei ihr melden wollte. Seine Ahnungen waren berechtigt. Simone litt - wieder einmal - unter einer bedrohlichen - **Alkoholvergiftung und den nachfolgenden Entzugserscheinungen**... und eigentlich gehörte sie sofort in eine Klinik.

Lassen wir an dieser Stelle noch einmal die Wissenschaft zum Thema Alkoholkrankheit zu Wort kommen:

(Quelle: Internet, aus Wikipedia, der freien Enzyklopädie – Text bearbeitet)

Krankheitsverlauf und Krankheitsbild

Symptomatische Phase

Der Beginn des Konsums = (lustige Gesellschaft). Er sucht Gelegenheiten, bei denen beiläufig getrunken wird.

Im Laufe von Monaten bis Jahren wird bei Belastungen immer wieder Zuflucht im Alkohol gesucht. Da er nicht offen betrunken ist, erscheint sein Trinken weder ihm noch seiner Umgebung verdächtig.

Der Alkoholiker entwickelt einen gesteigerten Bedarf. Nach weiteren Monaten bis Jahren geht er/sie ins dauernde Erleichterungs- bzw. Entlastungstrinken über.

Vorläufer-Phase

Dann können plötzlich Erinnerungslücken, Amnesien ohne Anzeichen von Trunkenheit auftreten.

Der Trinker kann Unterhaltungen führen und Arbeiten leisten, sich aber oft am nächsten Tag an vieles nicht mehr erinnern.

Bier, Wein und Spirituosen hören auf Getränke zu sein. Sie werden zur dringend benötigten Droge.

Alkohol wird zu Medizin.

Der Alkoholiker(in) spürt, dass etwas nicht stimmt. Er/sie entwickelt Schuldgefühle und Scham wegen seiner Art zu Trinken.

Oft tritt „gieriges Trinken" auf, das Herunterkippen des ersten Glases oder der ersten Gläser.

Diese Phase endet mit „zunehmenden Gedächtnislücken".

Durch die regelmäßigen Betäubungen mit ETHANOL verändern sich Nerven- und Stoffwechselvorgänge.

Die körperliche Leistungsfähigkeit und Abwehrkräfte nehmen langsam ab. Es kommt immer häufiger zu Ausfällen.

Die kritische Phase

In der kritischen Phase erleidet der Kranke Kontrollverluste. Schon nach dem Konsum kleiner Mengen Alkohols entsteht ein intensives Verlangen nach mehr.

Er VERSPRICHT immer wieder Abstinenz, sucht Ausreden für sein Trinken. Wegen seiner Persönlichkeitsveränderung entstehen immer häufiger Konflikte mit dem Partner (in) und der Familie.

Der Süchtige kompensiert sein schrumpfendes Selbstwertgefühl durch gespielte übergroße Selbstsicherheit nach außen. (Ich bin intelligent und alle lieben und mögen mich!) Er sucht Fehler nicht bei sich, sondern immer bei den anderen.

Körperliche Folgen treten auf, wie Abnehmen, schlechtes Aussehen, Händezittern, Schweißausbrüche, Übelkeit, Essunlust, auch sexuelle Störungen.

Der Alkoholiker „verliert das Interesse" an seiner Umgebung. Er vernachlässigt sich und seine Umgebung/Wohnung und entwickelt ein auffallendes Selbstmitleid. Er gerät in soziale Isolation, verstrickt sich in Lügen und Pseudo - Erklärungen. Er reagiert oft grundlos mit völlig überzogenen Anklagen, Beschimpfungen, Verdächtigungen, Eifersucht, Wutausbrüchen. Oft kippt er in Rührseligkeit, Weinerlichkeit und Kleinkindverhalten (Bigboss – Baby – Verhalten)

Die chronische Phase

Die chronische Phase endet in der Zerstörung des Menschen. Der Alkoholiker baut ethisch ab, Rauschzustände werden länger.

Es treten undefinierbare Angstzustände und Zittern auf. Viele Alkoholiker entwickeln unbestimmte Zwangsvorstellungen. Der Süchtige gibt seine Niederlage zu, dass er/sie Alkoholiker ist.

Bei einigen treten nun alkoholische Psychosen wie Schizophrenie auf. Der Betroffene trinkt mit Personen weit unter seinem bisherigen sozialen Niveau.

Falls keine alkoholischen Getränke verfügbar sind, konsumiert er unter Umständen sogar vergällten Alkohol (etwa Brennspiritus, Gesichtswasser, in Alkohol gelöste Medizin).

Trinkt der Kranke weiter, treten im Alkoholdelirium Alkoholpsychosen mit Halluzinationen, Stimmenhören, Angst, Desorientierung auf.

Die schwerste Folge ist das lebensgefährliche Delirium tremens, das bei plötzlichem Alkoholentzug auftreten kann.

Jetzt werden auch Schizophrenie oder Epilepsie mit lebensbedrohlichen Zuständen offensichtlich.

In dieser Endphase ist der Kranke am ehesten bereit, Hilfe anzunehmen. Eine Einweisung in eine auf Alkoholkranke spezialisierte Klinik ist für ihn lebensrettend – und der mögliche Einstieg in eine Entwöhnungsbehandlung.

Die Erfolgsraten sind jedoch nicht immer ermutigend, mehrfache Langzeittherapien die Regel.

Wenn Sie die wissenschaftliche Beschreibung zum Thema Alkoholkrankheit von Wikipedia (bearbeitet) genau durchgelesen haben, dann konnten Sie eben feststellen, dass Simone viele dieser Kriterien erfüllt.

„Wenn ich krank bin, bin ich allein"
Simone bräuchte sofort eine Klinik, denn sie ist gefährlich alkoholkrank. Aber von Klinik wollte sie ja nie etwas hören. Dafür klagte sie: „Wenn ich krank bin, dann bin ich allein." Ihr war elend zumute und sie hatte wieder einmal schreckliche Angst zu sterben. In solchen Phasen bereute sie jeden Tropfen Alkohol und…
Sie schwor sich: NIE mehr zu trinken, wenn sie hier nur wieder heil und gesund raus käme. Und sie begann zu beten.

Mal ehrlich: Ist das nicht typisch? Viele Menschen erinnern sich immer an den „lieben Gott", fangen immer erst dann zu beten an, wenn es ihnen so richtig schlecht geht, wenn sie die Karre ihres Lebens so richtig tief in den Dreck gefahren haben.

Nur, warum soll denn dieser „liebe Gott" nun den Weihnachtsmann spielen und den Menschen jetzt helfen, wo es ihnen schlecht geht, wenn die Menschen sonst – solange es ihnen gut geht - von diesem „lieben Gott" nichts wissen wollen! Ich denke, Gott ist gerecht und ich denke, dass ER denkt:

*„Lassen wir doch diese (undankbaren) Menschen, die ja sonst auch nichts von MIR wissen möchten, in ihrem selbst angerichteten Schlamassel sitzen. Vielleicht lernen sie daraus. Denn: **Leid ist Lehre!**"*

Teil 4 - Kapitel 7

Vergiftung und Entzug

Simone meldete sich am Mittwoch in der Früh in ihrer Arbeitsstelle krank, wie schon so oft, nach solchen Trinkexzessen. Sie konnte fast zwei Tage lang nicht das Bett verlassen. Sie litt Höllenqualen. Immer noch war ihr schrecklich übel. Sie hatte wieder Schweißausbrüche, Schüttelfrost, Händezittern, ihr Herz hämmerte schnell, stolperte oft und der ganze Körper tat ihr weh. Außerdem hatte sie starke Kopf- und Gliederschmerzen und eine schreckliche Schwäche im ganzen Körper.

Hinzu kam, dass sie in diesen Phasen nicht schlafen konnte. Tiefe Ängste und tausend sich ständig überschlagende Gespenster wühlten in ihr.

Gravierendes kam hinzu:

Wie viele Alkoholiker, so vernachlässigte sich auch Simone völlig, insbesondere was ihre Ernährung betraf.

Simone nahm in diesen Trinkphasen - oft zwischen 6 bis 10 Tagen hintereinander - nur Alkohol und KEINE feste Nahrung zu sich. Und die Tage danach, wo es ihr so schlecht ging, natürlich auch nicht, denn da verweigerte der Körper jede Nahrungsaufnahme.
Das heißt, dass sie in der gesamten Zeit ihrer 1)Trink- 2) Vergiftungs- und 3) Entzugsphase – meistens fast zwei Wochen – kaum feste Nahrung zu sich nahm, außer ihren geliebten Alkohol.

So hatte ihr Körper, in diesen kritischen Entgiftungs- und Entzugsphasen danach, nichts mehr zum Zusetzen. Also nahm Simone – die sowieso schon so schlank war - in diesen häufigen Phasen immer weiter ab (wofür die anderen sie – für ihre überschlanke 34/36 er Figur, bewunderten).

Alkoholische Depression

Auch was ihre Lebensverhältnisse betraf, vernachlässigte sie sich völlig. Ihre Wohnung ähnelte einer Müllhalde. Überall lagen berge- und stapelweise Sachen, Wäsche, Abfall, Zeitungen herum.
Auf ihrer Couch türmte sich ein Berg Wäsche und Kleidung, aus dem sie immer das herauszog, was sie gerade brauchte.

Ein depressiver Teufelskreis also, der immer weiter dazu beitrug, erneut zu trinken, um das alles nicht sehen und ertragen zu müssen.

Nur sich selbst vernachlässigte sie nie. Das Waschen von Unterwäsche, Handtüchern, aber insbesondere sich selbst, das war ihr sehr wichtig.

Auch an ihrer Arbeitsstelle, da war sie ein Musterbeispiel an Ordnung und Korrektheit.

Nur setzte sie dieses Potential, an Gepflegtsein, Ordnungssinn, Korrektheit, Zuverlässigkeit, Genauigkeit, das sie ja zweifellos in ihrer Außenwelt hatte, nicht für ihre „innere Welt" ein.

Diese wurde beherrscht vom Alkohol.

Sie sah richtig krank aus

Am Freitag ging es ihr etwas besser. Ihr Puls beruhigte sich, das Zittern wurde leichter, die Übelkeit wurde weniger und ihr Körper signalisierte so etwas wie Hunger.

Da sie aber kaum etwas zum Essen im Haus hatte, musste sie unbedingt zum Einkaufen gehen. Also schleppte sie sich ins Bad, denn ihr Körper hatte immer noch Restalkohol und eine große Schwäche.

Als sie in den Spiegel schaute, da erschrak sie sehr. Eine alte, kranke Frau blickte sie an, blass, faltig, eingefallen mit tiefen blauen Augenrändern.

Jetzt, wo es ihr so schlecht ging, da sah sie ihr Alkoholproblem ein und sie schwor sich: **„Ich werde ab sofort alles ändern und ich werde NIE MEHR trinken."**

Auch konnte sie sich noch dunkel erinnern, dass sie im Alkohol eine Menge gemeines Zeug zu Manuel gesagt hatte.

Das tat ihr jetzt sehr leid, weil Manuel es doch im Grunde immer so gut mit ihr meinte. Voller Einsicht, Gewissensbissen und guten Vorsätzen, schrieb sie ihm diese Email:

Lieber Manuel,

Danke für Deine Email. Ich sehe ein, dass Du recht hast und dass ich Dich verloren habe. Es war eine schöne Zeit mit Dir, denn Du bedeutest mir sehr viel. Aber ich liebe Dich immer noch, von ganzem Herzen und ich möchte Dich nicht verlieren.

Ich will mich auch nicht rausreden. Du hast recht, ja - ich habe wirklich ein Alkohol - Problem. Aber ich verspreche es, ich werde mein Leben ändern. Ich finde mich so selbst nicht in Ordnung. Ja, ich werde es ändern. Ganz fest versprochen. Danke für Deine Liebe und Vertrauen, Simone.

Als Manuel ihre Mail gelesen hatte, saß er sehr nachdenklich da, wie so oft in der letzten Zeit. Natürlich freute es ihn, dass sie geantwortet hatte. Aber er war noch verletzt und er wurde vorsichtig. Konnte er Simone überhaupt noch vertrauen? Konnte er ihren Worten, konnte er ihrer Email dieses Mal vertrauen?

Leben aus dem Glauben

Und immer, wenn Manuel nicht mehr weiter wusste, oder er Rat suchte, dann fiel sein Blick auf ein kleines Schild, welches auf seinem Telefon befestigt war. Das gab ihm immer wieder Kraft und das Bewusstsein, das Richtige tun. Darauf stand:

Wie würde Jesus jetzt denken und handeln?

Dieser Hinweis auf Jesu Leben, Denken und Wirken hatte Manuel schon sehr oft geholfen.

Nicht dass Manuel ein fleißiger Kirchgänger wäre. Nein, aber Glauben und Spiritualität sind im Lauf der Jahre in ihm immer mehr gewachsen. Soweit es ihm möglich war, versuchte er auch beides in sein Leben mit einzubringen.

Manuel war entsetzt

Also rief er Simone an. Auf die übliche Frage nach dem *„Wie geht es Dir?"* war Simone dieses Mal ehrlich und sie sagte einfach: *„Schlecht, seit Tagen sehr schlecht."* Und Manuel, der ja Alkoholismus aus seinem Elternhaus her gut kannte, verstand sofort.

Alkoholzusammenbruch!

Also sagte er zu ihr: *„Wenn Du möchtest, dann komm sofort her."* Simone, die viele Ängste hatte und die sehr unter ihrer Einsamkeit litt, war sehr froh über dieses Angebot, (denn alles war für sie besser, als in ihrem Zustand, noch dazu in ihrer ungemütlichen Müllhalde, allein zu sein), sodass sie 30 Minuten später bei Manuel vor der Tür stand.

Manuel war entsetzt, als er Simone sah. Vor ihm stand eine alte kranke Frau, abgemagert, blass, faltig, eingefallen, mit tiefen Augenrändern. Da Manuel ein Lebenspraktiker war, übernahm er sofort die Rolle des tätigen Partners, der einfach weiß was zu tun ist.

Er setzte Simone in sein Auto, die heute weder widersprach noch fragte. Heute war sie „ganz klein und brav", denn sie wusste einfach: *„Alles, was Manuel für mich tut, ist gut."* So fuhr er mit ihr zu seinem Heilpraktiker Freund Andreas, mit dem er vorher schon telefoniert hatte und der ihm sofort einen Termin frei machte.

Klinik, Entzug und Langzeittherapie

Dieses Mal war der sonst ruppige Andreas freundlich, offen und zugänglich. Er machte mit Simone entlastende Infusionen mit Basenmitteln, Vitaminen, Leber-, Lymph- und Nierenmitteln, injizierte ihr noch eine Herz- und Kreislaufstütze, denn ihr Puls raste wieder nach dem Aufstehen. Auch ihr Blutdruck war immer noch bei 185/110 beängstigend hoch. Simone sagte nicht viel. Sie schämte sich vor Andreas, aber insbesondere vor Manuel.

Natürlich stellte der Heilpraktiker ihr viele für sie peinliche Fragen, über ihre Lebens- und Alkoholgeschichte, über ihr Ess- und Trinkverhalten. Als er ihre Geschichte gehört hatte, mahnte er sie eindringlich:

„Es ist Ihnen doch sicher klar, dass Sie ein massives Alkoholproblem haben, dass Sie alkoholkrank sind und dass Sie jetzt eine Alkohol- Vergiftung und einen Entzug durchmachen?
Für mich gehören Sie sofort in eine Klink zur Entgiftung und Entzug, aber in jedem Fall in eine Langzeittherapie".

Simone hatte natürlich von diesem Mann – schon aufgrund seines Berufes – eine solche Aussage erwartet, was aber nicht heißt, dass sie das gern hörte. *„Nein, so weit wie bei echten Alkoholikern, nein so weit fehlt es bei mir noch lange nicht, "* so dachte sie.

Manuel saß stumm dabei, hörte nur zu und dachte sich seinen Teil. **„Mutter wollte auch NIE etwas von Alkoholismus, Klinik, Entzug usw. hören und Vater? Der erst recht nicht". Wie oft habe ich diese Zusammenbrüche und genau diesen gleichen Affenzirkus wie jetzt mit Simone, daheim erleben müssen?**
Und wie elend sind Mutter und insbesondere Vater dann wegen „ihres geliebten Alkohols" gestorben.

„Es muss doch möglich sein, Simone davor zu bewahren. Sie hat ja noch gar keine Ahnung, was da auf sie zukommen wird. Sie ist auf dem besten Weg, genau so zu werden und so zu enden wie Vater und Mutter", dachte Manuel.

Deshalb betete er stumm vor sich hin, so wie er das immer tat, wenn er mit seinem Engel sprach. Außenstehende mögen das für Einbildung halten. Manuel glaubte jedoch fest daran, dass diese „Gespräche mit den himmlischen Mächten" hilfreich sind.
Am Ende stellte Andreas noch ein Rezept aus und gab Simone (aus Freundschaft zu Manuel) noch einige Arzneimittel für den Kreislauf und zur Lymph- und Leberentgiftung mit, die sie pünktlich und regelmäßig einnehmen sollte. Er gab ihr die Mahnung mit: *„wenn irgendetwas Gravierendes sein sollte, sofort in die Klinik, oder anrufen, bei Besserung*

am Montagnachmittag wieder vorstellen" und Manuel war für die 1 ½ Stunden Behandlung, Infusionen, Injektionen plus Arzneimittel eine schöne Stange Geld los.

Da Simone noch sehr schwach war, legte sie sich bei Manuel sofort ins Bett, um noch zu Ruhen oder zu Schlafen, während Manuel in der Werkstatt zu tun hatte.

Teil 4 - Kapitel 8

So gesehen, hat sich doch alles gelohnt...
Nach der Behandlung durch Andreas lag Simone seit Nachmittag in Manuels Bett. Sie döste wie ein kleines Kind in dem kuschelig, warmen Bett vor sich hin.

Sie war zufrieden, denn hier musste sie keine Angst mehr haben. Sie war nicht mehr allein uns sie fühlte sie sich so richtig geborgen. Nur dass Manuels Smoking für den Schwarz-Weiß Ball heute Abend, am Schrank hing, das beunruhigte Simone doch etwas.

Und nun kicherte sie in sich hinein: *„Aber wenn ICH nun bei ihm bin und krank in seinem Bett liege, dann wird er mit Sicherheit heute Abend nicht zu diesem Ball gehen. Und so gesehen, hat sich doch alles gelohnt."*

In der Zwickmühle
Als Manuel so gegen 18.30 Uhr in seine Wohnung kam, da wurde ihm richtig klar, dass er, wieder aufgrund seiner Gutmütigkeit, plötzlich in einer unguten Zwickmühle steckte. Nun lag Simone in seinem Bett und sie war krank. *„Wieso eigentlich krank? Das ist eine selbst produzierte Art von so-*

genannter *„Krankheit", nämlich wieder einmal entstanden durch ihr Saufen und ihre Unvernunft."*

Andererseits konnte und wollte er Simone natürlich nicht wegschicken. *„Alles wieder einmal entstanden durch diesen Scheiß Alkohol"...* und mit dieser knurrigen Stimmung ging er in sein Schlafzimmer, wo Simone selig in seinem Bett schlummerte.

So einfach geht das nicht
Simone lag zufrieden und ausgeruht mit roten Wangen in Manuels Bett und sie schaute ihn erwartungsvoll an. Aber da war viel zu viel passiert, was ihm am Herzen lag und was jetzt unbedingt geklärt werden musste. Es brannte noch jedes ihrer Worte wie Feuer in seiner Seele, was sie ihm Dienstagnacht im betrunkenen Zustand alles an den Kopf geworfen hatte.

Manuel wollte jetzt reinen Tisch machen. Alkohol hin oder her: Also sagte er zu Simone: *„Sag mal, musste das alles nun wieder sein?"*

Simone war sofort auf der Hut. Aber um Zeit zu gewinnen, stellte sie sich erst einmal dumm und fragte zurück: *„Was meinst Du denn?"* Dass sie sich ausgerechnet jetzt „klein-mädchenhaft dumm stellte" und nicht wissen wollte, was er meinte, das reizte Manuel. Und deshalb fiel sein Ton auch schroffer aus als normal.

„Simone stell Dich nicht so dumm an. Du weißt genau, was ich meine:

- *Ich meine wieder einmal Dein Saufen, dieses Mal am Dienstagabend.*
- *Ich meine Deine gemeinen Beschimpfungen und Gemeinheiten mir gegenüber am Telefon.*
- *Ich meine auch, dass Du schon wieder getrunken hast, obwohl Du es versprochen hast, nicht mehr zu trinken.*
- *Ich meine auch wieder diesen Zusammenbruch, die Alkoholvergiftung danach und die völlig unnötige Behandlung.*
- *Ich meine auch, dass Du nun als Folge Deines Saufens und Deiner Unvernunft wieder einmal hier in meinem Bett liegst*
- *Und ich meine, dass Du Alkohol- krank bist...,*

Er schonte Simone dieses Mal nicht. Sie reagierte sofort: Wie sagt der Spruch:

„Was mich betrifft, macht mich betroffen"

Denn: Durch die Behandlungen ging es Simone schon wieder viel besser. Ihr Stolz und ihr Widerspruchsgeist feierten gerade fröhliche Auferstehung (wie schon so oft nach solchen Situationen), aber...
Sich nun bei ihm für all das zu entschuldigen, was sie ihm am Dienstag in ihrem Rausch an Gemeinheiten an den Kopf geworfen hatte, das ließ ihr Stolz nicht zu. Nein, ganz im Gegenteil. Sie fühlte sich nun von Manuel völlig ungerechtfertigt angeklagt: *„Ich bin also wieder einmal an allem schuld?"*

Da stieg mächtige Wut in ihr auf. *„Na so eine Frechheit".*
Simone wurde plötzlich fuchsteufelswild. Sie sprang, wie
von der Tarantel gestochen, aus Manuels Bett, zog sich
schnell ihre Sachen über, schaute Manuel wütend an und
sagte:

„Für mich braucht kein Mensch Krankenpfleger zu spielen,
da pfeife ich drauf, am allerwenigsten Du. Außerdem:
Schön zu erleben, dass Du uns mit Deiner ewigen Meckerei
wieder einmal diesen Abend kaputt gemacht hast, da bist
Du ja Meister drin.
Aber ich sehe schon, das stinkt Dir einfach, dass ich jetzt
hier bin und Dir nun für Deinen Ball im Wege stehe. Also
mach Dich fein, Dein Kommunionanzug hängt ja sowieso
schon da und schau, dass Du zu Deinen Tussis kommst,
die alle schon auf Dich warten"... und schon knallten die
Türen, draußen brüllte der Motor von Simones Auto und
weg war sie.

Psychologisch gesehen ähneln diese massiven emotionalen
Ausbrüche von Simone einer **unkontrollierten Hysterie,**
einem Borderline – Schub oder einem **psychotischen**
Schub (was oft schwer voneinander abgrenzbar ist).
(Siehe dazu mein Buch über Charakterstrukturen: „Ich
möchte dich endlich einmal verstehen")

„Die spinnt ja total..."
„So eine Furie", dachte er. Sein Gewissen meldete sich.
Vielleicht hätte er besser so oder so, oder gar anders...
Simone hatte Sturmflut in ihren Gefühlen und wie immer:
Sie war schon wieder auf dem Weg zu ihrer Stammkneipe.

Sie hoffte, dort ihre Freundinnen zu treffen, oder andere nette Typen, denn zu sich nach Haus fahren, dass wollte sie nicht.

„Ich hätte ihm alles gegeben" dachte sie verärgert, *„aber ich war ihm ja wieder einmal nicht gut genug. Stattdessen will ER mit MIR darüber diskutieren, ob es das wieder gebraucht hat. Ja, der spinnt ja wohl"*, dachte sie.

Auf dem Faschingsball

Schweren Herzens zog sich Manuel an und fuhr in den Stadtsaal, wo schon so richtige Stimmung war. Manuel schüttelte einige Hände, winkte Bekannten zu und ging erst einmal zu den beiden reservierten Sitzplätzen, wo nun ein Platz frei blieb, was natürlich nicht unbeobachtet blieb.

Dann schlenderte er durch den Saal, traf Bekannte und plauderte mit ihnen.

Sie erinnern sich vielleicht noch an Monika, eine von den sogenannten guten Freundinnen von Simone. Diese hatte sich damals gewaltig geärgert, als Simone ihr von ihrer neuen Eroberung erzählt hatte.

„Na, mal sehen wie das weiter geht", so hatte Monika damals geradezu prophetisch gedacht, *„da ist noch lange nicht aller Tage Abend. Simone ist ja mit ihrer unberechenbaren und überschäumenden Art nicht einfach und deshalb für Beziehungsprobleme bekannt. Außerdem säuft sie viel zu viel. Den Mann behalte ich mir mal im Auge."*

Also sagte sich Monika, die übrigens genauso gut aussah wie Simone: *„Der Mann schaut ja heute zum Anbeißen aus"*

und sie fragte sich: *„Jetzt ist Ball, Fasching und er ist heute allein hier, ohne Simone?"*
Und schon stand sie mit ihrem schönsten Lächeln vor Manuel und zog ihn in ein Gespräch, welches erst einmal an der Bar fortgesetzt wurde. Monika wunderte sich, dass er Apfelsaft und kein Bier oder Wein trank. Er erklärte ihr, er sei auch Nichtraucher und Nichttrinker, was Monika Klasse fand (die sich nun fragte, wie er das dann mit Simone und ihrer Sauferei aushielt).

Also lenkte sie das Gespräch geschickt auf Simone, nach dem Motto, *„Ich habe Euch einmal am Wochenende beim Spazierengehen gesehen."*
Er erzählte ein bisschen von seinem Frust mit Simones Trinkereien und Monika ging dabei sehr verständnisvoll auf ihn ein.

Ex-Ehemann: *„Dieses ständige Saufen war so schrecklich"*
Dann erzählte Monika von ihrer geschiedenen Ehe, in der ihr Ex. - Ehemann auch so viel getrunken habe, was dann für sie der Scheidungsgrund gewesen sei.
„Dieses ständige Saufen, das war für mich und die Kinder einfach schrecklich", **erzählte Monika.** *„Ich habe meine ganze Ehe darunter gelitten und meine beiden Kinder auch.*

Mein Ex-Ehemann war betrunken nie gewalttätig. Aber dieses Lallen, dieses Herumtorkeln und seine Gemeinheiten, sowie diese ständige Alkoholfahne, das hat uns allen sehr zugesetzt.

Mein Ex, der hatte in der Garage, im Keller und auf dem Dachboden überall Alkoholverstecke. Jahrelang habe ich mich darüber aufgeregt. Was habe ich da Flaschen gefunden und immer wieder weggeräumt. Es gab deshalb endlos viel Streit. Irgendwann waren wir alle so fertig, da war er mir nur noch egal.

Ärzte, Entgiftung, Therapie oder Gruppen, davon wollte er NIE etwas hören. Das waren für ihn alles nur Spinner und Arschlöcher. Ich in meiner Hilflosigkeit war öfter in einer AA- Gruppe für Angehörige und habe mir Rat geholt. Ich habe gesehen, wie schlecht es auch den anderen ging, die mit ihren alkoholsüchtigen Partnern(innen) zusammen leben und was die alles mitmachen und ertragen (müssen).

Irgendwann hatte ich die Nase bis oben hin voll, auch weil meine Kinder nur noch Angst vor diesem unberechenbaren, betrunkenen Mann hatten und ihn zutiefst verachteten.

Als er wieder einmal so richtig voll war, da habe ich ihm eine Kiste Bier und eine Schnapsflasche darauf hingestellt und habe ihm gesagt, wenn er jetzt, sofort, nichts für sich tut, (weil er ja Ärzte, Entgiftung, Therapie oder Selbsterfahrungsgruppen für bescheuert hält), o.k., dann soll er sich eben tot saufen. Ich habe ihm – nach Vorgesprächen mit der Suchtberatung beim Caritas und bei einem Rechtsanwalt - den Scheidungsbrief in die Hand gedrückt und ihn dann hinausgeschmissen. Es war einfach nicht mehr zum Aushalten.

Seither lebe ich allein. Und ich habe mir geschworen: Wenn es je wieder einen Mann in meinem Leben geben sollte, dann muss er ein Nichttrinker sein", und sie schaute Manuel dabei tief in die Augen, die sagten; so wie Du!

„Dieses viele Saufen, das ist doch einfach ekelhaft. Schau Dich doch einmal um, wie viel allein heute hier getrunken wird?"

Monika machte aus ihrer Meinung über Simones Trunksucht kein Hehl: *„Diese Sauferei macht nicht nur sie kaputt, sondern sie hat damit früher oder später noch jede Beziehung zerstört"*, meinte sie. Und Manuel konnte dazu nur sehr nachdenklich nicken.

Plötzlich stand sein Freund Andreas vor ihm, der noch über Mittag Simone als Notfall behandelt hatte. Er kannte natürlich auch Monika und ihre Lebenssituation sehr gut und so begrüßten sie sich freundlich.

Andreas schaute Manuel an, zog nur kurz die Augenbrauen hoch, schaute dann auf Monika, nickt anerkennend Manuel zu, klopfte ihm loyal auf die Schulter und er ging dann weiter, indem er Manuel mit Blick auf Monika ganz offen sagte: *„Ich denke, dass hier, das ist die bessere Entscheidung"*, was Monika im ersten Moment etwas verwirrte.

Monika und Manuel verstanden sich prächtig. Sie war so ganz anders als Simone, weich, einfühlsam, anschmiegsam, aber insbesondere sehr verständnisvoll, was er oft bei

Simone vermisste, bei der man immer sehr aufpassen musste, was man sagt.

Sie tanzten öfter miteinander und so verging die Zeit wie im Flug. Gegen drei Uhr morgens verabschiedeten sie sich voneinander und Manuel ging irgendwie beschwingt zu seinem Wagen, wie wenn eine Zentnerlast von seinen Schultern gefallen wäre.
„Monika? Na, mal sehen"...

Teil 4 - Kapitel 9

Wieder viel zu viel getrunken
In seinem Auto angekommen, wurde er schnell wieder in die Tatsachen seiner „alten Welt" zurückgebracht. Auf seinem Handy fand er nämlich vier sms von Simone.
1. „Ich sterbe."
2. „Ich habe Dich sooo geliebt."
3. „Du hast meine Liebe mit Füßen getreten, weil Dir die anderen Tussis wichtiger sind".
4. „Mich siehst Du nie mehr. Dann bums doch Deine anderen. Leb wohl Simone."

Simone war seit ca. zwei Uhr daheim. Sie hatte seit dem Moment, wo sie wutentbrannt Manuels Haus verlassen hatte, ihren Zusammenbruch der letzten Tage, ihre Reue, ihre guten Vorsätze und ihre Versprechen nie mehr zu trinken „vergessen" und sich in dem Pub wieder so richtig voll laufen lassen.

Als sich alles um sie herum drehte, war sie auch noch –
völlig betrunken - mit ihrem Auto heimgefahren.
Und nun saß sie nackend und schwankend, mit verschleierten Augen und verschwommenen Gedanken auf ihrem Bett,
schüttete weiterhin Wein in sich hinein, schimpfte vor sich
hin und schickte Manuel eine sms nach der anderen.

Kaum war Manuel bei sich daheim angekommen, da piepte
es schon wieder und bald darauf kamen immer neue sms:
5. *„Vergiss mich, der Traum ist ausgeträumt, Du Liebe meines*
   Lebens".
6. *„Du verdienst mich nicht, denn Du kannst mich nicht*
   schätzen. "

Manuel konnte zu diesen sms nur noch den Kopf schütteln.
Alles war für ihn so sinnlos, so enttäuschend und so deprimierend. Von Schlafen konnte keine Rede sein. Irgendwie
war er noch so voll von dem heutigen Abend und der sanf-
ten Monika. Wenn er sie beim Tanzen so in seinem Arm
hielt…
„Nein, so geht das nicht weiter. Simone und diese ständige
Sauferei, das ist doch alles so sinnlos, " dachte er.

**Aber: Er mochte Simone immer noch. Nur, er konnte zu
dieser Liebe nicht mehr „ja" sagen, so wie am Anfang.
Weil sie trank, viel zu viel trank und – und das war für
ihn das Schlimmste:
Weil sie, wenn sie betrunken war herum pöbelte, ihn
beschimpfte, verdächtigte, abwertete und ihn schlecht
machte.**

Seine Liebe zu ihr wurde immer weniger. Wenn sie so weitermachte, war bald keine Liebe mehr da. Dieser Alkoholismus, dieses herum pöbeln, nein, das kostete ihm zu viel Lebensenergie.

Gegen Morgen war für ihn klar: Er musste endlich diesen Konflikt lösen. Simone, ihr ständiger Alkohol? Nein, das alles wollte er nicht mehr!

Nachdem er aufgestanden war und geduscht hatte, schaltete er sein Handy wieder ein und sofort bekam er noch einige sms.

7. *„Ich habe dich so geliebt, aber ich will Dich nie wieder sehen und hören."*

8. *„Du hast meine Liebe mit Füßen getreten."*

9. *„Du hast mich nur im Bett gebraucht. Leb wohl, Simone."*

Und nun reichte es ihm aber endgültig. Daraufhin schickte er Simone in der Früh noch eine Email:

(4.Email)

Liebe Simone
Endgültiger Abschied.
Es war schön, Dich kennengelernt zu haben. Aber es war nie gut für mich, Dich immer wieder betrunken zu erleben.
Ich habe von Deiner Sauferei die Nase voll!
Deshalb möchte ich nicht mehr mit Dir zusammen sein und mich von Dir verabschieden.
Alles Gute für Deine Zukunft,
Manuel

Teil 5

„Denke immer daran,
dass Du an Deiner
Alkohol-Krankheit
nicht „Schuld" bist.

Aber Du hast zweifellos
alle Verantwortung dafür,
wieder gesund zu werden."

5. Zusammenbruch

Als Simone in der Früh wach wurde, musste sie sich erst einmal orientieren. Sie lag nackend mehr neben, als in ihrem Bett, fror fürchterlich und ihr war wieder einmal schrecklich übel, sodass sie schnell ins Bad rannte, sich vor das Toilettenbecken kniete und sich hefig erbrach.

Als sie endlich zittrig aufstand, spürte sie die ihr bekannte Schwäche und sie hatte wieder einmal Angst zu sterben.

Als sie versuchte, über den gestrigen Tag nachzudenken, da war ein „Filmriss"…

„Richtig, sie war doch noch bei diesem komischen Andreas, dann bei Manuel. Da gab es irgendeinen Streit, ja, wegen seiner bescheuerten Tussis. Und wegen dieser blöden Weiber hat er mich dann rausgeekelt, weil seine Tussis ihm ja wichtiger sind als ich. Na so ein Scheißkerl", dachte sie, *„das hätte ich nie von dem erwartet!"*

Richtig, ich war dann im Pub, habe da noch Tanja und Beate mit diesem Typ getroffen und dann war da noch der andere Typ, der mich so intensiv angemacht hat. Mein Gott, habe ich etwa mit dem? Wie bin ich eigentlich hierhergekommen?"

Simone fühlte sich schrecklich elend, aber sie hatte nun ein dringendes Bedürfnis: „Ich brauche unbedingt etwas zum Trinken" und sie dachte dabei nicht etwa an Wasser.

Wichtig:

Bei vielen meldet sich auf einen Alkoholexzess (mit hohem Blutalkoholspiegel) nun in der Früh die Sucht nach weiterem Alkohol, (weil der Alkohol vom Abend davor nun langsam abgebaut ist und die Sucht/der süchtige Organismus, unbedingt wieder „seinen normalen" Alkoholspiegel erhalten möchte), ein fataler Teufelskreis also.

Medizinisch nennt man das den **„Sucht - DRUCK",** das heißt, die Sucht möchte den „Alkohol – Normalzustand" wieder herstellen.

So ging Simone zum Kühlschrank, wo noch zwei Flaschen Bier standen. Sie machte sich eine Flasche auf, trank diese schnell aus und bald danach die zweite Flasche. Dann fühlte sie sich wohler, legte sich wieder in ihr Bett und schlief erst einmal wieder ein.

Alkohol Folgekrankheiten

(Quelle: Internet, Wikipedia, bearbeitet)

Bei chronischem Alkoholmissbrauch:

Alkoholkonsum beeinträchtigt Gehirn und Nervensystem. Schon bei einzelnen Räuschen treten **Gedächtnislücken** („Filmrisse") auf. Langfristig bilden sich Ausfälle, in den Bereichen Aufmerksamkeit, Konzentration, Gedächtnis, Lernfähigkeit, räumliches Vorstellungsvermögen, Zeitwahrnehmung und Problemlösungsstrategien.

Dazu kann es zu sozialen Störungen wie dem **alkoholischen Eifersuchtswahn** und zu **sexueller Übererregtheit bzw. sexueller Sucht** kommen.

Das Herz-Kreislauf-System ist häufig betroffen. **Bluthochdruck, Herzmuskelerkrankungen, koronare Herzkrankheit und Anämie(Blutarmut).**

Über Jahre bestehende Alkoholkrankheit führt zu einer **Abnahme und Veränderung der Hirnzellen, Hirngefäßschädigungen, Risiko für Schlaganfälle und Hirnblutungen, alkoholbedingter Polyneuropathie = (vielfältige Nervenstörungen und –Ausfälle), zu alkoholischem Tremor = (Zittern von Händen und Gliedmaßen), epileptischen Anfällen und zu Delirium tremens = (alkoholische Verblödung)**

Langfristiger Alkoholmissbrauch

Typische alkoholbedingte Schädigungen der Leber sind etwa Fettleber, Alkohol - Hepatitis und Leberzirrhose.

Die Bauchspeicheldrüse kann sich akut oder chronisch entzünden (Pankreatitis, kann tödlich sein), als Folge einer chronischen Pankreatitis kann eine Insuffizienz oder ein **Diabetes mellitus** auftreten.

Das Muskelgewebe der Skelettmuskulatur und des Herzmuskels werden geschädigt (alkoholische Myopathie). Weitere Erkrankungen sind Gicht und hormonelle Störungen.

Krebserkrankungen

im Nasenrachenraum und Kehlkopfkrebs sind bei Alkoholkranken häufig. Besonders hochprozentige Getränke begünstigen **Speiseröhrenkrebs**. Als Folge der Leberzirrhose können sich auch Krampfadern in der Speiseröhre bilden.

In dieser Situation kann es **zum plötzlichen Tod durch Herzversagen kommen.**

Die große Krise

Am Nachmittag, wurde Simone vom Klingeln ihres Telefons wach.

Ihre Freundin Beate war es. *„Na, wieder nüchtern?"*, fragte diese. *„Du hast ja gestern ganz ordentlich getankt. Musst Du Dich eigentlich immer so besaufen? Ich hab da gerade was Tolles gehört, dass für Dich sehr interessant sein dürfte, bevor Du Dich nachher vielleicht mit Deiner Autohaus-Beziehung triffst."*

Und sie rieb Simone so ganz süffisant hin: Manuel soll gestern Abend, beim Schwarz-Weiß Faschings-Ball, den ganzen Abend mit der schönen und braven Monika Arm in Arm gesehen worden sein, mit der er viel getanzt habe und am Ende mit ihr verschwunden sei. *„Und das alles, während Du Dich im Pub mit dem anderen Typ amüsiert und ziemlich zugesoffen hast"*, meinte Beate. *„Na ja, ist ja Deine Sache, mit wie vielen Du gleichzeitig in den Betten herumturnst."*

Mit ihrer letzten spitzen Bemerkung ließ sie bei Simone nun die Bombe hochgehen: *„Sag mal, bist nun mit Deinem Vögelmacker von gestern zusammen, oder noch mit Deinem Autohausbesitzer, oder ist unsere liebe Monika jetzt sein neues Betthäschen.*
Denn ich habe gehört, die beiden sollen gestern Abend wie zwei Turteltäubchen sehr vertraut miteinander gewesen sein?", meinte sie ironisch und mit versteckter Schadenfreude.

Simone war nun hellwach. *Wenn* sie jetzt an Monika dachte, da schäumte sie vor Wut. *„So eine hinterlistige Schlange. Tut immer wie eine sanfte Heilige und macht sich hinter meinem Rücken an diesen Scheißkerl heran"*, schrie sie laut ins Telefon... und in ihr tobten Wut und Eifersucht.

„Nun, vielleicht solltest Du endlich einmal weniger Saufen. Wenn Du nüchtern bist, könntest du mehr Beziehungspflege treiben und Dich besser um Deinen Partner, als um die Schwänze anderer Männer kümmern", meinte Beate so ganz lakonisch und voller Genugtuung. *„Ich würde Dir als Mann nämlich auch abhauen, wenn ich Dich immer wieder besoffen erleben muss, also da kann ich Deinen Freund doch sehr gut verstehen"*, und knack, hatte sie aufgelegt.

„Na, die wird jetzt ordentlich was zum Beißen haben", lachte Beate voller Schadenfreude in sich hinein. Denn im Grunde konnte keine ihrer Freundinnen Simone, wegen ihrer arroganten Art und der vielen Sauferei, leiden. Und deshalb gönnte sie ihr nun diese Niederlage.

Kein normaler Mann lässt sich das auf Dauer gefallen... und, liebe Simone, Du mit Deiner ewigen Sauferei, hast das anscheinend immer noch nicht begriffen: *„Männer in unserem Alter, die etwas taugen, die müssen gepflegt werden. Es gibt heute so viele alleinstehende Frauen, die im Bett genauso gut sind wie Du, die einen GUTEN Partner suchen und die dafür bereit sind, auch etwas zu investieren."*
„Na, mal sehen", dachte Beate. *„Monika ist doch keine Konkurrenz. Aber vielleicht wäre dieser Manuel etwas für mich, denn ich suche schon lange einen fleißigen und zuverlässi-*

gen Mann mit Niveau, der nicht in Kneipen herumsitzt, säuft und ständig dumm daherredet. Ich könnte ja mal die Werkstatt wechseln."

Und Beate wusste genau, wovon sie redete. Auch sie war sehr lebenslustig, aber sie hatte eine tiefe Abneigung gegen Menschen, die sich nicht beherrschen konnten und die zu viel Alkohol tranken. Ja, sie mochte schon auch einmal ein - zwei Gläser Wein oder Sekt – aus Spaß, Freude und zum Genuss -, aber dann war bei ihr absolut Schluss. Sie kannte ihre Grenzen, sie konnte sich streng kontrollieren und diese Grenzen hielt sie auch eisern ein.

In ihrer Wut rief Simone bei Monika an und wollte von ihr irgendetwas über den gestrigen Abend hören. Aber Monika wusste sofort, warum Simone sie anrief. Sie war auf der Hut. Sie ließ Simone sofort eiskalt abblitzen, denn sie kannte ja Simone und ihre Launen.

„Klar, war das gestern ein schöner Abend, sogar mit einem supertollen Mann, den ich mir warm halten werde. Wenn Du mit Deiner Sauferei Dir jede Beziehung kaputtmachst, dann darfst Du Dich nicht wundern, wenn Dir die Männer immer wieder davon laufen und sich anderen Frauen zuwenden", und knack, hatte Monika aufgelegt. Simone schäumte.

Zu gern hätte sie nun Manuel angerufen, aber das getraute sie sich nicht. Und da sie einen fürchterlichen „Brand" in sich spürte und sie das alles schrecklich aufregte, zog sie sich an und ging zum Einkaufen. Da sie keinen Hunger, sondern nur Alkoholdurst hatte, kam sie mit zwei Wein- und vier Flaschen Bier heim und sie begann aus Frust und überhaupt wieder zu trinken.

Gegen Abend dröhnte dann wieder ihre Stereoanlage und sie schickte Manuel wieder eine sms:

„Na, war sie gut im Bett? Dann werde glücklich mit ihr. Leb wohl, Du Liebe meines Lebens. Ich habe Dich so geliebt. Simone."

Manuel fand das gar nicht so lustig und er schrieb ihr zurück:

Hast Du nicht meine Email gelesen?

Worauf Simone voller unguter Vorahnung ihren Computer einschaltete und Manuels Abschiedsmail fand. Natürlich passt jetzt für sie alles zusammen: Aha, er wollte sie also wegen Monika loswerden, denn anscheinend hatten die beiden schon lange ein Verhältnis miteinander. Und deshalb tobte und trank sie und in ihrer Fantasie sah sie, wie sich Monika und Manuel miteinander nackend im Bett verlustierten. Dann weinte sie fürchterlich.

Wenn Du wieder nüchtern bist…

Bis Mitternacht hatte sie so viel getrunken, dass sich alles um sie herum drehte. Ihre „inneren Bilder" waren so voll von Monika, Manuel und seinen vielen Tussis und dem Betrug, hinter ihrem Rücken solche Verhältnisse zu haben, dass sie zwischen Wut und Weinen hin und her gerissen wurde. Und in dieser Stimmung rief sie Manuel an und wollte ihn unbedingt zur Rede stellen.

Manuel hatte schon darauf gewartet, dass sie ihn wegen des gestrigen Abends und Monika aushorchen wollte. Stattdessen, betrunken wie sie war, beschimpfte sie ihn sofort und unterstellte ihm, dass er schon immer mit anderen Frauen und nun mit Monika hinter ihrem Rücken irgendwelche Verhältnisse hatte und er sie deshalb nicht mehr mag. Ihre Schimpferei und ihre Verdächtigungen gingen so lange, bis Manuel ihr sagte: *„Du kannst mich wieder anrufen, wenn Du nüchtern bist".* Dann unterbrach er die Verbindung.

Entzug

Sonntag: Aufgrund des vielen Alkohols war Simone wieder schrecklich übel, ihr Herz raste und sie fühlte sich hundeelend. Deshalb trank sie erst einmal ein Bier, denn sie hatte nichts mehr zu Trinken im Haus. Sie fühlte sich in ihrer Seele aufgewühlt und ihr Körper war schwach. Deshalb blieb sie wieder den ganzen Tag über im Bett.

Am Montag in der Früh ging es Simone immer noch so schlecht, dass sie sich (wieder einmal!) in ihrer Arbeitsstelle krank meldete und im Bett blieb.

Klar, sie kannte das schon, denn wie oft in den letzten Jahren, hatte sie solche Zustände nach reichlichem Alkoholgenuss schon erlebt.

Teil 5 - Kapitel 3

Tu, was Dein Herz Dir sagt...

Auch Manuel ging es insgesamt nicht so gut. Diese Sache mit Simone machte ihm mehr zu schaffen, als er sich vorgestellt hatte. Sein Kopf sagte: NEIN, sein Herz sagte: JA. Es zerriss ihn förmlich.

Am Dienstag Nachmittag musste er sich endlich für sein Gefühlsdurcheinander Klarheit verschaffen und er bat bei seiner Therapeutin um einen Termin. Danach war er eigentlich genau so schlau wie vorher, aber eines ist ihm durch diese Sitzung klar geworden:

Werde nicht an Dir und Deinen Gefühlen zum Verräter.
Deshalb:
„Tu, was Dein Herz Dir sagt."

Auch wenn Simone trinkt und in ihrer temperamentvollen Art überschießt, solange noch Liebe in Dir ist und Deine Gefühle nach ihr verlangen, solltest Du auch das andere mit in Kauf nehmen. So einfach war das.

Als sich Simone ab Mittwoch wieder stabil fühlte, sie wieder in ihre Arbeit ging, führte sie am Abend ein ruhiges und sachliches Telefongespräch mit Monika und Beate und andere, die auf diesem Ball waren. Sie wollte sich über Manuel und „seine Beziehung(en)" (die sie sich in ihrem Kopfkino immer vorstellte) endlich Klarheit zu verschaffen.

Wie sagt der weise Spruch:

**„Es sind nicht die Dinge,
die uns im Leben beunruhigen.**

Was uns in Wahrheit beunruhigt, das sind:
- **unsere eigenen Inneren Bilder,**
- **unsere Fantasien und**
- **unsere Vorstellungen,**
die wir uns von den Dingen machen."

Beim Rekonstruieren der Ereignisse der letzten Woche, bemerkt Simone, wie unrecht sie Manuel mit all ihren Verdächtigungen getan hatte. Und Monika meinte noch ganz ehrlich zu ihr. *„Solch einen guten und braven Mann, den hast Du gar nicht verdient."*
Voller Gewissensbisse schrieb sie Manuel abends wieder eine Email:

Lieber Manuel

Mir tut das alles so leid, was da in der letzten Zeit passiert ist. Ich sehe ein, so vieles war falsch und ich möchte mich wirklich bei Dir dafür entschuldigen.

Ich weiß, vieles kommt von dem Alkohol.

Aber ich werde das ändern, für mich und für Dich – wenn Du mich noch willst. Ganz fest versprochen.

Deine Dich liebende Simone

Als Manuel Simones Email gelesen hatte, da dachte er: *„Endlich hat sie es begriffen."*

Er war so voller Hoffnung, dass sich jetzt alles ändern würde. So rief er sie an. Simone stand am späten Abend mit klopfendem Herzen bei Manuel vor der Tür.

Sie fiel ihm unter Tränen und Reue um den Hals und für diesen Moment war all das Dunkle der letzten Zeit vergessen.

„Die Liebe wird´s schon richten…"

Nachdem Simone und Manuel wieder zusammengefunden hatten, schien die Welt wieder in Ordnung. Vergessen schien im Moment alles, was der Vergangenheit angehörte. Und als Simone am Donnerstag in der Früh gut gelaunt von Manuel aus zu ihrer Arbeitsstelle fuhr, von Manuel noch mit seinen tollen Broten versorgt, da wäre wohl so mancher geneigt gewesen, zu denken: **_„Ja, ja die Liebe, die wird´s schon richten."_**

Ein solches Denken würde wohl eher zu der sehr emotional gestrickten Simone passen, aber nicht unbedingt zu einem Lebenspraktiker wie Manuel.

Wie schnell sich die Vergangenheit wieder melden kann, bemerkte Manuel, als er mittags mit Simone kurz telefonierte und er ihr erzählte, dass er heute Abend wieder zu „seiner" Selbsterfahrungsgruppe gehen werde.

Simones Ton änderte sich sofort und Manuel spürte, dass ihr das wieder einmal nicht passte. Abends in der Gruppe, erzählte er von den Ereignissen der letzten Zeit und wie der momentane Stand der Dinge in seiner von Alkoholproblemen belasteten Partnerschaft sei.

Die ganze Gruppe atmete bei seinen Erzählungen tief durch, einige drehten die Augen zum Himmel, andere schüttelten nur noch mit dem Kopf.

„Sag mal, wie lange möchtest Du denn dieses Affentheater mit Deiner Alkoholfreundin noch mitmachen", fragte die Frau ärgerlich, die sich von ihrem alkoholsüchtigen Mann hat scheiden lassen. *„Das muss Dich doch ungeheuer viel Kraft kosten?"*

Wichtig:
Und an dieser Stelle griff sofort die Therapeutin ein, um sich schützend vor Manuel zu stellen. Sie sagte: „Bitte noch einmal für alle zur Erinnerung:"

Grundregel Nr. 1 im Leben
Für den allgemeinen Umgang miteinander und auch für eine gelungene Partnerschaft:

„Es ist gut, wenn wir (hier in unserer Gruppe und in den Partnerschaften) unsere Erfahrungen austauschen", meinte sie. *„Deshalb sind wir ja auch hier. Auch dass wir uns gegenseitig, von unserem Leben, unseren Einstellungen, unseren Lebenserfahrungen und dem Leben berichten, um voneinander zu lernen.*

Aber:

„Jeder Mensch hat ein Recht auf sein eigenes Leben, auf seine eigenen Gedanken und Gefühle.

Niemand hat das RECHT, den anderen zu beurteilen, zu bewerten, zu verurteilen oder anzuklagen, nur weil er/sie anders fühlt, anders denkt und anders handelt, als wir selbst."

Krisen bedeuten auch immer Chancen

„Nichts was auf dieser Welt passiert ist umsonst", so die Therapeutin.

„Auch Krisen im Leben kommen nicht NUR SO zufällig. Krisen bedeuten auch immer große Chancen, daraus zu lernen und etwas zu verändern."

Aber:

„Werden diese Dinge nicht bearbeitet, so wird alles zu einer wachsenden Hypothek für die Zukunft dieser Beziehung."

Teil 6

Deshalb frage Dich
jeden Tag aufs Neue:
Was kann ich heute für mich
tun,
um (wieder)ein gesunder
Mensch zu werden?"

Liebe oder Trennen?
Manuel fühlte sich hin- und her gerissen: Auf der einen Seite war seine Liebe zu Simone und sein Wunsch ihr zu helfen.
Auf der anderen Seite war alles das, was seine Therapeutin, die Mitglieder der Gruppe und sein Heilpraktiker Freund ihm über Alkoholismus sagten.
Hinzu kommen seine eigenen Erfahrungen, die er mit Vater, Mutter, seinen Brüdern und mit dem Thema Alkohol hatte.
Aber er fand weder Klarheit noch Entscheidung, denn seine Gefühle, seine Sehnsucht nach Simone, schwankten immer hin und her.

Der erste Urlaub
Simone meinte eines Tages, dass sie mehr für- und miteinander tun müssten. So kam sie Manuel mit der Idee, in der Zeit vor den Pfingstferien, für 14 Tage zu verreisen. Manuel reagierte wegen seines Betriebes verhalten. Aber, warum eigentlich nicht?
Simone war gleich Feuer und Flamme. So organisierte Sie eine Reise in die Türkei, in einen all inclusive Club mit Bungalow-Anlage direkt am Meer. Sie buchte gleich Ausflüge, Rundreisen und einen Leihwagen mit …und Manuel musste natürlich alle Kosten übernehmen. Ihr „Inneres Kind" lebte immer schon davon, dass Männer für sie sorgten.
Die Türkei präsentierte sich mit freundlichen Menschen, einer wunderbar grünen Anlage, einem schönen Bungalow,

einer tollen Poolanlage und alles direkt an einer türkisblau-en Meerbucht gelegen. Also, ein wirklicher Traum.

Neben dem Essen, an einem reichhaltigen und vielseitigen Büfett, mit der Möglichkeit, sich ständig kostenlos Getränke, Kaffee, Kuchen, Snacks zu holen, lag Simone in einem äu-ßerst knappen Bikini in der Sonne am Pool und spielt Grill-hähnchen. Sie ließ sich braun braten, während Manuel un-ter einem Sonnenschirm lag, Bücher las, an Wellness, Fit-ness und Hamam (türkischem Bad) teilnahm.

So ein all inclusive Club ist ja auch eine runde Sache, ins-besondere für Alkoholliebhaber. Aber bis Manuel darauf kam, das dauerte eine gute Woche. Allerdings wunderte er sich schon am zweiten Tag darüber, dass Simone schon vormittags so unverschämt „gut drauf" war. Sie zeigte sich sehr liebesbedürftig und wollte ständig mit ihm schlafen.

Beim Abendbuffet schmollte sie, weil Manuel sie böse an-schaute, als sie sich ihr Weinglas schon zum dritten Mal füllen ließ. Denn sie hatte akzeptiert: Wein zum Essen ja, aber bitte nicht mehr als zwei Gläser. Und nun wollte sie immer mehr. Also musste Manuel bremsen und Simone schaute ihn mit einem Schmollmund schuldbewusst an, wie ein kleines Kind.

Nach der abendlichen Show gingen sie in die Diskothek und Simone verschwand öfter einmal in Richtung Toilette. Ma-nuel wunderte sich, dass Simone wie wild tanzte, mit allen Leuten redete, sie eigentlich ganz glücklich aussah und trotzdem irgendwie komisch war. *„Was doch so ein Urlaub* unter südlicher Sonne mit so einer Vollblutfrau alles macht. Die könnte ja zurzeit drei Männer brauchen."

„Bist Du blind?"
So ging das weiter. Sie lernten einige andere Paare kennen, mit denen sie öfter zusammen saßen. Am Ende der ersten Woche fragte Inge Manuel vorsichtig, ob seine Frau (also Simone) daheim auch so viel trinke? Manuel war wegen dieser Frage irritiert.

„Sag mal, bist Du blind", meinte die Inge. *„Das geht mich ja nichts an, aber es fällt doch allen hier auf. Immer wenn Deine Frau an die Bar geht und sich einen Kaffee holt, oder sie nur zur Toilette geht, dann lässt sie sich einen Schnaps oder ein Glas Wein geben. Sie schüttet den dann schnell in sich hinein und zu Dir kommt sie mit dem Kaffee an den Tisch zurück. Es könnte ja auch sein, dass das für Dich in Ordnung ist. Außerdem, wer trinkt schon ständig zum Kaffee Wein und bei jedem Toilettengang einen Schnaps? Da kommt über den Tag verteilt, eine schöne Summe Alkohol zusammen. Hat Deine Frau ein Alkoholproblem?"*
Als Manuel das hörte, holte er erst einmal tief Luft und sagte leise und deprimiert zu Inge: *„Danke, dass Du mir das gesagt hast".*

„Also deshalb hat sie diesen all inclusive Club gebucht, und deshalb ist sie hier ständig so gut drauf. Die ist den ganzen Tag über betrunken. Mann, war ich naiv", dachte er und gleichzeitig ärgerte er sich über sich selbst.
Manuel spürte, wie er wegen dieses Vertrauensbruchs wütend wurde. Er holte sich sofort Simone, die widerstrebend

mit ihm in den Bungalow ging. Nur, Simone war schon wieder ziemlich angetrunken. Sie ließ sich von Manuel absolut nichts gefallen, schon gar nicht, dass er sie wegen ihres Alkoholkonsums hier im Club zur Rede stellte... und dahin war die schöne Urlaubsstimmung.

„Das hier ist Urlaub", sagte sie. *„Außerdem bin ich erwachsen und ich weiß was ich tue. Du bist nicht mein Vater oder mein Erziehungsberechtigter. Du hast mir gar nichts zu sagen."* Sie drehte sich um und verließ mitten im Gespräch das Ferienhaus, setzte sich nun demonstrativ an die Bar, bestellte sich wieder Kaffee und einen bunten Cocktail mit Olive und Schirmchen dazu. Danach noch zwei, drei Gläser Wein, während sie laut affektiert lachend mit dem Barkeeper und allen Leuten herum redete.

Was sollte er jetzt machen?
Manuel saß wie vom Donner gerührt da. Sie hatten doch ausgemacht... Nein, so erkannte er, nicht „sie" hatten ausgemacht, sondern ER hatte ihr maximal zwei Gläser Wein am Abend „erlaubt", und Simone hatte „ja" gesagt. Und nun trank sie wieder. All inclusive Clubs sind also ein Eldorado für Menschen die gern „Fressen und Saufen."

Nur, was sollte er tun? Er konnte sie hier im Club weder anbinden noch einsperren, noch ständig überwachen. Mit Vernunft war Simones Alkohol - Sucht nicht beizukommen, schon gar nicht hier in diesem Club, wo jede Form von Alkohol – ständig und in jeder Menge - so schön bequem zu haben war.

„Gute Miene zum bösen Spiel"

Er denkt nach. Wenn er jetzt „Stress" macht, dann gibt es in der 2. Woche nur noch Krieg und der Urlaub ist wegen ihrer Sauferei zum Teufel. Da sich Simone nicht bremsen oder etwas sagen lässt, würde sie erst recht trinken. Was die anderen sagen würden, das ist ihr sicherlich egal.

Am besten ist es, er macht „gute Miene zu diesem Spiel" und beschäftigt Simone mit allen möglichen Aktivitäten. Also ging er an die Rezeption und plante für morgen einen Stadtausflug mit Marktbesuch.

Nur noch peinlich

Simone saß immer noch an der Bar. In der Zwischenzeit war ihr Pegel schon mächtig gestiegen. Sie schaute Manuel mit glasigen Augen an und lallte: *„Na, mein alter Brummbär, kommst Du mich suchen?"* Und zu ihrem Nachbarn lallte sie: *„Der moog des übahaubt nich, wann i woos dring..."*

Dieses Mal war Manuel schlauer. Er war zwar sauer, sagte aber überhaupt nichts. Er ließ Simone noch ihr Glas austrinken, welches demonstrativ vor ihr stand. Dann fasste er sie um, (was sie klasse fand) hielt ihren schwankenden Körper fest, half ihr von dem hohen Barhocker herunter und führte sie langsam zum Bungalow, während sie laut alles Mögliche erzählte, schwankte und gestikulierte.

Manuel war diese Situation, mit der stockbetrunkenen Simone am Arm, einfach peinlich. Im Bungalow legte sie sofort ihren knappen Bikini ab, ließ sich rückwärts auf das große Bett fallen und wollte mit ihm schlafen. Manuel wollte gar nichts, weil sie so betrunken war. Also sagte er, er müsse erst duschen. Wie erwartet war Simone eingeschlafen und absolut nicht mehr wach zu bekommen. Er deckte sie zu und ging allein zum Abendessen.

„Die hat richtig gesoffen"
Im Speisesaal setzte er sich zu Inge und Bernd, Claudia und Ralf, denen er nichts vormachen konnte. *„Also, wie wir Deine Frau in den letzten Tagen so beobachtet haben, da muss die ziemlich viel vertragen"*, meinte Bernd, der Ehemann von Inge.

„Weißt Du, geht mich ja nix an", meinte Bernd ganz offen. *„Meine erste Frau hat nämlich auch ganz hübsch was getrunken, oder sagen wir besser, die hat richtig gesoffen. Irgendwann hatte ich von dieser Sauferei so die Nase voll, dass ich mich von ihr getrennt habe."*

Da nun das Eis gebrochen war, erzählte Manuel einiges aus ihrem Leben. *„Wirklich sympathisch, Deine Simone"*, meinte Ralf anerkennend. *„Aber Du solltest sie unbedingt in eine Klinik oder Therapie schicken, sonst geht das – wie in unseren Ehen - immer so weiter."*

Alkoholvergiftung und Zusammenbruch
Als Manuel in der Früh wach wurde, lag Simone blass, zitternd und mit großen, angstbesetzten Augen neben ihm. Im Halbschlaf hatte er schon gehört, dass sie mehrfach aufgestanden und zur Toilette gegangen war. Alles klar: Der berühmte Tag danach!
Er tastete ihren Puls und dieser raste. Ihr Herz hämmerte wie eine Dampframme... und das nun hier in der Türkei. Wieder einmal: Alkoholvergiftung und der Zusammenbruch danach.

Manuel fragt Simone nicht mehr, sondern er handelte einfach. Er hatte gestern an der Rezeption gelesen, dass es hier im Club einen türkischen Arzt gab, der in Deutschland studiert haben soll, der gut Deutsch spricht. Also telefonierte Manuel mit der Rezeption und fragte nach diesem Arzt, der auch sofort am Telefon war. Simone sprang voll Panik aus dem Bett, als sie hörte, was Manuel vorhatte. Nur keinen Arzt, dachte sie. Aber ehe sie so richtig toben konnte, klopfte es schon an die Tür und der Hotelarzt war da.

„Sofort in ein Krankenhaus"

Simone ließ sich nur widerwillig untersuchen, erzählte verhalten wie es ihr geht und Manuel ergänzte schonungslos die Alkoholsucht von Simone, was ihr sehr peinlich war.

„Ich weise Sie jetzt sofort in ein Krankenhaus ein", meinte der Arzt, *„denn ihr Herz und ihr Blutdruck gefallen mir gar nicht. Wir brauchen unbedingt eine EKG – Kontrolle und Infusionen. Außerdem haben sie bestimmt noch viel Rest-Alkohol im Blut und der Körper muss unbedingt entgiftet werden. Ich übernehme sonst keine Verantwortung für sie. Wir brauchen hier unbedingt die Klinik. Ich hole jetzt den Krankenwagen."* Er nahm den Telefonhörer in die Hand.

Simone war zutiefst erschrocken. Genau davor hatte sie immer Angst gehabt. Nie wollte sie in ein Krankenhaus und hier in der Türkei schon gar nicht. Diese Zustände kannte sie doch gut. Wie oft hatte sie das schon erlebt. Nach ein paar Tagen wird das schon wieder. Also sagte sie ganz bestimmt „NEIN".

Der türkische Arzt sicherte sich ab. Er verfasste ein schriftliches Protokoll, in dem er Simones Zustand beschrieb, was er dringend empfohlen hatte und das sie seine Klinik - Einweisung ablehnte… und sie unterschrieb ihm das sofort.

Dann, bat er Manuel mit ihm zu kommen und sich einiges an Medikamente für seine Frau abzuholen. Im Sprechzimmer des Arztes sprachen sie dann von Mann zu Mann offen über Simone und ihr Alkohol –Problem.

„Was meinen Sie, wie oft ich diese Alkoholzusammenbrüche hier erlebe", sagte der Arzt. „Es gibt Leute, die kommen extra in einen all inclusive Club, weil sie hier von morgens bis abends trinken können. Ihre Frau ist da kein Einzelfall."

Koran: Alkohol ausdrücklich verboten

„Uns Mohammedanern, hat unser Prophet Mohammed das Trinken ausdrücklich verboten. So steht es im Koran. Denn Mohammed wusste schon vor 1500 Jahren, dass der Alkohol Menschen, Beziehungen und Familien zerstört.

Alkohol verbindet die Menschen mit dem Teufel, sagt Mohammed. Wer Alkohol trinkt, ist nicht mehr sich selbst und tut und sagt Dinge, die mit dem Leben eines Gläubigen nichts mehr zu tun haben.

Für Mohammed, war Alkohol trinken ein Abwenden von Allah und damit schwere Sünde.

Also, bringen Sie ihre Frau in eine Klinik oder Therapie, aber versuchen sie alles, damit sie endlich mit dem Alkohol aufhört.

Und auch das sagt uns unser Prophet: wenn ihre Frau bei dem Alkohol bleiben möchte, so trennen SIE ihre Wege.
Denn Sie werden sonst in diese Hölle, die ihre Frau in sich trägt, mit hineingerissen."

Manuel war nach diesem, fast religiösen Gespräch, mit dem mohammedanischen und gebildeten Arzt sehr nachdenklich. Seine Worte werden mir nie mehr aus dem Kopf gehen, dachte er. *„Ja, Simones Sauferei ist einfach widerlich. Wie soll das weitergehen. Soll ich jetzt etwa wieder Krankenpfleger spielen?"*, knurrte Manuel vor sich hin. Nein, er war nicht bereit dazu.

Als er das Zimmer betrat, lag Simone noch im Bett. Sie war wütend. *„So krank konnte sie anscheinend gar nicht sein, dass sie nicht schon wieder schimpft"*, dachte Manuel.
Wütend knallte er ihr die Tabletten des Arztes und ein Glas Wasser auf ihren Nachttisch. Dann drehte er sich um und ging er zum Frühstücken, da Simone ja wegen ihrer unvernünftigen Sauferei nun „unpässlich" war.
Manuel war stinksauer. Er wollte sich von Simone und ihrer Sauferei nicht den schönen Urlaub „versauen" lassen.

Alles nur noch peinlich
Manuel traf wieder die zwei Paare am Tisch. Er erzählte ganz offen, was passiert ist und was dieser Arzt gesagt hat. Es tat ihm so richtig gut, mit Menschen zu reden, die ihn verstanden, weil sie das alles schon erlebt hatten.
Gegen Mittag versorgte er Simone mit Tee, denn mehr wollte sie nicht, nur ihre Ruhe.

Simone hatte wieder einmal einen kompletten Filmriss. Sie konnte sich an nichts erinnern. Es war ihr schrecklich peinlich von Manuel zu hören, dass sie gestern lallend an der Bar saß, alle Leute lautstark unterhalten hatte und sich dann von ihm volltrunken, lallend und schwankend - unter den Augen der anderen - in den Bungalow führen ließ.
Sie könnte eigentlich in der Erde versinken. Sie hatte Gewissensbisse und schämte sich.

Drei Tage blieb Simone nun im Zimmer, bzw. auf der Terrasse, bis sie wieder fröhliche Auferstehung feierte. Sie dachte sich: *„die anderen können mich einmal"* und sie ging wieder in den Speisesaal. Der Arzt kümmerte sich täglich zweimal um sie, redete ihr ins Gewissen, von wegen Entzug und Therapie. Simone fand ihn impertinent und lästig.
Manuel stornierte die Ausflüge und ging mit ihr pflichtbewusst, aber wortkarg um. Man bemerkte, dass hier „die Chemie nicht stimmte."
Die letzten zwei Tage vor der Abreise lag Simone wieder am Pool und am Nachmittag trank sie zum Kaffee ganz demonstrativ noch einen bunten Cocktail dazu. Dabei schaute sie Manuel durchdringend an.

Es war ein Machtkampf: Ihre Sucht gegen seine Vernunft!

Manuel sagte nichts, stand auf und ging einfach weg. Es war alles so sinnlos. Ihre Sucht war zu stark. Wie sagte der Arzt:

„Denn sie werden sonst in diese Alkohol - Hölle der Frau mit hineingerissen und das sollten sie sich wert sein, draußen zu bleiben und einen sauberen Weg zu gehen.

Und wenn diese Frau bei ihrem Alkohol bleiben möchte, so trennen SIE ihren Weg von dem Weg dieser Frau und gehen SIE IHREN Weg allein weiter, auch das sagt uns unser Prophet."

Vor dem Abendbuffet trafen sie sich im Zimmer. Simone war schon wieder „super drauf und gut angeheitert." Manuel kotzte das zwar alles an, andererseits hatte er so große Sehnsucht nach Simone und sie spürte das.
Und schon begann sie ihn und sich auszuziehen und dabei mit ihm heftig zu schmusen. Und bald lagen beide im Bett „feierten Versöhnung".

Es ist eben das alte biblische Thema: Erst hat sich die Eva von der Schlange verführen lassen und nun ist der Adam dran. Männliche Hormone sind so einfach gestrickt.

Teil 6 – Kapitel 2

Nach dem Urlaub hat Manuel dafür gesorgt, dass er mit Simone zu seinem Heilpraktiker Freund Andreas ging, damit sie eine Aufbau- und Entgiftungstherapie bekam. Die nahm sie auch gern an, weil sie spürte, dass ihr das gut tat. Allerdings bewirkten diese Kuren nichts auf ihr Trinkverhalten, was Manuel zwar gehofft hatte und nun resigniert hinnahm.

Es gab ein weiteres Problem. Simone mochte die direkte Art von Andreas überhaupt nicht.

Außerdem hat Simone in der Zwischenzeit durch die vielen Gespräche mit Manuel und Andreas, durch den Zusammenbruch im Urlaub, den Hotelarzt und diese große Peinlichkeit, viel dazu gelernt.

Bisher hat sie sich immer mächtig aufgeregt, wenn Manuel ihr gesagt hat, wer so oft und so viel Alkohol trinke wie sie, sei eine Alkoholikerin.

Und plötzlich dreht sie den Spieß um...
Eines Tages sagte sie während der Behandlung pikiert zu Andreas: *„Was willst Du eigentlich, ich bin doch schließlich alkoholkrank".* Jetzt allerdings, unter dem ständigen Druck von Manuel und Andreas, endlich mit dem Trinken aufzuhören, kommt ihr diese Argumentation nur zu Recht:

„Ich MUSS ja Trinken, weil ich alkoholkrank bin."

Das bedeutet:
- **Ich kann ja nichts dafür!**
- **Und weil ich alkoholkrank bin, MUSS ich eben trinken!**
- **Also brauchst Du Dich gar nicht darüber aufzuregen!**

Simone ist raffiniert. Sie hat nun für sich eine wunderbare Legitimation zum Trinken gefunden. Sie sagt, sie MÜSSE ja ständig trinken, weil sie ja ALKOHOLKRANK sei und weil sie krank sei, könne sie ja nichts dafür. Nun müsse Manuel doch für sie und ihre Krankheit auch Verständnis haben. Plötzlich ist Simone nicht mehr Täter, sondern:

- **EIN ARMES OPFER EINER BÖSEN, BÖSEN KRANKHEIT, die Alkoholismus heißt.**
- **Sie hat deshalb für ihr Trinken auch KEINE VERANTWORTUNG MEHR zu tragen.**
- **Denn für eine Krankheit könne man ja nichts.**

Damit setzt sie Manuel „mit seiner Meckerei" komplett schachmatt.

Co - Abhängigkeit
Obwohl sein Freund Andreas, seine Therapeutin und die erfahrenen Gruppenmitglieder ihn mahnten und ihm sagten, seine Freundin sei nichts weiter, als ein raffiniertes und durchtriebenes Luder, gerät Manuel nun immer tiefer in den Konflikt, weil Simone Alkohol – KRANK ist.
Er investiert nun (knurrend) NOCH MEHR Anstrengungen, um Simone in ihrer „Krankheit" beizustehen, sie vom Alkohol wegzubringen.

Falsches Spiel
Manuel hat den Eindruck, Simone denkt nicht im Traum daran, an sich und ihrem Alkohol - Problem etwas zu verändern! Sie möchte sein und bleiben, so wie sie ist. Er ist wegen „dieses falschen Spiels" von Simone stinksauer. Es gibt deshalb mit ihr immer wieder Streit. Und sein Groll-Berg auf Simone wegen ihrer Sauferei, wächst.

Simone spielt nun mit Manuel ‚ihre alten Macht – Spiele‘, welche sie bisher mit allen Männern erfolgreich gespielt hat:

- **Sie holt sich „die Rosinen aus dem Kuchen" der Beziehung.**
- **Sie schaltet schnell auf Durchzug, wenn Manuel wegen ihrer Sauferei schimpft.**
- **Sie lässt sich weder etwas sagen und schon gar nichts gefallen und schuld an allem, ist immer Manuel mit seiner „verkorksten Kindheit."**
- **Also warum soll sie – bei all den Vorteilen - an den Dingen, denn etwas ändern?**

Manuels Frust auf Simone wird immer größer. Es kriselt mächtig! Zwei Schiffbrüchige in einem morschen Kahn auf offenem Meer, mit der Illusion: Irgendwie geht das schon

Teil 6 – Kapitel 3

Anfang Juli hat Manuels Tochter Geburtstag. Gleichzeitig geht auch ihr Studium zu Ende. Also gibt es eine große Party. Manuel ist natürlich auch eingeladen und die Tochter fragt vorsichtig an, ob er seine Freundin nicht zur Party mitbringen möchte.

Manuel freut sich darüber und er fragt Simone, ob sie mitkommen würde. Er möchte natürlich am Samstag für ein paar Stunden zu seiner Tochter fahren, schließlich sei das doch ein Ehrentag für sie. Simone stand diesem engen Kontakt von Vater zu Tochter/Sohn kritisch gegenüber, vielleicht auch deshalb, weil sie zu ihrer eigenen Tochter kaum Kontakt hat.

Angst vor Fremde?

Seit dem Urlaub sieht Manuel, die sonst immer sehr selbstbewusst auftretende Simon, mit anderen Augen. Er hat sich bei den Mahlzeiten oft gewundert, dass sich Simone kaum an den Gesprächen beteiligt hat. Sie saß oft seltsam desinteressiert da, was für Manuel fast beleidigend wirkte. Man bemerkte deutlich: diese Treffen, mit den gebildeten Menschen und ihren Gesprächsthemen, das passte Simone nicht. Zugegeben: Kneipen- und Bargespräche waren das nicht.

Noch etwas ist Manuel aufgefallen: Simone hat gute Ausbildungen, einen guten Beruf, zeigt aber kaum weitergehende Interessen. Sie möchte „nur gut leben", möglichst viel in der Weltgeschichte, in teuren Hotels herumkommen, mehr nicht. Der Urlaub hat auch gezeigt: **Wenn sie genug getrunken hatte, dann waren all diese „Hemmungen" weg. Da ging sie auf jeden zu und war lebendig.**

„Ist Deine Ex – Frau auch da?"

Die Lösung dieses Rätsels kam am nächsten Tag. Simone fragte nämlich: *„Ist Deine Ex – Frau auch da?"* Nun war Manuel sofort klar, worum es ging, denn er kannte ja in der Zwischenzeit Simones Eifersucht und Misstrauen zur Genüge. *„Ja, ich denke schon", sagte er.*

Und richtig. Sofort beginnt sie zu schimpfen: *„Geschieden ist geschieden und geschieden heißt, keinen weiteren Kontakt zueinander. Du musst ja noch total seine Ex – Frau lie-*

ben, wenn du da hin gehst. Da hättest du Dich ja gleich nicht scheiden lassen brauchen. Nein, unter diesen Bedingungen werde ich natürlich nicht mitkommen." So geht das über die nächsten Tage mit dem gleichen Thema weiter. *„Hätte ich doch bloß nichts von der Einladung gesagt",* denkt sich Manuel *„und ich wäre einfach allein dort hingegangen."*

Als Simone bemerkte, dass Manuel nicht umzustimmen war, reagierte sie beleidigt und sie kam deshalb auch nicht Freitagabend zu ihm. Sie hatte etwas vor.

Er schüttelte über ihre Haltung den Kopf. Andererseits musste er sich nun nicht den ganzen Abend ihre Vorwürfe anhören und sich immer für nichts und wieder nichts rechtfertigen und verteidigen. Dafür ging er wieder einmal in den Bowlingclub, wo er mit großem Hallo empfangen wurde. Deshalb merke:

„Willst was gelten – mach Dich selten"

Zu seiner Überraschung traf er im Club Monika wieder, von der er schon einige Zeit nichts gehört hatte. Sie freuten sich, sich wieder zu sehen, waren wie am Faschingsball „ein Herz und eine Seele", verstanden sich prächtig und sie blieben bis zum Schluss. Dieses Mal schüttete Manuel Monika so richtig sein Herz über Simone und seine zunehmenden Schwierigkeiten mit ihr und ihrem Alkohol aus. Monika hörte ihm lange zu, meinte nur, wenn er sie zum Reden brauchen würde, dann sei sie immer für ihn da. Sie wisse ja, Simone sei oft schwierig.

Also fuhr er am Samstagnachmittag allein zu seiner Tochter, was ihm auch ganz recht war. *„Komisch"*, dachte er, *„Monika hätte ich sofort mitgenommen, da hätte ich mir gar keine Gedanken machen müssen."* Als er ankam, da war die Party schon im Gange.

Er wurde von allen freudig begrüßt und von seinen Kindern herzlich umarmt. Und er dachte mit Schrecken daran, was Simone ihm wegen dieser Umarmungen wieder für ein Theater gemacht hätte. Manuel war sehr stolz auf seine beiden erwachsenen Kinder. Er freute sich an ihrem Erfolg und ihren Zukunftsplänen.

Natürlich traf er dort auch seine Ex- Ehefrau, mit der er in der Zwischenzeit ein relativ moderates Verhältnis hatte. Beide begrüßten sich wie „alte Bekannte". Die Zeit der Enttäuschung, Abgrenzungs- und Grabenkämpfe war schon lange vorbei. Jeder lässt den anderen gut sein.

Beide sind so gereift, dass sie sich sagen: *„Wir haben uns einmal geliebt, aber diese Zeit ist schon lange vorbei. Nun lass uns das Leben verstehen und soweit es noch machbar ist – insbesondere wegen der Kinder - gut zueinander sein."* Und das klappte relativ gut. Sie gehen beide vorsichtig miteinander um, niemand möchte den anderen mehr verletzen.

Simone beäugt mit Argwohn, die freundlich-umgängliche Form der Beziehung von Manuel zu seinen erwachsenen Kindern. Sie verurteilt ganz entschieden seine „Beziehung" zu seiner Ex-Frau.

Sie will einfach nicht verstehen, dass es Menschen gibt, die auch nach einer gescheiterten Ehe, noch (oder wieder) freundlich und moderat miteinander umgehen können.

Inquisitorisches Spionagesystem
So liebevoll und warmherzig Simone auf der einen Seite ist, so ist sie auf der anderen Seite sehr misstrauisch und stark verurteilend.

Seine Therapeutin meinte dazu:
Diese „emotionalen Typen" wie Simone, haben immer Angst ihre Partner(innen) zu verlieren. Diese Angst ist „Verlustangst." Deshalb versucht sie Manuel festzuhalten und zu klammern. Angst bedeutet bei Simone sofort: Sturmflut in ihrer Gefühlswelt.

Wenn in Simone ihre Angstgespenster toben, dann stellt sie sich in „ihrem Kopfkino" alle möglichen Dinge vor, die dann bei ihr zu Wahrheit werden.
Schon ist Misstrauen da und die Gespenster in ihren Gefühlen toben.

So gut es ihr möglich ist, versucht sie Manuel zu kontrollieren. Sie schnüffelt in seinem Haus herum, seiner Küche, seinem Bad, seinem Bett (riecht es hier nach Parfum, liegen vielleicht Haare auf dem Kopfkissen? Hat „sie" ihren BH vergessen? Liegt irgendetwas herum? Ist irgendwo, irgendwie etwas verändert?

Sie schnüffelt auch auf seinem Schreibtisch, kontrolliert seine Post und Korrespondenzen, den Speicher in seinem Telefon und Handy, mit wem er telefoniert, welche sms er schickt und bekommt. Sie verfolgt auch die Vorgänge mit seinen Kundinnen. Sie belauscht seine Telefonate, ob er sich nicht durch irgendeinen Satz „verraten" würde.

Immer wieder gibt es wegen ihres Misstrauens Diskussionen mit Unterstellungen, Verdächtigungen, Anklagen. Wie oft hat er in solch ermüdenden Diskussionen schon gesagt:

„Simone, ich bin sauber!
Aber es nützt nichts. Simones Eifersucht = Verlustangst und ihr „Kopfkino" vertrauen Manuel nicht. Er hat sehr feine Ohren für Simones lauernde und bohrende Fragen und er mag ihre misstrauischen Blicke überhaupt nicht.

Dann trinkt sie eben
Wenn aber Manuel auf ihre Fantasievorstellungen, ihre Ängste, auf ihre Eifersucht nicht eingeht, dann toben in Simones „Kopfkino" Gespenster. Wenn sie dann nicht recht bekommt, wird sie streitsüchtig, oft böse, auch schnell ausfallend.

Bei sich daheim, da hält sie sich selbst mit ihren tobenden Gefühlen und Angst-Bildern nicht aus. Sie beruhigt

ihre Seele, ihren Ärger oder Frust mit ihrem „erlernten Alkohol-Befriedigungsprogramm".
Sie beginnt zu trinken, bis sie den Ärger/Frust/ihre auf-gewühlten Gefühle nicht mehr spürt.

Aber: Im alkoholisierten Zustand öffnet sie die Tür zu ihrem inneren "Saustall". Dann toben ihre dunklen Ge-danken, Bilder und Gefühle ihres Kopfkinos erst recht. In diesem Zustand wird sie noch ausfallender, noch bösartiger, noch gemeiner.

Dann trinkt sie so lange, bis sie nur noch lallt und alle ihre Gedanken, Bilder und Gefühle im Alkoholnebel versinken. (typisch zwischen 2-3 Promille)

Dieses Horrorszenario – das Manuel nun schon seit Mona-ten mitmacht - ist für jeden unvorstellbar, der diese liebens-werte, warmherzige Frau NÜCHTERN kennt. Und das ist krank!

Teil 6 – Kapitel 5

Als Manuel gegen Mitternacht in sein Auto steigt, versucht er sofort Simone anzurufen, denn ihm war klar, dass sie auf ihn warten würde. Als sie sich am Telefon meldet, hört er beim ersten Satz: Simone lallte. *„Na, wie war denn Deine Ex im Bett? Ich möchte nur wissen, warum Du Dich hast scheiden lassen, wenn Du andauernd mit ihr zusammen bist"*, pöbelte sie in ihrem Rausch.

Voller Ärger unterbrach Manuel die Verbindung, worauf nach kurzer Zeit sein Handy wieder klingelte.

„Du bist ein Arschloch, ein riesengroßes Arschloch und mich Simone, schmeißt Du für Deine Ex so einfach weg, die Dir anscheinend wichtiger ist als ich. Mit der verbringst Du den ganzen Abend, aber ich bin ja nur fürs Bumsen gut." Manuel schaltete das Handy aus, denn er hatte wieder einmal von ihren Pöbeleien genug.

„Es reicht mir wirklich!"
„Es ist in diesem Alkoholzustand völlig sinnlos, mit ihr zu reden. Außerdem gibt es nichts zu reden. Sie verdächtigt mich ja schon die ganze Zeit wegen irgendwelcher Frauengeschichten, die sie sich einbildet und sie verfolgt mich ständig mit ihrer bescheuerten Eifersucht. Jetzt betrunken, da kann die sowieso nicht klar denken."

„Diese Sauferei und ihre sinnlose Eifersucht, das ist einfach zum Kotzen."

„Jede Wette, morgen, am Sonntag ist sie wieder sauschlecht drauf. Also wird wieder einmal nichts mit einem gemeinsamen Wochenende. Und mir wird sie wieder vorwerfen, ICH hätte alles kaputt gemacht, weil ich zu meiner Tochter gefahren bin, um dort meine Ex- Frau zu treffen."

Daheim angekommen, war er so geladen, das er sich seine Gedanken und Gefühle von der Seele schreiben musste:

5. E-Mail

Liebe Simone

Vorhin hast Du mich am Telefon, betrunken wie Du gerade bist, wieder einmal so richtig angepöbelt. Simone, es reicht wirklich: Du brauchst endlich Hilfe!

Wenn Du nicht etwas gegen Deine Alkoholsucht tust und das mit Deiner Trinkerei so weitergeht, dann sind wir geschiedene Leute! Nimm das bitte jetzt sehr ernst.

Geh endlich zu einem Arzt, zu einem Therapeuten, geh zu einem Spezialisten, geh in eine Klinik, geh in eine Therapiegruppe. Wenn Du wieder nüchtern bist, dann hätte ich gern mit Dir darüber gesprochen. Manuel

Teil 6 – Kapitel 6

Bergwandern

Sonntag: In der Früh war strahlend blauer Himmel und es schien die Sonne. Manuel hatte sich schon wieder beruhigt. Er wollte nur Frieden. Also rief er sie an. Manuel sagte, dass so schönes Sonntagswetter wäre, und er möchte deshalb gern eine kleine Bergwanderung machen. Er würde sich wünschen, dass sie mit ihm käme. Sie könnten sich doch einen schönen Tag machen, mittags irgendwo zum Essen gehen, am Nachmittag vielleicht an den See zum Baden fahren.

Manuel wollte nur eines: Bei dem schönen Wetter so schnell wie möglich raus in die Natur.

„Nein", sagte sie, *„für eine Bergwanderung sei sie heute nicht aufgelegt und sie wisse, sie habe zurzeit kaum Kondition für anstrengende Touren. "*

„Klar, der viele Alkohol", dachte Manuel... und er wusste gar nicht, wie recht er hatte. **Simone ging es nämlich nach den beiden Flaschen Wein gestern Abend im wahrsten Sinne des Wortes wieder einmal „kotzübel."**
Sie lag mit den typischen Erscheinungen einer Alkoholvergiftung und Entzugserscheinungen im Bett, war völlig unfähig aufzustehen.
Daraufhin zog Manuel seine Wanderkleidung an, setzte sich frustriert in sein Auto und fuhr nun allein in die Berge.

Die Kraft der Berge
Und je höher Manuel kam, desto mehr erfüllte ihn, was jeder Bergwanderer hier sucht: **Die Kraft und die Ruhe der Berge und der Bergwälder, das Rauschen des Windes in den Wipfeln, der feine Duft vom Harz der Bäume und die tiefe Ruhe und der Frieden der Berge, welche der Seele so guttun.**

Fragen!
Für den gläubigen Manuel heißt das auch: Gott nahe sein.
„Gott", so fragte Manuel, *„Warum ist Simone nur so kompliziert? Warum sieht sie in allem immer nur das Schlechte? Warum kann ich ihr nichts recht machen? Warum säuft diese Frau nur so? Gott, warum hast Du uns zusammengeführt? Gott, was ist der Sinn dieser Beziehung?"* Wieder stellte sich Manuel „DIE" Frage in Bezug auf Simone, die er sich schon so oft gestellt hatte:

Nach ca. 3 Stunden Aufstieg, setzte er sich auf einer Almwiese unter eine große, schattige Föhre. Um ihn herum war wunderbare Ruhe, mit einer traumhaften Aussicht ins weite Land, auch auf die in der Ferne liegenden Berge. Er holte aus seinem Rucksack seine kleine Taschenbibel heraus, blätterte darin, schlug einfach eine Seite auf und er las:

„Wenn Dein Bruder hungert, dann gib ihm zu essen. Wenn ihn dürstet, dann gib ihm zu trinken".

Oh je! Manuel nahm diesen Satz sehr ernst. Er fragte sich: *„Ja was soll er denn noch alles für Simone tun?"*

Teil 6 – Kapitel 7

Er dachte über diesen Bibelspruch nach: Deshalb schickte er Simone beim Hinuntergehen vom Berg eine sms, in der er vorsichtig anfragt:

„Liebe Simone: Hättest Du Lust, dass wir uns heute noch sehen? Aber nur wenn Du nichts getrunken hast".
Und Simone antwortete nach längerer Zeit: *„Dann leb wohl, Du meine Liebe. Ich habe Dich einmal sehr geliebt. "*

Nun wusste Manuel, dass Simone natürlich wieder getrunken hatte, wenn sie nicht sogar (noch) betrunken war. Es war einfach zum Verrücktwerden. Wieder einmal fiel ihm

Monika ein, mit der hätte er diesen Tag zusammen prächtig genießen können.

Simone wollte heute nicht mit Manuel zusammen sein. Stattdessen ging sie zu einer Freundin, zu einer feucht fröhlichen Garten – Grillparty, wo sie erst einmal ein/zwei Gläser Wein trank, damit es ihr endlich wieder „besser" ging. Irgendwann, nach Mitternacht, klingelte bei Manuel das Telefon.

Simones Stimme faselte wieder dummes Zeug und sie erzählte ihm, lallend und lachend von ihren Erlebnissen auf der Party, als wenn zwischen ihnen alles in bester Ordnung wäre.

Zukunft mit Simone?
Manuel schüttelt nur den Kopf, wenn er an Simones Sauferei dachte. Erst die Sache wegen seiner Tochter und der Ex – Frau, dann letzten Freitag, Samstag und Sonntag immer wieder der Alkohol. Wo soll denn das nur hinführen?

Am Freitag war dann sein Ärger völlig verraucht, sodass er Simone eine sms sandte und fragte: *Hallo Simone, wie geht es Dir?*

Nicht lange darauf bekam er die Antwort: *Schau einmal in die E-Mail, Simone*

Und da stand zu lesen:

Lieber Manuel

In der letzten Zeit höre ich von Dir nur noch Vorwürfe. ICH bin immer an allem schuld und ICH habe immer alles falsch gemacht. Aber einer allein kann NIE schuld sein. Ja, ich weiß, der Alkohol stört und ich möchte das auch ändern, wirklich, für mich, für Dich, für uns. Ich weiß, ich habe in der letzten Zeit zu viel getrunken.

Also wirf mich nicht weg. Ich möchte nicht immer das Gefühl haben, nichts wert zu sein und nicht geliebt zu werden.

Ich wiederhole hier noch einmal: Ich liebe Dich wirklich von ganzem Herzen und ich möchte mit Dir zusammen sein. Ich verspreche Dir, alles daran zu setzen, dass ich aufhören werde zu trinken, denn ich möchte Dich nicht verlieren.

Alles Liebe Simone

Manuel freute sich zwar über diese E- Mail von Simone, insbesondere über ihren letzten Satz. Aber in ihm waren doch starke Zweifel, ob sie das wohl ein- bzw. durchhalten würde, denn versprochen hatte sie schon viel. Andererseits war er voll Hoffnungen, dass sie endlich mit dem Alkohol aufhören möchte, sodass er sie nach einiger Zeit anrief.

Bald stand sie wieder vor seiner Tür und sie erlebten Stunden voller Harmonie.

Weil dieses Wochenende und auch die Tage danach endlich harmonisch zwischen ihnen verliefen, Simone anscheinend wirklich mit dem Alkohol aufhören will, war Manuel voller Hoffnung. Deshalb getraute er sich nun, in die Zukunft zu blicken.

„Vielleicht wäre genau das die richtige Lösung"
Er stellte sich vor: Wenn sie zusammen leben würden, dann wäre Simone ja nicht mehr allein. So würde sie auch Ordnung und Stabilität finden und wahrscheinlich auch ihr Trinkverhalten verändern.
Zur Sicherheit besprach er seine Gedanken mit seiner Therapeutin. Diese meinte: _„Sicher, es würde sehr wahrscheinlich zu Beginn schwierig werden, **aber wenn man nicht den Mut habe es auszuprobieren, dann würde man es auch nie wissen."**_

Wenn seine Liebe zu der Frau mit dem Alkoholproblem groß genug sei, vielleicht, wäre das genau die richtige Lösung für das gesamte Problem. Sie fände unter seiner Liebe und Ordnung endlich zur inneren Ruhe und sie käme vielleicht so vom Alkohol weg.

Es sei ein Weg, ein Weg von vielen Möglichen. Aber wenn man nicht den Mut habe es auszuprobieren, dann würde man es auch nie wissen.

Ein Vorschlag für das Leben
Der kommende Freitag war ein warmer Sommertag, sodass Manuel mit Simone noch abends eine kleine Fahrradtour zu einer bekannten italienischen Gelateria machte.
In der Zwischenzeit hat sich Manuel die Sache mit der gemeinsamen Zukunft genau überlegt. Er sah ja auch, dass Simone immer dann trank, wenn sie allein war. Also hatte er heute eine ganz besondere Überraschung für sie bereit, auf die er sich schon so richtig freute.

Bei Cappuccino und Eisbecher nahm er ihre Hand, schaute ihr in die Augen und machte ihr voller innerer Freude folgenden Vorschlag:

„Simone, Du weißt ja, dass ich Dich sehr mag und ich finde es überhaupt nicht gut, wenn wir noch weiterhin so eine Wochenendbeziehung führen.

Also, ich habe mir Folgendes überlegt: Wenn Du möchtest, dann würde ich mich sehr freuen, wenn Du zu mir ziehen würdest. So wären wir beide nicht mehr allein. Du könntest Deine Miete sparen, Dich am Nachmittag noch ein bisschen um den Haushalt kümmern, bis ich aus der Werkstatt komme. So wären wir jeden Abend und an den Wochenenden zusammen. Wenn das gut geht, dann könnten wir in Zukunft sogar über mehr nachdenken."

…und Manuel sah gespannt auf Simones Gesicht, wie sie seinen Vorschlag aufnehmen würde.

„Nur nicht abhängig sein"

Manuels Vorschlag traf Simone völlig unerwartet. Panik stieg sofort in ihr hoch. Sie schaute betroffen, lange und ernst vor sich hin, meinte schließlich stotternd, dass das ja alles sehr überraschend käme und sie es sich überlegen wollte, denn ihre ersten Gedanken waren:

„Nur nicht meine Freiheit aufgeben. Nur nicht von einem Mann abhängig sein und kontrolliert werden", Gedanken, von denen sie natürlich Manuel nichts sagte.

Als Manuel Simones gequältes Gesicht sah, war es in seiner Seele wie bei dem kleinen Kind, dem gerade der schö-

222

ne, rote Luftballon geplatzt ist, mit dem es bisher so viel Freude hatte. Sicher, Jubelschreie hatte er nicht erwartet, aber nun das... Er schluckte seine Enttäuschung hinunter und sagte zu Simone: *„Klar, nimm Dir die Zeit, die Du brauchst und denk einmal in Ruhe darüber nach."* Und ihm war klar, nein, das möchte Simone nicht.

Teil 6 – Kapitel 8

Italienische Nacht
Ein Plakat im Fenster der Gelateria verkündete, dass morgen, am Samstagabend, im alten Schloss vor der Stadt, eine italienische Nacht stattfinden soll, mit italienischen Speisen, Weinen, Spezialitäten, Musik, Tanz, Feuerwerk. Somit war klar, dass sie morgen Abend dort hingehen würden und beide freuten sich darauf.

Nach diesem misslungenen „Antrag in Richtung einer gemeinsamen Zukunft", war die Stimmung zwischen beiden auf der Rückfahrt zu Manuels Haus, ziemlich bedrückt. Am Samstag gingen sie einkaufen. Zum Mittagessen zeigte Manuel wieder einmal, was er in der Küche zaubern kann. Nach dem Essen fuhr Simone zu sich heim, um sich für den Abend umzuziehen und zurechtzumachen. Manuel nahm ihr das Versprechen ab, aber ja nichts zu trinken, was Simone fast beleidigt quittierte.

„Mensch Manuel", **sagte Simone,** *„Ich weiß doch, dass Dich das stört und ich will doch auch aufhören zu trinken. Außerdem möchte ich mit Dir den Abend und das Wochenende und noch viele Nächte in Deinem Arm verbrin-*

gen", meinte sie mit Augenaufschlag, ehe sie in ihren Wagen stieg.

Sie versprach um 17.00 Uhr wieder voll gestylt bei Manuel zu sein. Aus dem geöffneten Fenster rief sie: *„Ich freue mich auf den heutigen Abend und auf Dich"*... und weg war sie und Manuel war beruhigt.

Wieder abgestürzt

Als sie nach 17.00 Uhr immer noch nicht da war, wurde Manuel unruhig. Voll unguter Vorahnungen rief er immer wieder bei ihr an, Festnetz und Handy.

Um 18.00 Uhr bekam er sie endlich (Gott sei Dank!) ans Telefon, aber nur um zu hören, dass Simone nur noch faselte und lallte.

Ja, sie war sogar so betrunken, dass sie gar nicht wusste, warum Manuel überhaupt anruft. Simone muss in der kurzen Zeit, wo sie bei sich daheim war, sehr schnell und sehr viel getrunken haben.
So wie sie daher faselte, sie sich an nichts erinnern konnte, das waren mindestens 2 - 3 Promille Alkohol in kürzester Zeit, noch dazu für Simone, die Alkohol gewohnt war.

Sie erzählte ihm lallend, dass sie gerade von den Nachbarn komme, die anlässlich des Führerscheins der Tochter eine tolle Party feiern, dass sie den und den getroffen habe.

Es war kein Wort davon, keine Erinnerung daran da, dass sie zum Umziehen heimgefahren war, sie jetzt zur

italienischen Nacht fahren wollten usw. Sie redete mit ihm, wie mit einem Bekannten, dem sie etwas erzählt.

Manuel hatte sich so auf Simone und diesen Abend gefreut. Wütend, enttäuscht und völlig frustriert unterbrach er die Telefonverbindung.

So unberechenbar ist die Welt der Alkoholiker. Noch vor ein paar Stunden war Simone nüchtern, liebevoll und voller Optimismus, und sie hatte Stein und Bein darauf geschworen, nichts zu trinken.

Aber dann, in ihrer alten Trinkerumgebung, auf der Party der Nachbarn, da wird ihr Alkohol angeboten. Es meldet sich sofort ihr Alkohol-Gedächtnis und ihre Trink-Sucht.
Ihr triebhaftes, unbefriedigtes und unvernünftiges Kind, möchte sofort nur noch eines: gierig und triebhaft seine Bedürfnisse befriedigen, also trinken, trinken, trinken.

Manuels Vertrauen zu Simone war nun restlos zerstört. Er hatte solche Hoffnungen gehabt, dass sie endlich mit dem Trinken aufhören würde und er mit ihr zusammen leben konnte.

Dreiecksbeziehung

- Ja, Manuel sah ein, er hatte sich viel zu früh gefreut,
- Sich zu große Illusionen gemacht.
- Er sah: Ihre Beziehung, das war von Anfang an eine Dreiecksbeziehung.

„Ich + Simone + ihr geliebter Alkohol"

Er verstand: So wie die Dinge jetzt standen, hätte er Simone NIE für sich allein. Vielleicht würde er sie in der Zukunft auch nie für sich haben.
Sie hatte ja immer ihren Freund, Tröster und Problemlöser dabei. Manuel erkannte:

Ihr wahrer Freund und Begleiter war nicht Manuel, das war der Alkohol.

Und es war ihm - in diesem Moment - so klar wie noch nie, dass er mit Simone NIE eine richtige Beziehung haben könne, solange immer noch der DRITTE im Bunde dabei war,

IHR wahrer Partner heißt nämlich Alkohol.

Teil 6 - Kapitel 9

Traurige italienische Nacht
Weil er nicht allein daheim vor dem Fernsehapparat sitzen wollte, fuhr Manuel nun verärgert, verletzt und traurig zu der italienischen Nacht, zum alten Schloss vor der Stadt, zu der er so gern mit Simone gegangen wäre. Der Abend war ideal. Lau, schöne Musik, tolles Buffet.

Aber er bemerkte bald, es war ein großer Fehler, hierher zu kommen. Er beobachtete voller Wehmut die anderen Paare, wie sie miteinander redeten, lachten, sich anschauten, mit-

einander schmusten, wie sie tanzten und sich gut verstanden.

So hätte das auch alles mit Simone sein können, dachte er
traurig.

„Nun ist aber Schluss"

„Wie oft soll ich das noch erleben", fragte er sich. *„Nein, ich
will das nicht mehr und nun ist aber Schluss"* und er setzte
sich an seinen Computer und schrieb Simone wieder einmal
eine E-Mail:

6. E-Mail

Liebe Simone

*Nach dem eindringlichen Versprechen in Deiner letzten E-Mail,
nichts mehr zu trinken, hatte ich gehofft, Du würdest das auch
einhalten.*

*Nun bist Du wieder so richtig betrunken, oder besser besoffen.
Deshalb bin ich schwer von Dir enttäuscht. Wie oft im letzten
halben Jahr hast Du mir versprochen nicht mehr zu trinken...
und wie oft hast Du dieses Versprechen gebrochen?*

*Es ist keine Woche im letzten halben Jahr vergangen, wo Du
nicht wenigstens 1 oder 2x getrunken hast.*

*Und deshalb möchte ich mit Dir NICHT mehr zusammen sein.
Ich ertrage es einfach nicht mehr, dich immer wieder angetrunken, betrunken oder danach in Deinen Zusammenbrüchen zu
erleben.*

Mach´s gut, Manuel

… und als er diese E-Mail an Simone abschickte, da war sein Ärger verraucht und Trauer in seinem Herzen.

„Feuerwasser", nannten die Indianer den Alkohol, der sie in Degeneration, asoziale Abhängigkeit, körperliche und geistige Zerstörungen und in den Strudel aller westlichen Krankheiten gebracht hat.

Teil 7

„Liebe ist:
wenn man Ruhe und Frieden
im Herzen
und im Leben
des anderen finden kann."

Co-Abhängigkeit: Beziehungen zwischen Liebe und Leid

Partner bzw. Partnerinnen, die mit Alkoholkranken zusammen leben, haben sich oft ein schweres Schicksal gewählt. Sie nehmen durch das Zusammenleben mit dem Alkoholiker(in) sehr viel psychosoziales Leid und oft auch enormes persönliches Seelenleid auf sich.

Irgendwann stehen die Partner (wie hier zum Beispiel Manuel) der Sucht ihres Alkohol trinkenden Partners(in) hilflos gegenüber. Sie wollen dem/der anderen helfen (aus Liebe, Verantwortungsgefühl, Scham), aber sie müssen immer wieder erleben, dass das fast nicht möglich ist. Deshalb übernehmen sie für den Alkoholpartner immer mehr Verantwortung, erledigen seine/ihre Sachen, kümmern sich um des anderen Leben usw.

Der Alkoholiker selbst, bemerkt meist von all den Bemühungen seines Partners(in) überhaupt nichts davon, was ihn/sie auch gar nicht interessiert. Er/sie lebt oft betrunken auf seiner „Insel der Seligen", in seiner kranken Sucht-Fluchtwelt.

Ganz im Gegenteil: dem Alkoholpartner ist diese Fürsorge und Aufmerksamkeit seines Partner(in) lästig. Er/sie möchte nur eines: nicht immer erinnert, gemahnt usw. werden.

Aber, wer soll denn das sonst tun, was zu den Pflichten des Lebens gehört. So übernehmen Partner bzw. Partnerinnen von Alkoholikern immer mehr Pflichten und Verantwortung. Sie geraten im Alkoholsystem des Trinkers(in) in einen Strudel, in eine Art Abhängigkeitsverhältnis. So werden sie zu einem so genannten Co-Abhängigen. Denn: für den nüchternen Partner(in) ist es sehr schwer zusehen zu müssen, wie der Alkohol - im Lauf der Zeit:

- **den Partner(in) immer mehr in seinem Wesen verändert...**
- **die Gesundheit des Partners (in) immer mehr zerstört...**
- **die Beziehung zum Partner(in), zu Kindern, Umwelt zerstört...**
- **am Ende alles zerstören kann.**

Aber Liebe, Bindungen, Scham, Verantwortungsgefühl und insbesondere die Hoffnung, dass doch am Ende noch alles gut wird, das sind seltsam bindende Kräfte.

Das Deprimierende ist die Tatsache, dass Co-abhängige Partner (innen) die bittere Erfahrung machen müssen, dass sie ihrem suchtkranken Partner(in) einfach nicht helfen können, auch weil der/die jede Form von Hilfe ablehnt, ja nie akzeptieren würde, dass er/sie krank ist und dringend Hilfe brauchen würde.

Co-Abhängigkeit: Wie kann das alles möglich sein?
Immer wieder ist Manuel auf der Suche nach der Frage, was im Leben von Simone überhaupt noch stimmig ist? Wie weit kann ich Simone überhaupt noch vertrauen?

Denn seine Erfahrung zeigt: Durch die ständigen Auseinandersetzungen wegen des Alkohols, entstand immer wieder Sturmflut in der Beziehung, auch durch das ständige Erleben von Lügen, Demütigungen, Enttäuschung, wenn Simone in ihrem - durch die Alkohol-Gifte „vernebelten" Kopf - wieder einmal Dinge gesagt und getan hat, die immer wieder aufs Neue die Seele von Manuel verletzt haben.

All das hinterlässt in jedem Co – Abhängigen Partner(in) tiefe Wunden, die schwerlich vergessen, noch verziehen werden können.

Abwehr:

Typisch für Alkoholiker ist aber: Simone – wenn sie wieder nüchtern ist – möchte von alledem, was sie unter Alkohol gesagt oder getan hat, nichts wissen. Ja, meistens wird sogar alles abgewehrt, bagatellisiert, Schuld zurückgewiesen, oder so getan, als sei doch gar nichts geschehen = (Schattenabwehr).

Oder noch schlimmer: Manuel wird von Simone wütend beschimpft und als Lügner hingestellt, weil er sie ja angeblich nur „schlecht machen" will. Simone ist raffiniert und intelligent:

Neuerdings dreht sie sogar den Spieß um und klopft esoterische Sprüche:

- *„Du solltest einmal darüber nachdenken, was bei Dir nicht stimmt, denn Du hast mich ja schließlich ausgesucht.*
- *Mein Alkoholismus hilft Dir etwas zu lernen.*
- *Wenn Du Dich ärgerst, solltest Du darüber nachdenken, was das alles mit Dir, Deiner Kindheit und Deinem Elternhaus zu tun hat.*
- *Also brauchst Du diese Erfahrungen zum geistigen Wachsen und Reifen."*

Co-Abhängige: Ein Leben zwischen Hoffnung und Enttäuschung

Und trotzdem gab es natürlich auch in der Beziehung zwischen Simone und Manuel immer wieder schöne Zeiten. Insbesondere dann, wenn Simone nur „leicht angeheitert" oder besser, wenn sie endlich einmal eine Zeitlang nüchtern war. Was in Manuel immer wieder aufs Neue Hoffnung entstehen ließ, jetzt sei das Trinken endlich vorbei.

Co-Abhängigkeit: Bittere Einsicht

Nach all den Erfahrungen mit Simone, ist Manuel nun an einem Punkt angekommen, wo er ausgebrannt und völlig desillusioniert ist.
Er steht vor der bitteren Einsicht, dass es trotz 1000 guter Versuche, trotz endlosen Redens, trotz zahlloser Auseinandersetzungen mit Schimpfen, Tränen und ständigen Hoffens auf Besserung, nicht möglich war, die alkoholabhängigen Simone auch nur einen Schritt dazu zu bewegen, nicht mehr zu trinken oder sie gar aus der Alkohol - Sucht heraus zu bringen.

Was aber seine Beziehung zu Simone bis zum letzten Moment immer noch hält, ist seine Liebe oder vielleicht noch besser sein starkes Verantwortungsgefühl zu ihr, sicher auch sein Glaube, der immer sagt:

„Du kannst einen Menschen, der zu Dir geführt wurde, der Dich nun in seiner Alkoholkrankheit braucht, nicht allein lassen. Du musst ihr helfen."

Dieses Verantwortungsgefühl, bis zum letzten Moment helfen zu wollen, ist typisch für viele Co-abhängige Partner von Alkoholikern, die immer noch festhalten, auch wenn sie aufgrund jahrelanger Erfahrungen schon lange einsehen, dass es hoffnungslos ist.

Co-abhängige Partner schmeißen nicht leichtfertig hin
Von der ersten großen Liebe bis zu diesem Punkt war es für Manuel ein sehr weiter Weg. (Andere machen das oft Jahrzehnte lang mit).

Die Erfahrung zeigt:
Co- abhängige Partner schmeißen nicht leichtfertig die Beziehung zu ihrem Alkohol – Partner hin (wie man das oft schnell einmal in „normalen" Beziehungen erleben kann).
Co- abhängige Partner kämpfen diesen Kampf gegen die Alkoholsucht des Partners solange, bis es wirklich nicht mehr weiter geht.
Aber, wie der Alkoholiker selbst, so verlieren auch sie irgendwann diesen jahrelangen, kräftezehrenden Kampf gegen diesen mächtigen Dämon: Alkohol.

Es ist oft wie ein Horrorszenario
Wer das alles nicht glauben möchte, der sollte einmal zum Beispiel zu den AA (Anonyme Alkoholikern) gehen. Diese haben deshalb Selbsterfahrungsgruppen: Die Betroffenen selbst und die Partner der Betroffenen, die Co- Abhängigen (Al-Alon).
Es reicht, sich einige Abende hier herzusetzen und zuzuhören, was die Partner(innen) so mit ihren Alkohol Partnern erleben. Das ist oft ein Horrorszenario. Und ich frage mich

manchmal: *„Wo bringen diese Co-Abhängigen die Kraft her, das alles so lange zu ertragen und mitzumachen?"*

- Ich erlebe in meiner Praxis auch Co-Abhängige, die aufgrund der jahrelangen Vorkommnisse und Auseinandersetzungen völlig ausgebrannt sind und die aufgegeben haben, die aber trotzdem – aus welchen Gründen auch immer – keine Trennung möchten.
- Manche von ihnen sind depressiv, voll von hilflosem Frust, von Ohnmacht, Wut, Angst, Zorn auf den Alkohol trinkenden Partner, sodass sie nun selbst krank sind.
- Andere müssen Psychopharmaka einnehmen, um ihr Leben mit dem trinkenden Partner ertragen zu können.
- Manche Partnerschaften mit Alkoholikern sind allerdings so zerrüttet, dass Trennung die einzige Möglichkeit ist, nicht im Alkoholsystem des Partners mit unterzugehen. Das kann für beide Teile sehr heilsam sein!
- Es gibt aber auch Co-Abhängige, die versuchen dieses Leben dadurch zu schaffen, dass sie sich die Kraft durch Spiritualität und Glauben holen.

Mahnungen gegen falsche Hoffnung
Manuels Freund Andreas, die Gruppenmitglieder mit entsprechenden Alkoholiker- Erfahrungen und seine Therapeutin, alle hatten Manuel vor dem Alkoholismus seiner Freundin Simone gewarnt. Alle haben recht behalten.
Wie sagte der türkische Arzt:

„Uns Mohammedanern hat unser Prophet Mohammed das Trinken ausdrücklich verboten, denn Mohammed wusste schon vor 1500 Jahren, dass der Alkohol den Menschen, Beziehungen und Familien zerstört.
Alkohol verbindet die Menschen mit dem Teufel, sagt Mohammed.
„Wer Alkohol trinkt, ist nicht mehr sich selbst."

Für Mohammed war Alkohol trinken ein Abwenden von Gott und damit eine schwere Sünde.
Wenn diese Frau bei ihrem Alkohol bleiben möchte, so trennen SIE ihren Weg von dem Weg dieser Frau und gehen SIE IHREN Weg allein weiter."

Teil 7 - Kapitel 2

Internet-Forum, für Alkoholiker und Angehörige
Seit drei Wochen, hat Manuel nichts mehr von Simone gehört, außer einer sms, in der sie ihm schrieb: *„Dann leb nun wohl, Du Liebe meines Lebens."*

Obwohl sich Manuel von Simone verabschiedet hatte, war er immer wieder mit seinen Gedanken bei ihr. Er spürte: Sie fehlte ihm immer noch. Oft musste er an sie denken und aufgrund der Alkohol-Erfahrungen mit Vater und Mutter machte er sich Sorgen um sie.
Er war immer noch zerrissen zwischen diesen beiden Polen: Ihre Liebe, (die ihm ja eigentlich so gut tat) und dem Alkohol (den er so verabscheute).

Es war wie Himmel und Hölle – wie Feuer und Wasser – wie Liebe und Leid.

Er las nun viel über Alkoholismus und Suchtkrankheit im Internet, bis er auf die Foren der großen Beratungsstellen der **AA, Blaues Kreuz, Kreuzbund** usw. stieß.

Hier, in diesen Foren, wo betroffene Alkoholiker und Angehörige Fragen stellen, Erfahrungen schilderten, sich austauschten und professionellen Rat bekamen, hier las er viele Beiträge.
Er fühlte sich als Betroffener in allem bestätigt, was ihm Rat, Trost und Bestätigung gab, richtig gehandelt zu haben.

Eines Abends, schrieb er selbst Hilfe suchend in dieses Forum:

Hallo Ihr Lieben, ich benötige Euren Rat.
Ich kenne – und liebe - seit fast einem Jahr eine (wenn sie nüchtern ist sehr liebe) Frau, die soweit ich weiß, seit ca 25 Jahren ein Alkoholproblem hat. Ich habe das zwar von Anfang an gewusst, aber ich habe mir nicht vorstellen können, was das in der Praxis bedeutet.
Schon nach 3 Monaten unseres Kennens wollte ich mich das erste Mal von ihr trennen, denn ich habe sie oft betrunken und pöbelnd erlebt.

Sie hat mich nie zu sich eingeladen und einmal stand ich plötzlich vor ihrer Tür. Was ich sah, habe ich erst einmal

verdauen müssen. Ihre Wohnung sah wie ein Schweinestall aus, völlig zugemüllt.

Ich bin angeekelt sofort gegangen. Aber wenn sie nüchtern ist, ist sie die sauberste Frau von der Welt, die sich
penibel wäscht, pflegt und kleidet.

Wenn sie getrunken hat, dann erlebe ich, dass sie alles
verdreht, selbstgerecht, anzüglich, weinerlich oder voll Aggression ist, mich beschimpft, mich immer zum Schuldigen macht, mich als ein riesiges und großes Arschloch
beschimpft.

Oft riecht sie fürchterlich nach Alkohol aus dem Mund
oder dünstet diesen über den Körper aus. Zeitweise habe
ich Ihre Zusammenbrüche erlebt, wenn Sie nach zu viel
Alkohol nur noch zitternd, mit hohem Puls und zu schneller Herzfrequenz völlig unfähig für das Leben im Bett
lag.

In solchen Phasen versprach sie dann alles zu ändern und
nicht mehr zu trinken.

Aber kaum ging es ihr besser, dann wehrt sie es massiv
ab, Alkoholikerin zu sein, oder gar zum Entzug in eine
Klinik zu gehen. Und wenn sie getrunken hatte, verleug-
net sie alles und belügt mich nach Strich und Faden.

Stattdessen versucht sie immer wieder mir einzureden,
dass ich schuld daran bin, dass sie trinken muss, wenn

sie sich einsam fühlt, Ärger im Büro, mit dem Chef, ihrem Vater oder angeblich mit mir hatte.

Da ich sie sehr mag, verstehe ich ihre Depressivität - vielleicht auch ein bisschen ihr Trinken - auf dem Hintergrund ihrer lieblosen Kindheit. Und so gebe ich ihr immer wieder neue Chancen, doch endlich mit dem Trinken aufzuhören (was sie mir schon 1000 x versprochen hat) denn ich möchte ihr helfen und nicht wehtun. Da ich sie mag, versuche ich immer wieder für sie da zu sein und sie zu verwöhnen.

Jetzt aber ich bin ich an einem Punkt angekommen, dass es für mich keine Aussicht gibt, dass das je besser wird. Und ehrlich... ich kann auch nicht mehr.

Ich möchte diese Beziehung – dieses Leid ohne Ende – beenden, auch weil meine Liebe zu ihr sehr wackelig geworden ist.

Was sagt Ihr als Fachleute dazu? Ist es wirklich Erpressung von mir, wenn ich nach all den schlimmen Alkohol-Erlebnissen sage: entweder endlich Partnerschaft ohne Alkohol, oder Dein Alkohol, - aber dann ohne mich?

Ich bin wirklich verzweifelt! Vielleicht möchte mir irgendjemand schreiben.

Herzlichst Manuel

....

Hallo Manuel

In deiner Beschreibung wird klar, wie der Alkoholkonsum deiner Partnerin nach und nach eure Beziehung zerstört. Denn die Folgen des Konsums sind Unberechenbarkeit, Lügen und Vorwürfe, sowie auf deiner Seite Angst und Misstrauen. Ich vermute, dass sie keine Kraft hat, sich selbst von ihrer Sucht zu befreien und somit professionelle Hilfe dringend nötig hat. Leider ist es häufig so, dass derjenige oft erst dazu in der Lage ist in Behandlung zu gehen, wenn man ihn vor die Wahl stellt. Bei einigen hilft das aber auch nicht, dann bleibt nur noch die Trennung. Das ist überhaupt keine Erpressung, sondern Selbstschutz!

Denn: wenn sie beschlossen hat ihr Leben zu zerstören, so heißt das noch lange nicht, dass du mit ihr untergehen musst.

Aus meiner Sicht bleibt nur: Stelle ihr ein Ultimatum, einen Termin bei einer Beratungsstelle oder dem Hausarzt auszumachen und ziehe daraus entsprechende Konsequenzen, wenn sie es nicht tut. Ich wünsche dir dafür viel Kraft!

Liebe Grüsse XXX (Berater)

....

Hallo, hier ist Maria.

Ich finde es toll, dass du dich bei diesem Forum gemeldet hast. Mir persönlich hat der Austausch mit Personen in einer ähnlichen Situation und den Experten sehr viel Kraft gegeben, und mich davor bewahrt mich selbst aufzugeben in dem mich der Alkoholismus meines Partners zum Zentrum all meines Denkens und Handelns macht.

Beim Lesen deines Beitrags ist mir aufgefallen, dass du dir der Situation sehr bewusst bist und diese mit offenen Augen analysierst. Das ist nicht einfach und erfordert viel Mut und Stärke, denn ich weiß, wie weh das tut.

Aber weißt du: <u>Jeder (Erwachsene) Mensch ist für sich selbst verantwortlich</u>. Denk einmal darüber nach, mit wie vielen schwierigen, stressigen Situationen - jetzt einmal ganz abgesehen von deiner Beziehung-, du selbst im täglichen Leben bewältigen musst. Du schaffst das, ohne auf so ein „Hilfsmittel" wie Alkohol zurückzugreifen. Weil jeder von uns die Werkzeuge hat mit solchen Dingen umzugehen und daran zu wachsen und sich zu entwickeln.

Es liegt nicht in deiner Verantwortung - deine Partnerin zu retten.

Das muss sie schon selbst tun.

Es gibt viele Fach- und Alkohol Beratungsstellen und Fachleute dazu, die Ihr zeigen können wie.

Betreffend deiner Forderung entweder eine Beziehung ohne Alkohol oder gar keine mehr. Genau diese Forderung hat meinen Mann dazu gebracht sich in Behandlung zu begeben.

<u>*Das ist doch keine Erpressung! Du zeigst hier deine Bedürfnisse, deine Grenzen. Und dafür musst Du kein schlechtes Gewissen haben.*</u>

Ich wünsche dir viel Kraft, viel Konsequenz und schreib doch mal wieder!!

Ps: Ich lese auch oft die Beiträge von direkt Betroffenen, es hilft mir, vieles viel besser zu verstehen.

Lieben Gruß von Maria

Teil 7 – Kapitel 3

„Ich bringe mich jetzt um"

Zwischen Manuel und Simone herrschte nun seit Wochen Funkstille. Hie und da fand Manuel auf seinem Handy eine sms von Simone, in der sie immer die gleichen Dinge schrieb, wie:

„Leb wohl, Du meine Liebe", oder „Ich habe Dich einmal geliebt", oder „werde glücklich mit ihr", oder „ich sterbe" und ähnlich seltsame Dinge mehr. Diese sms waren für Manuel klar, sie hatte wohl bei jeder dieser sms wieder getrunken.

„Du kannst mich ja mal auf dem Friedhof besuchen"

Anfang September war Manuel für zwei Tage - Mittwoch und Donnerstag - auf einer Messe in Frankfurt. Donnerstagnacht, so gegen 3.00 Uhr, riss ihn das Klingeln seines Handys aus dem Schlaf. Simone war es.

Er hörte sofort, dass sie wieder betrunken war. *„So"*, lallte sie ins Telefon, *„alles ist vorbereitet. Ich sitze jetzt in der Badewanne und die ist schön voll mit Wasser. Neben mir liegt die Rasierklinge und ich werde mir jetzt die Pulsadern aufschneiden. Leb wohl Du meine Liebe. Ich habe Dich sehr geliebt, nein ich liebe Dich immer noch. Dann bist Du endlich wieder für Deine Ex- Frau und Deine anderen Tussis frei. Du kannst mich ja mal auf dem Friedhof besuchen"*, knack und sie hatte aufgelegt.

Notruf der Polizei
Manuel war sofort hell wach und sagte: *„Ja, spinnt denn die jetzt ganz"*. Verunsichert rief er sofort wieder bei Simone an, die sich aber nicht mehr meldete, auch nicht auf ihrem Handy.
Jetzt wurde es Manuel mulmig. *„Klar, die ist wieder betrunken"*, dachte er, *„und die redet betrunken ja oft solchen Müll durcheinander. Aber was ist, wenn das stimmt?"*

Also rief Manuel beim Notruf der Polizei an und schilderte den angekündigten Selbstmord von Simone, sagte alle Daten durch und bat darum, dass ein Polizeiwagen, eventuell Notarzt zur Wohnung von Simone fahren sollten, was auch von Seiten der Polizei sofort veranlasst wurde.

Manuel saß nun hellwach in dem Hotelzimmer wie auf Kohlen. Alle möglichen Bilder und Szenarien zogen an ihm vorbei. Natürlich sagte er sich immer wieder, dass

besoffene Hunde oft nur laut bellen, aber nicht beißen. Aber bei dieser betrunkenen Frau kann man ja nie wissen.

Gegen 4.30 Uhr klingelte wieder sein Telefon. Die Polizei war es. Ja, zwei Beamte seien sofort zu Simone gefahren. Auf ihr eindringliches Läuten hin, habe ihnen eine völlig betrunkene Frau nackt geöffnet.

Diese sei, in einer total vermüllten Wohnung zu ihrem Bett gewankt und habe sich auf ihr Bett gesetzt, um sich herum eine Batterie leerer Wein- und anderer Flaschen. Dann wollte sie den Beamten erst einmal ein Glas Wein anbieten.
„Von Selbstmord wisse sie gar nichts, das habe ihr ehemaliger Partner nur erfunden, um sie schlecht zu machen. Man könne ja mal was trinken und ein bisschen angetrunken und lustig sein", soll sie gesagt haben.

Und nachdem sich die Beamten überzeugt hatten, dass im Moment keine Selbstmordgefahr bestand, seien sie wieder gefahren, so die Aussage des Polizisten am Telefon.

Nach einiger Zeit ging Simone wieder ans Telefon und sie hörte sich die Vorwürfe von Manuel an. Sie fand es klasse und lachte viel dabei, meinte, dass er, wenn er schon nicht für sie da war, dafür gesorgt habe, dass man sich sogar von Seiten der Polizei so exklusiv um sie kümmere.
Manuel ärgerte sich über die Polizei. Er hatte gehofft, dass man Simone, betrunken wie sie war, aufgrund ihres angekündigten Selbstmordes mitnimmt und sie sofort in eine psychiatrische, oder andere Klinik einweist. Damit ihr end-

lich einmal ihre Lage als Alkoholikerin klar würde. Aber gut, das war nicht.

Und der Erfolg: Simone hatte sogar noch Oberwasser und sie konnte Manuel für seinen Einsatz und seine Sorgen verspotten, ihn auch übel beschimpfen, weil natürlich das ganze Haus mitbekommen habe, dass die Polizei in der Nacht bei ihr war... und Manuel war wieder einmal stinksauer auf Simone. In jedem Fall, Simone hat wunderbar erreicht, dass sich Manuel wieder um sie kümmert. In der Medizin nennt man so etwas: Krankheitsgewinn!

Teil 7 - Kapitel 4

Ein Säuferwrack
Am Tag darauf, am Freitag, war Manuel wieder in seiner Werkstatt, als er ans Telefon gerufen wurde. Simone war es. Aber jetzt war ihre Stimme schwach und ganz leise. Auch diese Töne kannte Manuel. So redete sie nur, wenn es ihr sehr schlecht ging. Und genau so war es.

Simone fragte Manuel, ob er nicht zu ihr kommen könne, sie habe solche Angst und es ginge ihr so schlecht. *„Na klar, wieder einmal Alkoholzusammenbruch nach dem Saufen"*, dachte er. *„Immer das gleiche, wie bei Vater!"* Er kämpfte mit sich zu ihr zu fahren, einen Notarztwagen zu schicken, oder ihr zu helfen. Am besten wäre es ihr zu sagen, sie sei mit ihrer Sauferei doch selbst schuld und sie solle das nun allein ausbaden.

Aber in Manuels Herz war noch so eine Mischung aus Liebe und Verantwortungsgefühl für Simone. Also gab es kein Nachdenken mehr und er fuhr sofort los.

Völlig vernachlässigt

Nach einigem Klopfen und klingeln öffnete ihm Simone. Sie stand blass, eingefallen und mit tiefen, dunklen Augenringen in der Tür. Sie konnte sich vor lauter Schwäche kaum auf den Beinen halten. *„Um Gotteswillen"*, dachte Manuel, *„die schaut ja aus wie eine alte und kranke Frau. Was ist nur mit der schönen und immer so gepflegten Simone geschehen?"* Manuel war zutiefst erschrocken, sie so zu sehen. Abstürze hatte er bei ihr ja schon einige erlebt, aber diesen schweren Absturz, den hatte er immer befürchtet.

*„**Wahrscheinlich hat sie wieder einmal tagelang nichts gegessen, hat sich völlig vernachlässigt und anstatt zu essen, nur noch Alkohol gesoffen"**, dachte Manuel.*
Genau davor hat sein Heilpraktiker Freund Andreas Simone immer gewarnt. *„Vorsicht, hier lauern bei den Alkoholikern immer die Zusammenbrüche und die Intensivstation"*, sagte er immer.

Simone lag blass - wie das Leiden Christi - in ihrem Bett. Ihr war schrecklich übel. Der ganze Körper zitterte und bebte. Ihr Puls raste und stolperte unregelmäßig. Ihr Blutdruck lag bei 210 zu 135. Manuel, der selbst seit Jahren mit Blutdruckproblemen zu kämpfen hatte, wusste genau:
Das bedeutete Lebensgefahr, Schlaganfallgefahr!

Er schaute sich in der Wohnung von Simone um: *„Ein Schweinestall ist gegen diese unaufgeräumte Müllhalde hier direkt ein Märchenschloss"*, dachte er. *„So hat das hier schon ausgeschaut, als ich sie Silvester das erste Mal besucht habe"…* und die schönen Erinnerungen, die damit verbunden waren, die schluckte er jetzt besser hinunter.

Was ist nur in dieser kurzen Zeit aus der sonst so arroganten, übergepflegten und hübschen Frau geworden? Ein Säuferwrack! Kein Wunder, dass sie so gern bei mir war. Aber mich hat sie ja immer angemacht, wegen meiner Ordnung", dachte er nun grimmig.

Sofort in die Klinik
Dieses Mal ließ Manuel der abgestürzten, alkoholkranken Simone keine Wahl. Denn er war noch sauer wegen der Selbstmordandrohung von gestern Nacht und dass sie ihn danach auch noch wegen seiner Sorgen verspottet hatte. Jetzt war es ernst und er reagierte sofort:
Er zog sein Handy raus und sagte zu Simone: *„Hausarzt, Notarzt oder gleich Krankenhaus?"*

Und dieses Mal ging es der abgestürzten Simone so elend, dass sie kaum mehr Kraft hatte sich zu wehren. *„Nein"*, meinte sie wie immer, *„ja keinen Arzt, das wird schon wieder"* und sie wollte aufstehen.

Und im nächsten Moment brach sie regelrecht zusammen. Kreislaufkollaps, wahrscheinlich auch Unterzucker.

Manuel legte sie wieder ins Bett und er fragte Simone noch einmal laut und bestimmt: *„Hausarzt, Notarzt oder Krankenhaus?"* **Und Simone, der es elend ging, hauchte nur noch Hausarzt, ehe sie sich wieder erbrach.**

Manuel machte mit dem Arzt einen Soforttermin für Simone aus, nachdem er ihm kurz die Situation erklärt hatte.
Simone wollte nicht, dass der Hausarzt in ihre Wohnung kam. Sie knirschte mit den Zähnen, ließ sich aber unter dem bestimmenden Druck von Manuel zu ihrem Hausarzt fahren, wo sie sofort als Notfall behandelte.

Der Arzt machte ein EKG und dabei ein besorgtes Gesicht. Er gab Simone eine Kreislaufinjektion und dann führte er mit ihr ein ernstes Gespräch, soweit sie mit ihrem Restalkohol überhaupt verstand, was der Arzt ihr sagte.

Und nun konnte Simone nicht mehr davonlaufen und dem Arzt alle möglichen Lügen und Ausreden auf die Nase binden, der als Hausarzt ja auch Ihre Familie und deren Alkoholprobleme kannte.

Weil Manuel dabei saß und sie stumm, aber durchdringend anschaute, musste sie dem Arzt nun gestehen: *„Ich habe ein Alkoholproblem"* und sie musste nun erzählen, wie sie in die jetzige Krise gekommen war und wie lange sie schon trinke. Simone war das alles schrecklich peinlich, für Manuel war es Genugtuung, dass sie endlich einmal ihre arrogante Hochnäsigkeit ablegen und Farbe bekennen musste.

Absoluter Risikopatient

„Ah, jetzt wird mir einiges klar", sagte der Arzt. *„Ich habe mich in den letzten Jahren schon einige Male gewundert, woher Ihre seltsamen Blutwerte gekommen sind."* Und schon hatte der Arzt den Telefonhörer in der Hand und machte für Simone einen Termin in einem Krankenhaus zur Kreislaufbehandlung und Entgiftung aus.

Simone protestierte zwar, aber der Arzt meinte mit Nachdruck: *„Seien Sie froh, dass ihr besorgter Freund sie sofort hergebracht hat. Sie sind in diesem Zustand ein absoluter Risikopatient und Sie müssen sofort in eine Klinik."*

Simone schnappte zwar nach Luft, aber unter dem bohrenden Blick von Manuel wusste sie, dass sie dieses Mal verloren hatte.

„So, Sie fahren jetzt heim, packen schnell einige Sachen zusammen, dann holt Sie der Krankenwagen von daheim ab und bringt Sie in eine Spezialklinik", sagte der Arzt (der sich jetzt nicht mehr von Simone verschaukeln ließ).

Wieder daheim bockte Simone wie ein kleines Kind und sie schimpfte fürchterlich mit Manuel, dass sie das nicht wolle. Aber nach einiger Zeit war eine Tasche gepackt und schon klingelten die Fahrer des Krankenwagens und nahmen sie mit.

Was ich hier nun von dieser „Fach-Klinik" berichte, ist wahr.
Das habe ich selbst mit einer Alkohol - Patientin so erlebt:

Klinik: Niemand kümmerte sich um sie...
Nur leider war es Freitag Mittag. Anscheinend hatte das Krankenhaus zu wenig Personal, vielleicht feierten alle Geburtstag oder sie machten gerade einen Betriebsausflug, wer weiß? Die Tatsache war, Simone wurde als Notfallpatient, betrunken und elend wie ihr war, in dieser Spezial-Klinik aufgenommen und von einer Krankenschwester auf der Station eingewiesen.

Sie bekam sogar ein schönes Einzelzimmer, in dem sich ja Alkoholiker - in ihrem Rausch völlig unkontrolliert - nun auch bestens das Leben nehmen könnten. Denn niemand kümmerte sich um sie.

Hätte nun sofort ein Arzt mit Simone ein ernsthaftes Gespräch über Alkoholismus und über ihren Zustand geführt, hätte man sofort mit der Behandlung (Entgiftung) begonnen, dann wäre wohl ab jetzt Simones Leben anders gelaufen.

Denn Simone war gerade in einem schlimmen gesundheitlichen Zustand, wo sie auch bereit war zuzuhören und mitzumachen. Aber so...

Es passierte...NICHTS! Simone saß ab Freitag Mittag in diesem Krankenhaus nur herum, fühlte sich in dem großen, leeren Zimmer allein, sinnlos, verschaukelt. Sie wartete jeden Moment auf einen Arzt, der – Stunde um Stunde vergingen - nicht kam.

Das waren nun genau die Situationen, dieses sinnlose Warten, dieses Alleinsein, dieses unter Druck stehen und auf irgendetwas warten, was sie so hasste und was bei ihr daheim zum Trinken führte...
Und das weiß man nicht in einer Fachklinik, dass man Betrunkene nicht ohne Aufsicht lassen darf?
Ich finde das unerhört!

Gegen 18.00 Uhr bekam sie das übliche Krankenhaus Abendessen. Am Samstagfrüh das Frühstück und irgendwann am Vormittag bemerkte wohl endlich einmal jemand in diesem Krankenhaus, dass Simone seit gestern Mittag da war. Gegen Mittag kam eine Schwester daher, die Simone ein Mittel gegen das Zittern spritzen wollte.

Aber, da ging es Simone schon wieder etwas besser. Sie zitterte auch kaum noch und sie war wegen dieser Nichtbeachtung seit 24 Stunden auf 180.

Seit es ihr wieder so langsam besser ging, bereute sie es schon zutiefst, dass sie sich von Manuel hat zum Arzt „schleifen und von diesem hier in die Klinik verfrachten" lassen, wo sie nun sinnlos ein totes Wochenende verbringen sollte.

In dieser Situation kam die Schwester mit der Zitterspritze daher. Nach einiger Diskussion ging die Schwester unverrichteter Dinge wieder, denn bei Simone zitterten nun vor Ärger nur noch die Stimmbänder und das bekam die Schwester zu hören und zu spüren. *„Typisch Alkoholiker",* dachte diese.

Jetzt bereute sie alles
Kein Arzt in dieser Fachklinik kümmerte sich also weder Freitag zu Aufnahme, auch nicht den ganzen Samstag, auch nicht am Sonntag um Simone. eine akut alkoholkranke Patientin!

Als Manuel sie am Sonntag mit einem großen Blumenstrauß besuchte, da ging es Simone schon wieder etwas besser und sie ließ ihn ihre schlechte Laune spüren.

Simone war bald wieder so weit oben, sich die Dinge „schön zu reden" und Schuldige zu finden.
Schon hat sie wieder „vergessen", weshalb sie eigentlich hier in dieser Spezialklinik war.
Sie hat wieder vergessen, wie schlecht es ihr noch vor zwei Tagen gegangen ist, dass sie selbst es war, die Manuel angerufen und ihn um Hilfe gebeten hatte.

Auch dass der Hausarzt sie aufgrund des besorgniserregenden Gesundheitszustandes und EKGs, aufgrund ihrer Trunkenheit wegen Lebensgefahr in die Klinik eingewiesen hat.

Jetzt wollte sie nichts mehr davon wissen.

Für sie war das Verrat. Manuel hat einen Moment ihrer Schwäche ausgenutzt und sie zu etwas gezwungen, was sie freiwillig nie getan hätte, nämlich sie „wegen dieser läppischen Sache" zum Arzt zu schleifen.

Da sie in dieser Praxis bekannt war, befürchtete sie nun, dass durch das Personal nach „Außen" durchsickern könnte, dass sie ein Alkoholproblem habe und „jeder" in der Stadt davon hören konnte. Für sie war das alles eine schlimme Niederlage und dieses Krankenhaus hier, war für sie eine Horrorvorstellung.

Die Chance war vertan
Endlich, am Montagvormittag, nach 3 Tagen Leerlauf, ließ sich der erste Arzt bei Simone blicken. Es war alles zu spät. Die Chance für Simone, für eine Entgiftungstherapie mit anschließender Entziehungskur, war nach 3 Tagen **(verantwortungslosem Leerlauf bei einem Alkohol-Akut Patienten)** endgültig vertan, denn Simone ging es schon wieder einigermaßen.

(Wie gesagt, ein Alkoholiker, der als Alkohol- Notfall in diese Spezial-Klinik eingewiesen wurde, der hätte ja ohne Aufsicht auch Suizid begehen können!)

Aber, da es ihr schon wieder ziemlich gut ging, sah sie – heute am Montagvormittag - den Sinn einer Entgiftungstherapie absolut nicht mehr ein. Sie stritt mit dem hinzugezogenen Oberarzt herum, dass die Fetzen flogen.
Danach verließ sie wutentbrannt – auf eigenen Wunsch - diese seltsame Klinik mit dem Sanatoriumsklima eines Al-

tersheims. Und sie schwor sich: Nie mehr in ein Krankenhaus.

**„Hier hätte ich am Wochenende verrecken können und
das hätte nicht einmal jemand gemerkt."**

In der Klinik wurde Simones Reaktionen gelassen hinge-
nommen. Man kannte ja Alkoholiker und Alkoholiker sind
Zwangsneurotiker, so blockte man die eigene Schuld ab.
Ein Neurotiker weniger, mit dem man sich nun hier nicht
herumärgern muss.

Also fuhr Simone zu sich heim. Danach meldete sie sich
wieder bei ihrem Hausarzt, der sich kopfschüttelnd die Geschichte dieser Klinik anhörte, Blutuntersuchungen und
EKG anordnete und Simone diese Woche noch krank-
schrieb.

Allerdings bestand der Arzt weiterhin auf einer Alkohol -
Entziehungskur bzw. Therapie. Als Simone maulte, meinte
der Arzt:
*„Sie solle dem beherzten Eingreifen ihres Bekannten sehr
dankbar sein, dass er sie sofort in die Praxis gebracht hat,
denn ihr Gesamtzustand und der EKG Befund waren klinikreif.*
*Wenn der Mann nicht gewesen wäre, dann hätten Sie jetzt
unter Umständen in der Intensivstation oder auf dem Friedhof liegen können."*
„Aber", so der Arzt zu Simone, *„es ist Ihre Pflicht, endlich
etwas gegen Ihr Alkohol Problem zu tun"* und er verordnete
ihr eindringlich eine Psychotherapie.

Eindrucksvolle Zahlen

Als Simone sich bei Manuel beschwerte, erlebte sie ihn sehr ernst. Denn Manuel ist Geschäftsmann, er kann rechnen und durchaus auch einmal laut werden. Er hielt ihr entgegen, ob sie wohl vergessen hätte, wie viele Menschen sie schon betrunken erlebt hätten, ihre Mitbewohner im Haus, Ihre Arbeitskollegen, Ihre Freundinnen, in den Kneipen, Pubs, Restaurants wo sie öfter verkehre und überhaupt, da sei eine auf Schweigepflicht eingeschworene Praxis doch wirklich keine Gefahr für ihren Ruf.

„Mensch Simone, Deinen so genannten guten Ruf, den kannst Du Dir an den Nagel hängen. Den hast Du Dir durch Deine jahrelangen Saufereien schon lange selbst kaputt gemacht", sagte Manuel wütend.

„Ja glaubst Du denn die anderen sind dumm und haben keine Augen und Ohren? Wie oft warst Du wohl in den letzten 30 Jahren betrunken?

Rechnen wir nur 1- 2 x pro Woche, dann sind das (x52) im Jahr ca. 100mal betrunken sein. Auf 30 Jahre haben Dich also die Leute ca. 3000-mal betrunken erleben dürfen. Und da redest Du von gutem Ruf?

...und wenn man auf jedes Mal betrunken sein, ca. 2 Flaschen Wein, Sekt, Bier rechnet, dann waren das in 30 Jahren ca. 6000 Flaschen, die Du gesoffen hast.
Das sind ca. 100 Liter hoch toxischer reiner Alkohol, mit dem Du Deinen Körper ständig vergiftet hast!

Und da Du ja immer nur guten Wein trinkst, der bei Dir ja gar nicht teuer genug sein kann, wollen wir für jede Flasche einmal nur ca. 6,00 Euro rechnen.

Das macht über den Daumen in 30 Jahren (6000Flaschen x 6 Euro) gut 40.000 Euro.

Wenn Du noch Deinen geliebten Sekt, Bier, Schnaps, Chips und Knabberzeug dazu rechnest, und was du in Bars ausgegeben hast, dann bist Du bei gut 60.000 Euro, die Du in 30 Jahren so einfach versoffen hast.

Und Manuel fasst noch einmal zusammen:

<u>In 30 Jahren:</u>
- **ca. 3000mal betrunken,**
- **ca. 6000 Flaschen Wein,**
- **ca. 100 Liter hoch toxischer reiner Alkohol,**
- **= ca. 60.000 Euro**

„Abgesehen davon, was 3000-mal besoffen in den 30 Jahren für Deine Gesundheit bedeutet, das hast Du ja wieder am Freitag erleben dürfen.

Du bist nämlich nicht mehr 20, sondern fast 50. Du solltest endlich die Zeichen der Zeit erkennen und akzeptieren, dass Du alkoholkrank und das Du in dieser Fachklinik nicht umsonst bist.

Du bist ein Alkoholwrack Simone, als Notfall eingeliefert worden.

Diese Klinik war Deine Chance, endlich vom Alkohol wegzukommen".

Das alles hörte Simone nun überhaupt nicht gern. Sie war stinksauer, denn sie hatte doch „nur etwas zu viel getrunken", aber das machen ja andere schließlich auch.

Deshalb braucht sie weder einen Arzt, keine Klinik und schon gar nicht Manuels Vorwürfe.

Dieser Manuel übertrieb mit seiner Rechnung natürlich wieder einmal maßlos, was sie absolut nicht gern hörte.
Ja, er musste sie einfach immer wieder „schlecht machen", was sie ihm auch sagte.

Manuel fragte sich: *„Was braucht Simone eigentlich noch, um ihre Situation endlich zu begreifen?"*

Wie immer, dachte er dann an seinen Vater, der selbst als völlig verkommener und verwahrloster Säufer, noch im Krankenhaus und Leberkoma, nicht einsehen wollte, dass er alkoholkrank war, woran er dann auch qualvoll starb.

Teil 8

„Was mir bestimmt ist,
kann ich nicht verlieren.
Was mir nicht bestimmt ist,
kann ich nicht,
festhalten."

Teil 8 - Kapitel 1

Die Liebe ist ein „seltsam Ding"

Seit gut einem Monat herrschte zwischen Manuel und Simone „Funkstille", das heißt, sie hatten sich seither weder gesehen noch gehört.

An einem Freitag, Anfang November hatte Simone Geburtstag. Manuel war hin und her gerissen, was er machen sollte. Es wäre ein idealer Anlass, so dachte er, wieder zu Simone Kontakt aufzunehmen, denn Simone fehlte ihm irgendwie immer noch. Zwar ist es in seiner Seele ruhiger geworden, aber wenn er genau in sich hinein hörte: Ihm fehlte ihre Liebe, ihre Nähe, ihre Warmherzigkeit, ihr Schmusen, ihr Lachen... wenn da nicht diese Alkoholsucht wäre.

Natürlich sagte ihm sein Verstand, dass er und Simone, dass eine Beziehung zwischen ihnen nie eine Chance hätte, solange sie immer noch in ihrer Alkoholsucht ist.

Wollte er mit ihr zusammen sein, so müsste sie ganz auf ihren Alkohol verzichten. Aber, vielleicht hat sich in der Zwischenzeit auch an ihrem Trinkverhalten etwas verändert, so hoffte er.

Seine Therapeutin hat ihm einmal dazu gesagt: *„Werde nicht an Dir und Deinen Gefühlen zum Verräter.*
Auch wenn Simone öfter trinkt und sie in ihrer temperamentvollen Art überschießt.

Solange Du sie liebst und Deine Gefühle nach ihr ver-
langen, solange muss Deine Liebe auch ihre Trunk-
sucht mit in Kauf nehmen." So einfach war das.
Deshalb:

„Tu, was Dein Herz Dir sagt."

Also schickte er ihr zum Geburtstag einen schönen Blumenstrauß mit einer Geburtstagskarte, in der er sie in ein
schickes Restaurant zum Geburtstagsessen einlud.

Die Liebe ist ein „seltsam Ding"

Manchmal muss man sich fragen, ob alles im Leben wirklich „nur Zufall" ist, oder ob unser Leben – generell, oder
nur in bestimmten Situationen - nicht doch unsichtbaren,
höheren Fügungen oder Bestimmungen unterliegt?
Nicht umsonst sagt auch ein Spruch: „Der Mensch denkt
und Gott lenkt", was immer man sich unter diesem göttlichen Wesen vorstellen mag.

Auch die „alten" Weisen und die Philosophen sagten schon
immer: die Liebe sei ein „seltsam Ding", und sie meinten
damit:
In unserer menschlichen Seele „lebten seltsame Kräfte",
nämlich Gefühle, die sich oft schwerlich vom menschlichen
Verstand und seiner Vernunft leiten ließen, weil sie „eigene Bedürfnisse" hätten.

Und das stärkste, aber auch unberechenbarste Gefühl,
das nennen wir Liebe.

Deshalb fragt die Liebe auch nicht nach menschlichem
Verstand und schon gar nicht nach Vernunft. Liebe steht
über den Dingen.
Weil die Liebe, eben die Liebe ist...

Versöhnung

Am späten Nachmittag piepte das Handy von Manuel. Es war eine sms von Simone.

Sie schrieb: *„Danke für die schönen Blumen. Habe mich sehr gefreut. Einladung angenommen. Wie wäre es heute Abend 19. 30 Uhr? LG Simone."*

Und nach dieser sms waren Manuels Bedenken über Simones Alkoholismus wieder einmal weggeschmolzen, wie Eis in der Saharasonne und seine Freude war groß.

Denn schon lange hatte er es bereut, diese warmherzige Frau verloren zu haben und seine Sehnsucht nach ihr - die er sich aufgrund all der Vorkommnisse verweigert hatte - brannte nun wieder in ihm.

Er freute sich über ihre Nachricht, sodass er sie sofort anrief. Sie fuhren in ein schönes Restaurant und - Versprochen ist Versprochen – so kam Simone noch zu ihrem Geburtstags - Festmenü.

Manuel und Simone, beide waren in diesem Moment so voller erfüllter Freude und Liebe füreinander, stärker als am ersten Tag ihrer beginnenden Liebe.

Plötzlich war alles so wie immer. Am Samstag in der Früh deckte Manuel voller Elan den Tisch. Er weckte Simone um 9.00 Uhr, die natürlich schon lange wach war und nur darauf gewartet hatte, dass er endlich kommen würde, sie zu holen. Nach ausgiebigem Frühstück gingen beide zum Einkaufen. Manuel war im Moment froh und zufrieden, dass Simone nichts trank und sie wieder bei ihm war.

Nach dem Einkaufen gingen sie bummeln, abends ins Kino... und danach kuschelten sie noch vor dem Fernsehapparat.

Wie, wenn nie etwas gewesen wäre

Am Sonntag in der Früh stand Manuel wie immer vor 6.00 Uhr auf, um Büroarbeiten zu erledigen. Er hatte schon den Tisch - mit allem, was der Kühlschrank hergab - gedeckt und so konnte Simone so richtig ausgiebig frühstücken, während er einige Stücke Obst aß.

Auch das Mittagessen kochte wieder Manuel, während es sich Simone im Wohnzimmer mit einem Stapel Zeitschriften bequem machte. Es war, wie wenn es schon immer so friedlich, harmonisch und liebevoll zwischen ihnen gewesen wäre.

Probleme mit der Psychotherapie

Am Nachmittag gingen sie spazieren. Irgendwann landeten sie in einem Cafe, wo Simone einen Espresso trank und ein Stück Kuchen dazu aß. Manuel sagte beim Kaffeetrinken, wie sehr er sich freue, dass sie wieder zusammen gefunden hätten. Er würde gern mit Simone zusammen bleiben, aber er ertrage ihren Alkoholkonsum nicht. Simone meinte heute ohne Umschweife, auch sie habe in der Zwischenzeit viel nachgedacht, dass sie das verstehe und dass sie ohnehin schon viel dafür tue. Und sie erzählte ihm:

Nach dem missglückten Klinikaufenthalt, habe ihr der Hausarzt eine Psychotherapie verordnet. Simone habe sich dann (eigentlich widerwillig und ohne Überzeugung) über das Telefonbuch einen Therapeuten in ihrer Nähe gesucht. Aber wie sagt auch hier eine alte Erfahrung: Therapeut(in) ist nicht Therapeut(in) und Therapie ist nicht gleich Therapie. Entscheidend ist natürlich:

- die Beziehung zwischen Therapeut(in) und Patient,
- die Persönlichkeit des Therapeuten(in),
- das Wissen und Können, aber insbesondere das Fingerspitzengefühl des Therapeuten (in) im Umgang mit seinem Patienten
- die Art der Therapie und Therapieführung.

Diesen Donnerstagabend war ihre 3. Therapiesitzung. Jetzt regte sich Simone mächtig über „ihren" Therapeuten auf:
„Ich soll dort immer nur irgendetwas über mich erzählen und der Therapeut sagt in den 50 Minuten oft keine drei Sätze zu mir, schaut mit einem Auge auf seine Uhr und mit dem anderen Auge aus dem Fenster.
Nach 50 Minuten kann ich wieder gehen und ich weiß oft nicht einmal, warum ich dort gewesen bin. So einfach möchte ich auch mein Geld verdienen."

Genau diese, oder ähnliche Klagen von Patienten kann man in Bezug auf Therapeuten(innen) und Therapien oft hören. Was Simone hier erlebt, ist auch alles andere, als eine auf sie, auf ihre Suchtprobleme, Bedürfnisse und Lebenshintergründe zugeschnittene Therapie.

Was Simone hier erlebt, ist (Pardon) billig verdiente 0 – 8 - 15 Therapie, die es – Gott sei´s geklagt, immer noch viel zu häufig gibt.
Für eine Persönlichkeit von Simones scharfem Verstand, ist eine solche Therapie Gift. Denn Simone ist blitzgescheit. Sie durchleuchtet den Therapeuten(in) sofort, ob er ihren Respekt verdient, ob er sie führen und lenken kann.

Wenn „ihr" Therapeuten(in) sich nicht ihren Respekt verdient, macht sie mit ihm, was sie will. Sie lernt daraus nur, diesen Therapeuten(in) im Grunde zu verachten, ihn als dumm und schwach einzuschätzen, mit ihm zu spielen – diese Erfahrungen zu generalisieren und ab jetzt alle Therapeuten(innen) für „beknackt" zu halten und nie mehr in eine Therapie zu gehen.

Also ist, für ihr Suchtproblem, auch hier wieder eine Chance vertan. Und ähnliche Erfahrungen mit Therapien sind auch von anderen Suchtkranken zu hören.
Man sollte einmal über diese Missstände nachdenken.

Mein Tipp:
Mit einer Alkohol – Sucht – Problematik sollten Sie unbedingt – statt bequemerweise zum Therapeuten um die Ecke

- in die Therapie- und Beratungsstellen von zum Beispiel **Caritas, AA, Blaues Kreuz, Kreuzbund** usw. gehen.

Hier finden Sie speziell für die Alkohol Suchtproblematik ausgebildetes Fachpersonal und Suchttherapeuten, die mit Fachwissen, viel Erfahrung und Hintergrundwissen versuchen werden, den Betroffenen zu helfen.

Teil 8 - Kapitel 3

Akzeptieren oder trennen?
So gingen die Tage und Wochen dahin. Draußen war es in der Zwischenzeit November geworden. Die Bäume hatten keine Blätter mehr, auf den Straßen lag das tote Laub, es regnete oft, zeitweise war es neblig. In Manuels Werkstatt war aufgrund der Unfallwagen nun Hochkonjunktur.
Manuel und Simone sahen sich weiter an den Wochenenden. Manuel atmete oft durch, wenn er unter der Woche mit Simone abends telefonierte und er bemerkte, dass sie wieder getrunken hatte. Oft ertrug er es einfach, schüttelte nur innerlich mit dem Kopf, aber er sagte nichts mehr, fragte auch nicht.

Oh Herr: Gib mir die Gelassenheit...
Wenn er sich jedoch ärgerte und sie daraufhin ansprach, (weil ihre Stimme diesen typisch lallenden Tonfall, mit den Denkaussetzern und der Stotterbremse in der Sprache hatte), dann leugnete sie sofort hartnäckig, auch nur einen Tropfen getrunken zu haben.

Oft beschimpfte sie ihn dann sogar, ob er nichts Besseres im Sinn hätte, als „kein gutes Haar" an ihr zu lassen und sie „ständig" – „immer" – „nur" und „andauernd" wegen nichts und wieder nichts zu beschuldigen.

Der Freitag wurde für Manuel langsam zu einem Überraschungstag: Kommt Simone überhaupt, kommt sie nüchtern, kommt sie angetrunken, oder hat sie noch Restalkohol im Blut von irgendwelchen Trinktagen vorher?

Es gab Tage, da nahm er das ganz cool. Oft jedoch ärgerte ihn Simones „Gesaufe" oder besser seine eigene Ohnmacht maßlos, denn er wusste, es gab für ihn nur die zwei Möglichkeiten:

Entweder ihr Trinken zu akzeptieren (um sinnlosen Streit und Auseinandersetzungen zu vermeiden) oder sich von ihr zu trennen.

Und trennen, das kam für ihn (noch) nicht infrage. Er dachte viel darüber nach, konnte aber nicht genau sagen warum. Er mochte Simone einfach gern und er wollte sie nicht verlieren.
Also biss er oft ärgerlich die Zähne zusammen und schluckte diese Gefühle hinunter, wo er sonst ärgerlich geworden wäre.

Manuel hielt sich an den weisen Spruch:

Oh Herr:

Gib mir die Gelassenheit, Dinge hinzunehmen,
die ich nicht ändern kann.

Aber gib mir den Mut und die Kraft, Dinge zu ändern,
die ich ändern kann.

...und gib mir die Weisheit,
das eine von dem andern zu unterscheiden.

Überraschungen

So kam die Vorweihnachtszeit. Manuel liebte Schenken und Überraschungen. Immer wenn er unterwegs war, kaufte er für Simone hier und dort ein Geschenk, eine Kleinigkeit. Er sammelte mit Freude und Liebe diese Überraschungen, die schon langsam einen kleinen Korb füllten.

Aber die größte Überraschung war, über die Jahreswende eine einwöchige Reise nach Ägypten. Manuel freute sich schon wie ein kleines Kind auf Simones Augen am Heiligen Abend, wenn sie all die Päckchen öffnen würde.

Heiraten?

Einige Male ist Manuel auch vor Juwelierläden gestanden und hat sich mit einer gewissen Wehmut Verlobungsringe angeschaut. Aber, immer wieder wurde er unsicher, ob dieser Gedanke nicht doch zu früh war? Denn, was ist mit ihrer Alkoholsucht?

Nein, er musste erst sehen, dass sie auch wirklich bereit war, mit dem Trinken aufzuhören. Also blieb es für Manuel beim Anschauen und bei seinen schönen Gedanken.

Pläne und Vorbereitungen
Der Heilige Abend kam mit Siebenmeilenstiefeln näher. Manuel erzählte Simone, dass er sich – wie jedes Jahr – um 17.00 Uhr mit seinem Sohn, seiner Tochter und seiner Ex-Frau am Friedhof treffe, wo sie gemeinsam die Gräber seiner und ihrer Eltern besuchen gehen, Blumen hinbringen, Kerzen anzünden und sich die „alte" Familie danach noch kurz im Haus seiner Ex-Frau treffen würde.

Aber spätestens um 18.30 Uhr sei er wieder daheim und um 19.00 Uhr würde er Simone zum „Heiligabend Festessen" bei sich erwarten. Er freute sich schon, auch wegen seines reichhaltigen Gabentisches für sie.

Manuel hat nämlich in der Zwischenzeit all die kleinen Geschenke für Simone in verschiedenes Weihnachtspapier eingepackt, Schleifen, Bänder und Verzierungen angebracht, kleine Figuren, Engel, Nikoläuse und Sterne angehängt. Nur, und das war die meiste Arbeit, in einem riesigen Karton waren sechs weitere, immer kleinere Kartons und im Innersten war die Reisebestätigung und der Flugschein.

Ja, dieses Mal hat er sogar seine Wohnung weihnachtlich dekoriert und die Krippe aufgebaut, was er seit der Trennung von seiner Ex-Frau nicht mehr getan hat.

Äußerst komisch...

Seit Simone von Manuels Treffen mit seinen Kindern und seiner Ex-Frau am Friedhof wusste, da stichelte sie immer wieder herum. Manuel wusste, das passte ihr überhaupt nicht. Sie fand nämlich Manuels traditionelles „Familientreffen" am Friedhof, noch mehr danach bei seiner Ex-Frau, wieder einmal äußerst komisch, ja verdächtig...

Sie unterstellt ihm wieder einmal, er hätte doch viel besser bei seiner Ex-Frau bleiben sollen, wenn er sie so liebt.
Aber ansonsten war ihr Manuels Organisation schon recht, denn auch sie wollte am Heiligen Abend Nachmittag ihre Eltern besuchen, während sie von ihrer Tochter kein Wort sprach, was nun Manuel (der eine sehr starke Bindung zu seinen erwachsenen Kindern hatte) sehr komisch fand.

Nach dem Abendbrot, so hatten sie beschlossen, wollten sie in ein altes Kloster auf die Fraueninsel am Chiemsee fahren, weil dort um 22.30 Uhr die Christmette stattfand. Und Manuel freute sich schon sehr darauf, das alles mit Simone zu erleben.

Heiliger Abend

Manuel hatte heute in der Werkstatt noch viel zu tun und so war er erst gegen 14.00 Uhr in der Wohnung. Da war Stress angesagt. Sofort machte er sich an die Vorbereitungen: Den Gabentisch mit all den vielen größeren und kleineren bunten und glitzernden Geschenken für Simone herzurichten, alles noch liebevoll zu dekorieren, den Strauß mit weißen Rosen in die Vase stellen, (den er am Vormittag noch schnell geholt hatte), weil Simone weiße Rosen so liebte, alles mit Kerzen dekorieren.

Auch in der Küche hatte er gestern schon das „Festessen extra für Simone" vorbereitet: Truthahnkeule mit Blaukraut (Rotkohl) und Semmelknödel. Dazu gab es zur Feier des Tages für Simone extra einen exzellenten Weißwein. Wohl gemerkt, das hatte er alles für Simone gekocht, denn – Sie erinnern sich – Manuel ist Vegetarier! Es war ja nur einmal Heiliger Abend, dachte sich Manuel.

So traf er sich um 17.00 Uhr mit seiner „alten Familie" am Friedhof, wo sie nach alter Tradition die vier Gräber der Eltern besuchten.

Alles schon bestens vorbereitet

Punkt 18.30 Uhr war Manuel wieder daheim und brutzelte in der Küche, was das Zeug hält. Alles war nur noch zum Warmmachen, die Truthahnkeule stand im Rohr und alles andere war bestens vorbereitet... Und nun freute er sich auf Simone.

Der Esstisch war liebevoll gedeckt, die Kerzen brannten, der Wein und die Gläser standen am Tisch, die Töpfe dampften und Manuel schaute immer aus dem Fenster und wartete jede Sekunde auf Simones Auto.

Teil 8 - Kapitel 4

Wieder einmal: Abgestürzt

Als sie aber nach 19.00 Uhr immer noch nicht da war, wurde Manuel unruhig. Voll unguter Vorahnungen rief er immer wieder bei ihr an, Festnetz und Handy. War da etwas passiert? Um 19.20 Uhr bekam er sie endlich (Gott sei Dank!) ans Telefon, aber nur um zu hören, dass Simone - wieder einmal - nur noch allen möglichen Müll daher faselte und das heute schlimmer denn je.

Simone musste mächtig viel getrunken, nein, so richtig gesoffen haben. So wie er sie jetzt hörte, dass waren mindestens 2 Promille Alkohol oder mehr.
Lallend beschimpfte sie nun Manuel auf das Übelste, dass er doch besser gleich bei seiner Ex-Frau hätte bleiben sollen, statt sich scheiden zu lassen und so weiter.

Dann plötzlich erzählte sie ihm mit schwerer Zunge und Tränen in der Stimme, dass ihr Vater wieder so gemein zu ihr war, weil er ihr gesagt habe, sie sei eine schlechte Mutter, die sich nicht um ihre Tochter kümmere, nicht einmal am Heiligen Abend.

Dafür erzählte sie begeistert und unter lallendem Lachen, dass sie gerade von einigen tollen Weihnachtsfeiern komme, dass sie den und den getroffen habe. Der eine Typ, der so hinter ihr her war, der immer zu ihr sagte: *„Süße, ich will Dich jetzt und gleich"*, was sie so richtig toll fand.

Und es war kein Wort davon, keine Erinnerung daran, dass heute Heiliger Abend war, das sie jetzt um 19.00 Uhr bei ihm sein wollte.

Sie redete drunter und drüber, lallend, stockend, brachte alles durcheinander, redete oft immer wieder das

Gleiche, denn ihr Geist war völlig vom Alkohol verwirrt und vernebelt.

Völlig frustriert

Wieder einmal verstand Manuel die Welt nicht mehr. Er hatte sich so auf diesen Heiligen Abend mit Simone gefreut. Wütend, enttäuscht und völlig frustriert hörte er diesem Gefasel nicht mehr zu und unterbrach die Telefonverbindung.

Er saß da, starrte Löcher in die Luft und schüttelte immer wieder mit dem Kopf, während aus dem Radio Weihnachtslieder klangen. Die glücklichen Bilder und schönen Gefühle der letzten Tage zogen an ihm vorüber und nun das: Simone war wieder einmal so richtig betrunken. Wie oft, wie oft hatte sie schon versprochen nichts mehr zu trinken...

So unberechenbar ist die Welt der Alkoholiker. Als sie gegen Mittag miteinander telefoniert hatten, da war die Welt noch in Ordnung, Simone noch völlig nüchtern, und beide hatten sich auf diesen schönen Abend gefreut.

Mittags, da hat Simone noch – geradezu beleidigt - Stein und Bein darauf geschworen, insbesondere heute nichts zu trinken.

Alkohol-Gedächtnis...Sie erinnern sich:

Aber dann, in ihrer alten Trinkerumgebung, auf der Party der Nachbarn, da wird ihr Alkohol angeboten und es meldet sich sofort ihr „Alkohol-Gedächtnis", ihre Trink-

Sucht… und ihr triebhaftes, kleines unbefriedigtes und unvernünftiges Kind, dass WILL nur noch Eines:

Gierig und triebhaft seine Bedürfnisse befriedigen, also trinken, trinken, trinken.

Für Manuel war dieses Erlebnis ein Erdrutsch, ein freier Fall aus seiner Liebe, aus seinen Gefühlen von ganz oben, nach ganz unten. *„Aus"*, dachte er, *„Aus! Jetzt reicht es aber wirklich."*

Sein Vertrauen zu Simone, die Freude auf diesen gemeinsamen Heiligen Abend, alles kaputt. …und er hatte solche Hoffnungen gehabt mit ihr zusammen zu sein.
Ja, er sah ein, er hatte sich Illusionen gemacht, Luftschlösser mit rosaroten Bändchen darum gebaut. Kalt und leer war nun sein Haus. Kalt und leer war es in ihm. Und er betete:
Oh Herr:
Gib mir die Gelassenheit, Dinge hinzunehmen,
die ich nicht ändern kann.

„Ich habe dieses Gesaufe so satt", und vor Wut und Enttäuschung liefen ihm die Tränen herunter.

Und es war ihm nun so klar wie noch nie, dass er mit Simone NIE eine richtige Beziehung haben könne, solange diese Beziehung durch Simones Alkoholsucht immer wieder kaputt gemacht würde.

Das schöne Weihnachts-Essen fiel in den Töpfen zusammen, Manuel hatte absolut keinen Hunger mehr. Dafür mauerte er sich nun vor dem Fernsehapparat ein und spielte Kanal - Hopping. Weihnachtschöre, Kirchenandachten, Ansprachen, Gesprächsrunden, Talkshows, und alle möglichen Filme..., nichts war dazu angetan seine Stimmung auch nur irgendwie zu verbessern.

Nur, hier allein zu Hause sitzen, in dieser scheußlichen Situation, nein, das wollte er auch nicht. Irgendwann zog Manuel sich warm an und fuhr nun völlig frustriert allein zum Chiemsee. Dort stand er dann am Steg, zusammen mit vielen frohen und schwatzenden Menschen. Er wartete auf den Dampfer, der ihn hinüber zur Fraueninsel bringen würde, die mit vielen Lichtern und Kerzen beleuchtet magisch im Chiemsee lag.

„Wie schön hätte das nun alles mit Simone sein können. Aber nein, Madame musste sich ja wieder einmal - zur Feier des Tages sozusagen - so richtig voll laufen lassen", dachte er voller Enttäuschung, Frust und Wut.

„Simone braucht Dich!"
Die alte und ehrwürdige Klosterkirche war voll mit feierlich gestimmten Menschen. Nur Manuel fand in seinem Inneren weder eine Beziehung zu Gott, dem Jesuskind, oder zu dieser Festtagsstimmung. Denn seine Seele war ganz woanders. Plötzlich, während der Messe, da meldete sich durch seinen Frust und Ärger hindurch wieder „seine" Frage:

„Wie würde Jesus wohl jetzt denken und handeln?"
Da war sie wieder, diese „innere Stimme", diese „Stimme seines Herzens", wie er sie nannte, die er schon so oft in sich gehört hatte, die ihm sagte:

„Du musst Dich um Simone kümmern. Simone braucht Dich, denn sie ist krank, alkoholkrank. Ihr Trinken, das kommt aus ihrer erlernten Sucht, aber sie trinkt, weil ihre Seele um Hilfe schreit."

Da gab es für Manuel kein Halten mehr. Er drängelte sich langsam zum Ausgang und ging möglichst schnell zum Dampfersteg, aber nur um zu erfahren, dass er noch bis nach dem Gottesdienst warten musste.

Am Ende der Messe hörte er, wie alle unter dem dröhnenden Klang der Orgel noch das Lied von „der Stillen und Heiligen Nacht" sangen. Da weinte er bitterlich und seine Kindheit kam ihm in den Sinn, weil auch sein Vater am Heiligen Abend oft betrunken war und in den letzten Jahren ihres Lebens auch seine Mutter.

Scharen glücklicher und schwatzender Menschen drängelten sich auf dem Dampfer, während Manuel, von Unruhe geplagt, es gar nicht erwarten konnte, endlich wieder in seinem Auto zu sitzen und zu Simone zu fahren. Als er sie dann endlich anrufen wollte, da ging niemand ans Telefon.

Da ist Klingeln sinnlos...
Nach einer halben Stunde stand er dann vor ihrer Tür. Manuel klingelte und klingelte bei Simone, ohne dass ihm je-

mand öffnete. Endlich summte der Türöffner. Aber vor Simones Wohnungstür, da standen nur die Nachbarn, die das lange und laute Läuten gestört hatte.

„Simone", lachte die Nachbarin. *„Ja, sie ist wieder einmal ziemlich betrunken gewesen, die schläft jetzt bestimmt ganz tief und fest, da ist Klingeln sinnlos."* Manuel bemerkte, wie genau diese Nachbarn über Simones Leben und Lebenswandel Bescheid wussten. Enttäuscht fuhr er wieder zu sich heim.

Teil 8 - Kapitel 6

„Wie lebt man mit Schuldgefühlen?"
Gegen 1.30 Uhr war er wieder daheim. Vor einer Woche hatten sie ihr „Einjähriges", dass sie heute, am Heiligen Abend feiern wollten. Freitag vor einem Jahr waren sie das erste Mal zusammen zum Essen in ihrer Pizzeria. Was war das für ein toller Abend, dachte Manuel und diese tolle Frau dazu? Eine wichtige Frage ging Manuel immer wieder durch den Kopf:

„Wie lebt Simone eigentlich mit der Schuld, bzw. mit den Schuldgefühlen, wenn es um all die schlimmen Dinge geht, die sie unter Alkohol gesagt oder getan hat?"

Er hatte das bei Simone doch schon so oft erlebt:
Wenn sie betrunken war, wenn sie herumgepöbelt oder Gemeinheiten gesagt hat, wenn sie herum getorkelt ist, allen möglichen Unsinn geredet hat, wenn sie wie eine

Kneipe gestunken hat, dass alles war für sie – wenn sie wieder nüchtern war - alles überhaupt nicht wahr.

Oder das wurde von ihr sehr schnell abgetan und dann nicht mehr berührt, während Manuel, all diese Erlebnisse nicht vergessen konnte. Ihm ging das alles immer wieder durch den Kopf, weil sie seiner Seele sehr weh getan hat.

Wenn Manuel Simone danach auf ihre Alkoholgeschichten ansprach, dann wurde sie meistens sehr ärgerlich und heftig. Sie wollte davon nichts, absolut nichts hören, versuchte die Dinge schnell vom Tisch zu wischen oder totzuschweigen.

Ja, ganz im Gegenteil: Oft wurde sie einfach dummfrech, ging dann sehr schnell und massiv in eine Gegenanklage:
„Du hast ja immer etwas zu meckern und an mir auszusetzen. Du willst mich ja nur wieder schlecht machen.“

Aber einmal stehen zu bleiben, das was sie gesagt und getan hat anzuschauen und zu akzeptieren, ihre Schuld einzusehen, oder sich eventuell auch einmal dafür zu entschuldigen, NIE!

Dafür ist sie viel zu stolz.

„Ich muss mich endlich trennen"

Für Manuel wurde die Frage immer drängender, ob nun nicht endlich der Punkt gekommen sei, sich endgültig von Simone zu trennen. Er dachte nun intensiver denn je darüber nach.

Völlig verunsichert setzte er sich wieder an den Computer, schrieb ins Forum des Blauen Kreuzes seine Sorgen und versuchte so Rat und Klarheit zu bekommen:

Hallo Ihr Lieben, ich benötige unbedingt Euren Rat:

Ich liebe - seit gut einem Jahr eine Frau, die ein Alkohol-problem hat. Ich kann es nicht mehr sagen, wie oft ich ihre betrunkene und lallende Stimme am Telefon gehört habe, wenn sie immer wieder den gleichen Müll redete, wenn sie alles verdrehte, oft selbstgerecht, anzüglich, weinerlich oder voll aggressiv war, sie mich oft beschimpft, mich für alles zum Schuldigen macht, mich oft als ein riesiges und großes Arschloch beschimpfte.

Oft riecht sie fürchterlich nach Alkohol aus dem Mund oder dünstet diesen über den Körper aus, was ich widerlich finde.

Zeitweise habe ich Ihre Zusammenbrüche miterleben müssen, wenn Sie nach zu viel Alkohol nur noch zitternd mit viel zu hohem Puls und zu schneller Herzfrequenz, unendlich schwach und völlig unfähig für das Leben im Bett lag. In solchen Phasen verspricht sie dann alles zu ändern und nicht mehr zu trinken.

Dieser Alkohol kostet mich meine ganze Lebenskraft.

Für mich besteht mein Leben nur noch aus Angst und Sorge vor ihrem nächsten Alkoholexzess (den ich erwarten kann), weil das ganze Leben völlig unberechenbar geworden ist und sie in der Zwischenzeit 2-3 x die Woche wenigstens angetrunken ist.

Von Liebe und Partnerschaft kann auf diesem Hintergrund auch keine Rede mehr sein, aber bisher lebte ich immer noch von der Hoffnung, dass sich doch endlich etwas ändern würde.

Ich fühle mich oft so hilflos, wenn sie wieder getrunken hat und sie mich anmacht, beschimpft, mich schuldig und zur Sau macht.

Aber ich bin diesem Alkohol gegenüber so ohnmächtig.

Am liebsten würde ich ihr diesen Dämon ausreißen, aber ich muss wohl akzeptieren, dass dieser Dämon Alkohol unsere Partnerschaft systematisch zerstört hat, mein Leben mit Ängsten und Sorgen durchzogen hat und ich tun muss, (als Selbstschutz sozusagen) was ich absolut nicht gern tun möchte: Ich muss gehen!

...Und wenn ich daran denke, dann ist Trauer in mir, da kommen meine Schuldgefühle und sagen: dass kannst Du doch nicht machen. Was wird dann aus ihr und wie

geht das weiter. So dreht sich ständig mein Seelenkarussell.

Was habt ihr da für Erfahrungen? Schön, wenn ich etwas von Euch höre. Danke im Voraus für Eure Antworten, herzlichst Manuel

....

Hallo Manuel, hier ist Gabi

Ich spüre aus Deinen Zeilen so viel Ohnmacht, so viel Hilflosigkeit, Frustration und Wut heraus. Aber das ist ja bei all den Erlebnissen mit Deiner Partnerin auch völlig natürlich. So habe ich das auch jahrelang bei meinem damaligen, alkoholsüchtigen Mann erlebt und ich weiß von anderen, da ist das genau so.

Du brauchst nur hier im Forum die Beiträge zu lesen, da wirst Du Deine Schilderung immer wieder bestätigt finden.

Mir fällt auf, dass Du ein schlechtes Gewissen wegen Deiner Gedanken gegenüber Deiner Partnerin zu haben scheinst.

Du sagst, dass Du Schuldgefühle hättest, wenn Du sie verlassen würdest. Nun, was glaubst Du würde passieren, wenn Du sie verlässt? Dann trinkt sie einfach weiter. Sie hatte doch auch schon, bevor Du da warst, getrunken und überlebt.

Der Alkohol ist ihr wahrer Freund, ihr Vertrauter, Familie in einem – nicht Du! Es ist so typisch wie Du das beschreibst: Wenn sie unter Alkohol steht, dann bist du für sie doch überhaupt nicht mehr wichtig, dann nimmt sie dich doch nur noch durch ihren Nebel am Rande wahr. Nur, wenn Du Dich zurückziehst, oder Du Dich sogar von ihr trennst, dann besteht eventuell die Chance, dass sie das zum Reagieren bringt.

Und wenn nicht, dann hat sie das Recht, so lange weiter zu trinken wie sie möchte, oder bis ihr Körper und ihr Geist nicht mehr mitmacht, denn sie ist ein erwachsener Mensch, und jeder Mensch kann selbst entscheiden, wie er sein Leben verbringen will, solange er anderen damit keinen Schaden zufügt.

Aber wenn sie so weiter machen will, dann ist ihre Liebe (Sucht) zu ihrem Alkohol stärker als zu Dir. Dann braucht sie Dich auch nicht. Es ist ihre Entscheidung! Sie hat ja schon lange vor Dir ihren wahren Partner gefunden, der ist zwar nicht aus Fleisch und Blut, sondern der befindet sich in einer Flasche, aber er ist trotzdem alles, was sie glaubt zu brauchen. Ihr Alkohol ist ihr wahrer Freund, nicht Du!

Du solltest das einmal so herum sehen und Dir wirklich kein schlechtes Gewissen machen.

Du kennst doch den Spruch:

„Besser ein Ende mit Schrecken, als ein Schrecken ohne Ende"...

und die Alkoholsucht wird für viele Partner eines Alkoholsüchtigen zu einem Schrecken OHNE Ende.

Denk mal darüber nach, Liebe Grüße von Gabi

....

Hallo Manuel

Ich habe dieses Ringen um die Beziehung (zwischen Liebe,
Verantwortung für den anderen und Schuldgefühle, ob
ich das alles miterleben muss, oder ob ich auch ein eigenes
Recht darauf habe zu sagen, so möchte ich das nicht) zu
meinem alkoholsüchtigen Mann jahrelang mitgemacht
und ich verstehe deshalb so gut, was Du hier beschreibst.

Ich sage Dir nur eines aus meiner Erfahrung:

Irgendwann MUSST Du Dich fragen:

1) Bestehen realistische Chancen, dass meine Partnerin ihr Trinken aufgeben wird?

2) Wenn nein, wie wird unsere Beziehung in einem
oder in fünf Jahren aussehen?

3) Möchte ich das, habe ich die Kraft, das immer wieder
so mitzuerleben?

Denn wenn KEINE realistischen Chancen da sind, dass
deine Partnerin ihr Trinken aufgeben wird und Du kein
Licht am Ende des Tunnels siehst, weil Du dir dieses jetzige, lebensbelastende Alkohol- und Partnerschaftsdrama
noch in 5 Jahren vorstellen kannst und du jetzt mit Deiner

Kraft schon am Ende bist, dann solltest du dich ganz schnell von dieser Frau trennen.

Besser heute als morgen, aber tu es...und... tu es bald!

Denn wenn sie beschlossen hat, ihr Leben mit dem Alkohol immer weiter zu zerstören, dann musst du nicht mit ihr untergehen.

Liebe Grüße von Rose

Teil 8 - Kapitel 7

Der 1. Weihnachtsfeiertag
Irgendwann ist Manuel eingeschlafen. Gegen 3.30 Uhr schreckt er hoch, denn sein Telefon läutet. Simone war es. Sie hätte seine Nachrichten auf ihrem AB gehört. Sie klang jetzt ein bisschen klarer. *„Ja, ja, es täte ihr leid, sie wisse ja auch nicht, warum sie abgestürzt sei."*

Alkohol-Gedächtnis!
Aber dann, in ihrer alten Trinkerumgebung, auf der Party der Nachbarn, da wird ihr Alkohol angeboten und es meldet sich sofort ihr „Alkohol-Gedächtnis" und ihre Trink-Sucht... und ihr triebhaftes, kleines unbefriedigtes und unvernünftiges Kind, dass WILL noch eines: Gierig und triebhaft seine Bedürfnisse befriedigen, also trinken, trinken, trinken.

„Es ginge ihr jetzt nicht so gut"... Manuel war wieder einmal in einem Gewissenskonflikt. Er war beruhigt, sie zu hören und beunruhigt zugleich.

285

Also holte er sie ab. Denn er wusste, dass sie sonst in der Früh weiter trinken würde, weil es ihr – nach diesem vielen Alkohol - ganz bestimmt alles andere als gut gehen würde.

Manuel war froh, dass Simone wieder bei ihm war, aus Liebe, aus Sorge, aus Verantwortungsgefühl.

Die typische Haltung eines Co-Abhängigen!
Weil Simone nie wollte, dass Manuel in ihre Wohnung käme, (weil er schon mehrfach ihren Saustall massiv kritisiert hat), war sie sofort an der Tür und sie ließ ihn gar nicht erst herein.

Sie sah sehr blass aus, ging unsicher und schwankend die Treppen hinunter, setzte sich in sein Auto und fuhr mit ihm wieder zurück in seine Wohnung. Hier legte sie sich sofort in sein Bett, roch fürchterlich aus dem Mund, überhaupt nach Alkohol und schlief sofort wieder ein.
Sie wusste: Bei Manuel ging es ihr gut, hier fühlte sie sich sicher und geborgen.

Erneuter Zusammenbruch
Manuel hatte es erwartet: Simone war wieder einmal schwer alkoholkrank.

Sie schlief sehr unruhig, wurde gegen 4.30 Uhr wach, musste sich erst einmal orientieren, wo sie überhaupt war. Sie zitterte, fror fürchterlich. Ihr war wieder einmal schrecklich übel, sodass sie schnell ins Bad rannte, sich vor das Toilettenbecken kniete und sich immer wieder erbrach.

„*Na, bravo*", dachte Manuel, „*jetzt geht das schon wieder los.*" Als sie endlich aufstand, spürte sie eine schreckliche Schwäche in sich. Kalter Schweiß stand ihr auf der Stirn. Manuel kniete mit gemischten Gefühlen neben ihr, tupfte ihr den kalten Schweiß ab und er dachte: „*Immer dieser Scheiß Alkohol. Wie bei Vater und Mutter.*"

Dann führte er sie wieder zum Bett zurück. Sie musste sich bei ihm festhalten, damit sie nicht zusammensackte, so schwach war sie, so elend war ihr zumute.

Zitternd lag sie da, fror und schwitzte gleichermaßen und ihr ganzer Körper bebte. Ihr Herz hämmerte wild, schmerzte, stach, setzte immer wieder einmal aus, um dann wieder heftig und schnell weiter zu schlagen. Ihr Kopf und ihre Glieder schmerzten fürchterlich und Simone hatte wieder einmal große Angst zu sterben.

Manuel maß ihren **Blutdruck: 245 / 145 Puls 112, das war klinikreif,** dachte er. Und nun? Simone meinte natürlich wieder, das kenne sie schon und das würde schon wieder. Aber ja keinen Arzt (wie beim letzten Mal), sonst würde sie sofort gehen.

Nach diesem Erlebnis in der Früh des 1. Weihnachtsfeiertages, wo Kinder glücklich sind, sich die Familien zum Weihnachtsfrühstück zusammensetzen, in die Messe gehen, da stand Manuel nun frustriert in der Küche, um für Simone den Krankenpfleger zu spielen. Klar, sie war da und er war froh darüber, aber glücklich, NEIN…glücklich war er nicht.
Das ist die typische Welt der Co-Abhängigen!

„Der hat mich gar nicht vermisst"

Simone fühlte sich schrecklich elend. Sie hatte das dringende Bedürfnis: „Ich bräuchte jetzt unbedingt etwas zum Trinken" und sie dachte dabei nicht etwa an Wasser. „Daheim sind noch einige Flaschen Wein und Bier", dachte sie nun..., aber sie wusste ja, bei Manuel gab es nur Wasser oder Tee, da musste sie jetzt durch.

Dann meldete sich ihr schlechtes Gewissen: *„O Gott, gestern war ja Heiliger Abend, sie wollte ja um 19.00 Uhr zu Manuel fahren. Sie wollten miteinander essen und zur Klosterkirche fahren. Was wird er wohl gestern Abend allein gemacht haben?"*

Aber dann war plötzlich wieder Ärger in ihr und sie dachte voller Trotz: *„Ach, der wird sicher bei seiner Ex-Frau und bei seinen erwachsenen Kindern gewesen sein. Da wollte er ja sowieso hin. Der wird sicher froh gewesen sein, dass ich gar nicht hier war. Er hat mich ganz bestimmt nicht vermisst".* So wenig kannte sie Manuel...

„Du wirst doch froh gewesen sein"

Simone blieb also am 1. Weihnachtsfeiertag den ganzen Tag über im Bett, von Manuel betreut, der ihr aber seinen Ärger über ihre Sauferei gestern, über ihre Unzuverlässigkeit, über ihre Gemeinheit, ihn am Heiligen Abend hier allein zu lassen, nicht ersparte.

Am Nachmittag dann, (als es ihr wieder ein bisschen besser ging) da platzte Simone der Kragen: *„Tu doch nicht so scheinheilig. Du wirst doch sicher bei Deiner lieben Ex-Frau und bei Deinen erwachsenen Kindern gewesen sein. Da* *wolltest Du ja sowieso hin. Du wirst doch froh gewesen sein, dass ich gar nicht hier war."*

„Du hast es gerade nötig..."

Nun, war Manuel aber wütend. Er zog Simone einfach aus dem Bett und ging mit ihr ins Wohnzimmer, wo noch unberührt ihr wunderbarer Gabentisch mit den vielen bunten Schachteln und dem Strauß weißer Rosen stand.

Dann schob er sie ins Esszimmer, wo immer noch der liebevoll hergerichtete Esstisch stand. Danach führte er sie in die Küche und er zeigte ihr das zusammen gekochte Weihnachtsmenü und ihre vergammelte Truthahnkeule, den tollen Nachtisch, was alles gestern ab 19.00 Uhr – so wie es ja ausgemacht war - hier auf sie gewartet hatte.

„Aber Madame musste ja wieder einmal saufen", schnauzte Manuel sie nun laut an. *„Du hast es gerade nötig, MIR, ausgerechnet MIR Vorwürfe zu machen, ausgerechnet DU, Du unberechenbare Säuferin"*, schimpfte nun Manuel sehr laut seinen aufgestauten Ärger aus sich heraus.

Simone war erschrocken, denn so heftig hatte sie Manuel noch nie erlebt. Sie schlich sich ins Schlafzimmer und überlegte, wie sie zu sich heimkäme.
Manuel ließ sie einige Zeit allein im Schlafzimmer liegen, während er sich wütend vor dem Fernsehapparat einmauerte und an Trennung dachte.

„Warum nur schon wieder?"

Simone stellte sich nun die Frage, die sich viele Alkoholiker „danach" stellen: *„Warum habe ich nur wieder so viel getrunken?"* (… und wie oft in den letzten 30 Jahren hat sie sich schon diese Frage stellen müssen?)

Sie wusste ja selbst nicht, **warum** sie so viel getrunken hatte und wie sie diesen einmaligen Abend so „vergessen" konnte. *„Es ist eben passiert",* sagen dann die Alkoholiker.

Schon der 1. Schluck, das 1. Glas war falsch.
Lass das 1. Glas stehen!
Das ist das Gesetz aller Alkoholiker.

…und Sie liebe Leser, wissen in der Zwischenzeit, was mit Simone passiert ist.

Simone hatte nun wirklich ein schlechtes Gewissen. Sie stand auf und ging zu Manuel, um sich bei ihm zu entschuldigen, etwas, das der oft arroganten und hochnäsigen Simone, nicht gerade leicht fiel.

Manuel schaltete nach dieser Entschuldigung von Simone den Fernsehapparat aus. Er zündete auf dem Gabentisch die Kerzen an, legte Weihnachtmusik auf und führte Simone zu ihrem Gabentisch.

Als sie nun die vielen kleinen und größeren Schachteln mit den bunten Bändern und Glöckchen, Sternchen, Nikoläusen, Engeln ansah, da weinte sie hefig:

„Das soll alles für mich sein?", fragte sie. *„So viele Geschenke habe ich ja noch nie bekommen."*

Nein, so etwas kannte Simone bisher weder von ihrem Elternhaus, noch von ihren anderen Partnern.
Heiliger Abend, das bedeutete für Simone bisher immer irgendein Schmuckstück als Geschenk, Partystimmung, viele Menschen, laute Musik, viel Essen und meistens großes Besäufnis.
Wenn sie dann so richtig „voll" war, dann mit irgendeinem Typen ab ins Bett, alles andere war unwichtig.

Simone weinte...

Unter Tränen begann sie all die vielen liebevoll verpackten und dekorierten Schachteln zu öffnen. Ihre Augen wurden immer größer, während ihr Geschenkberg wuchs und wuchs. Auch über ihre weißen Lieblingsrosen freute sie sich sehr. Am Ende öffnete sie ein Riesenpaket, in dem noch ein Paket und noch ein Paket waren. Im innersten und kleinsten Paket fand Simone dann die Prospekte mit der Reisebestätigung für die einwöchige Nilkreuzfahrt über Silvester.
Da saß sie dann und heulte wie ein Schlosshund aus Scham und Schuldgefühlen, weil ihr klar wurde, wie stark Manuel sie lieben musste, wenn er das alles für sie tat.

Abreißkalender

Simone hatte für Manuel auch ein Weihnachtsgeschenk in ihrer Tasche dabei. Einen Abreißkalender mit Sprüchen darauf, der noch in Plastik eingeschweißt war, nicht einmal in Geschenkpapier verpackt. Sicher, man soll nicht vergleichen, dachte Manuel...aber...alkoholische Depression hin oder her: Manuel war über diese Fantasie- und Lieblosigkeit zutiefst enttäuscht. Da wäre es ihm lieber gewesen, sie hätte ihm gar nichts geschenkt.

„Eine alte, kranke Frau"

Am 2. Weihnachtsfeiertag traute sich Simone endlich wieder aufzustehen. Ihr Kreislauf war zwar noch nicht stabil, der Blutdruck und die Pulsfrequenz noch viel zu hoch, aber die Übelkeit war endlich weg und der Hunger meldete sich langsam wieder.

Im Gesicht aber, sah Simone fürchterlich aus.
„Wie eine alte und kranke Frau", dachte Manuel.

Er sah das alles mit schwerem Herzen, aber was sollte er sagen? Irgendwie ging es ja schon wieder bergauf. Wäre sie jetzt bei sich daheim, würde sie ganz bestimmt weiter trinken und natürlich nichts essen.

Wie jedes Jahr, so wäre Manuel heute gern in die Weihnachtsmesse gegangen. Nur, wenn er Simone so ansah, dann war ihm klar: *„Meine Messe, mein Gottesdienst ist heute Simone",* so dachte Manuel schweren Herzens, weil sie mich noch dringend braucht... und ich denke Gott versteht das.

Am Nachmittag gingen sie vorsichtig ein bisschen spazieren und abends bekam Simone (mit 2 Tagen Verspätung) ihr aufgewärmtes Weihnachtsmenü, ihre Truthahnkeule, die sie sich so richtig schmecken ließ.

So langsam renkte sich zwischen ihnen der „Haussegen" auch wieder ein.

Teil 8 – Kapitel 8

Eine Katastrophe nach der anderen

Am nächsten Morgen fuhr Simone nach dem Frühstück zu sich heim, um nach dem Rechten zu sehen und Koffer zu packen. Am Tag darauf wollte Manuel Simone um 2.30 Uhr abholen, da sie um 5.00 Uhr am Flughafen sein mussten, weil um 7.00 Uhr ihre Maschine flog.

Aber als Manuel um 2.30 vor Simones Tür stand, hatte sie noch nicht einmal ihren Koffer fertig gepackt und torkelte aufgeregt - auf kleinen Trampelpfaden - durch ihre schrecklich unaufgeräumte Wohnung hin und her, denn: Sie war schon wieder ziemlich betrunken.

Manuel war frustriert, zumal sie am Nachmittag noch miteinander telefoniert hatten und Simone da noch völlig nüchtern und voller Freude auf die Reise war. Stinksauer setzte er sich auf ihr Bett und ihm war jetzt eher nach Flucht, als nach Verreisen zumute.

Neben Simones Bett standen noch einige leere Weinflaschen und in ihrem Zimmer schaute es chaotisch aus. *„Wenn ich hier leben müsste, dann würde ich mich auch nur noch besaufen",* dachte Manuel. *„Dieser Schweinestall hier, ist ja nicht zum Aushalten."*

Am liebsten wäre er jetzt aufgestanden und wieder gegangen, so sauer war er. Aber er spürte: wenn er das tat, dann war das der endgültige Bruch zwischen ihnen. Aber dazu war er noch nicht bereit.

Also half er Simone fertig zu werden, die wie ein aufge-
scheuchtes Huhn hin und her rannte, noch das und das und
das auch noch suchte. Betrunken wie sie war, wollte sie
noch allen möglichen Unsinn einpacken. Dann fiel auch
noch die Tasche mit dem ganzen Kleinkram herunter und
das ergab das nächste Chaos.

Endlich saßen sie im Auto, denn die Zeit – um zum Flughafen zu kommen - wurde schon eng. Manuel war immer noch
stinksauer, während Simone, betrunken wie sie war, redete
und redete, vor sich hin kicherte und lachte, ständig am Radio alle Sender durchspielte, vor sich hin sang und völlig
aufgezogen und überdreht war.

Am Flughafen wartete schon die nächste Katastrophe.
Nachdem sie, nach langem Anstehen, endlich am Check -
In - Schalter waren, stellte Simone, nach endlosem Kramen
in all ihren Taschen, fest, dass sie keinen Personalausweis
dabei hatte.

Also mussten sie zum Bundesgrenzschutz (andere Halle,
anderes Stockwerk, Warten, Prüfen der Identität, Ausstellen
von Ersatzpapieren, Bezahlen und zurück zum Check-In =
Oberstress, und das alles schnell, schnell und mit einer
zünftig betrunkenen Frau), sodass sie gerade noch den Ab-
flug schafften, was Simone alles Klasse und sehr komisch
fand. Und endlich im Flugzeug, da schlief sie plötzlich ein,
endlich, um bei der Landung wieder etwas nüchterner auf-
zuwachen.

Auf dem Nildampfer

Vom Flughafen fuhren sie mit Bussen einige Stunden durch das schöne, warme und sonnige Land. Sie gingen am Flussufer des Nils an Bord eines großen Schiffes, wo sie eine schöne Kabine bekamen. Simone war begeistert. Jetzt erst einmal duschen, umziehen und Abendbrot. Simone war jetzt wieder so richtig gut drauf, während Manuel immer noch wegen ihres Trinkens und der Katastrophennacht mit ihr knurrte.

Das Essen war ein Traum aus 1000 und einer Nacht. Simone (immer noch mit gewaltigen Rest - Alkohol - Pegel im Blut) provozierte im Speisesaal wieder einmal eine Machtprobe. Ihr unvernünftiges Kleinkind, ihre Alkohol-Sucht wollte befriedigt werden.

So musste sie unbedingt – unter den strengen Blicken von Manuel - zum Essen den ägyptischen Pyramidenwein probieren, wogegen Manuel sehr wohl etwas hatte. Denn wenn Simone nach den Trinkexzessen der letzten Tage jetzt wieder mit dem Trinken begann, dann ging das so weiter...

So war es dann auch. Was sollte Manuel tun, als mit den Zähnen zu knirschen? Simone war eine erwachsene Frau, deren Sucht/Gier/Zwang hier – unter den Augen all der anderen - wieder einmal ihren Willen durchsetzte. Wenn es nach Simone gegangen wäre, dann hätte sie jetzt eine Weinprobe von allen angebotenen Weinen gemacht und nach zwei Gläsern Wein, kam Simone so langsam wieder in Fahrt.

„Du, das ist gut", schwärmte sie, während ihre Augen begannen, verdächtig zu glänzen. *„Das musst Du probieren,*

das ist das Blut der ägyptischen Erde, das haben schon die alten Pharaonen getrunken."

Enthemmt...

Danach war Tanzen angesagt. Simone war ganz wild darauf, Manuel auf die Tanzfläche zu zerren. Aber er war müde, weil er die ganze letzte Nacht nicht geschlafen hatte. Also wollte er nicht tanzen. Simone fand alles prima. Klar, der Restalkohol von gestern und nun jetzt schon wieder neu nachgetankt...

Also hüpfte sie allein wild auf der Tanzfläche herum, oder sie wiegte sich geradezu aufreizend - mit ihrer wunderbar schlanken Figur – weich, wie eine indische Tempeltänzerin, im Rhythmus der arabischen Trommeln, sodass viele der Männer Stielaugen und so manche der dazugehörigen Frauen Rachegedanken auf die hübsche Simone, ihre schlanke Figur und auf die Gedanken ihrer Männer bekamen.

Dann wieder lachte sie laut und überschwänglich, sodass es durch den Saal schallte, schäkerte mit den Musikern, entschlüpfte hie und da kurz an die Bar, um wieder schnell nachzutanken. Und das alles, während Manuel am Tisch saß, ihr müde zuschaute und das alles schon lange nicht mehr komisch fand.

Erkenntnisse

Je mehr Simone trank und sie sich vom Alkohol enthemmt immer mehr darstellte, ihre Show auf der Tanzfläche abzog, sich von den Männern bewundern ließ, desto mehr bereute Manuel es, mit ihr hierhergefahren zu sein.

Er ertrug ihre betrunkene Art einfach nicht mehr. Für ihn war das nur noch peinlich. Aber er musste zugeben, dass das, was Simone hier abzog, war bühnenreif. Das musste man erst einmal drauf haben. So raffiniert sex- und körperbetont musste die Eva den Adam dazu gebracht haben, den Apfel vom Baum der Erkenntnis zu futtern.

Die Zeit verging und je öfter Simone die Bar besuchte, desto seltsamer wurden ihre Bewegungen, bis sie nur noch schwankte. Dafür lachte sie laut und schäkerte mit allen Männern herum. Und irgendwann... fiel sie hin.

Nun war es Zeit für Manuel: Er erhob sich, half Simone auf die Füße, nahm sie – unter Simones lallendem Protest - fest um die Hüfte und brachte sie kommentarlos ins Zimmer, während sie laut herumfaselte und gestikulierte.

Dort legte er sie ins Bett, sie wollte aber nun unbedingt mit ihm schlafen. *„Küss mich, Du Brummbär",* maulte sie noch, während Manuel im Bad war... und schon war sie eingeschlafen.
Manuel ekelte sich vor Simone, denn sie roch fürchterlich nach Alkohol. Außerdem war er stinksauer. Er hatte sich diese erste Nacht hier auf dem Nildampfer, ganz anders vorgestellt.

„Schauen wir einmal", dachte er, bevor er einschlief *„wie es ihr Morgen gehen wird, denn Morgen ist der 1. Ganztages-*

ausflug zu irgendwelchen alten Ruinen, ob sie da mitgehen kann?"

„Außerdem hat vorhin der Bordfotograf eine Reihe toller Bilder von der betrunkenen Simone bei ihrer Show auf der Tanzfläche geschossen. Mal sehen, was sie Morgen dazu sagen wird. Eines hatte er deutlich beobachten können und das war ihm fatal: viele fanden Simone peinlich. Wenn er sie nicht kennen würde, er hätte sie als Außenstehender sicher auch für eine besoffene Schlampe gehalten."

Teil 8 – Kapitel 9

So war es dann auch. Drei Tage hintereinander ziemlich viel getrunken, das lässt sich nur der Körper eines an Alkohol gewöhnten Hartsäufers gefallen. Anscheinend hatte Simones Körper nun von den Alkoholgiften wieder einmal die Nase voll und er rebellierte jetzt, und zwar heftig.

In der Früh wurde Simone wieder mit starker Übelkeit wach und sie musste sich heftig erbrechen. Danach lag sie zitternd mit Herzrasen, Kreislaufschwäche usw. im Bett.
„Klarer Fall von Alkoholvergiftung und beginnendem Entzug – Nachdem sie am Heiligen Abend, vorgestern Nacht und nun gestern Abend wieder kräftig getrunken hat... also alles wie immer", dachte Manuel.

Er schüttelte nur noch seinen Kopf und er sagte zu Simone: *„Und? Musste das nun wieder sein?"* Nein, er schimpfte dieses Mal nicht. Denn, was sollte er da noch sagen? Es war doch alles so sinnlos, so sinnlos wie bei seinem Vater.

„Es ist ihre Art"

Manuel war nach diesem Vorfall endlich angekommen, die Dinge emotionslos und schonungslos zu sehen:

„Das ist eben Simone. Es ist ihre Art zu leben, so wie sie das mag, oft exzessiv, übertrieben und viel zu wenig mit den Füßen auf der Erde.

Sie ist ein großes Kind, das in der Mitte eines Spielzeugladens sitzt, das mit allem Möglichen spielt, das ständig beschäftigt werden möchte und das sofort mit Ärger, Wutausbrüchen, Beschimpfungen reagiert, wenn der andere nicht für sie da ist oder sie nicht bekommt, was sie möchte."

- *Da war doch jedes Wort sinnlos.*
- *Sie möchte so sein, so leben, sie möchte „ihr Blut der Erde" trinken?*
- *O.k. – Dann soll sie eben trinken, so oft und so viel sie möchte.*
- *Es ist ihr Leben, ihr Körper, ihre Verantwortung.*
- *Und wenn sie meint, dass sie das immer wieder braucht, dann muss sie auch mit den Folgen leben".*

Alkohol – Sucht: stärker als jede Vernunft

Wir sprachen ja schon oft darüber, es ist das „alte" Thema: 1000 Dinge müssen wir Menschen im Leben lernen zu lassen, weil wir die Folgen fürchten. So wird kein Mensch auf eine heiße Herdplatte fassen, bei Rot über die Ampel gehen, im 5. Stockwerk aus dem Fenster springen usw.

Nur: Suchtmenschen lernen nicht

Sie können immer wieder die schlimmen Folgen ihres Trinkens, ihre oft klinikreifen Zusammenbrüche nach dem Saufen erleben und ertragen.

Zwar geht es ihnen dann meistens gesundheitlich schrecklich und im Lauf der immer stärkeren Belastungen immer schrecklicher, aber was den Alkohol betrifft, da sind sie resistent, sind sie weder lernfähig noch lernwillig.

Ihr Alkohol-Suchtspeicher, der Zwang, die Gier sind einfach zu stark.

Und sie trinken immer weiter, obwohl sie ja schon sehr oft die Erfahrungen machen mussten, welches gesundheitliche Desaster auf den nächsten Rausch folgen wird.

Manuel sieht das jetzt alles glasklar, aber mit großer Besorgnis auf Simone zukommen.

Er hat aufgrund seiner bisherigen Erfahrungen die Befürchtung, dass auch Simone zu diesem Alkoholiker Typ gehört, der dieser Sucht hilflos verfallen ist, der lieber seinen Körper zerstört, sich so langsam ins alkoholische Delirium hinein säuft, als das sie in ihrem Leben endlich etwas ändern würde.

Und sein Herz entfernte sich immer weiter von ihr. Dieses Mal war er nicht mehr bereit, mit ihr zu leiden, sie zu verwöhnen und nun Krankenpfleger für ihre Unvernunft zu spielen.

Also zog er sich an. Auf seine Frage, ob sie zum Frühstück mitkommen wolle, schüttelte sie nur angewidert mit dem Kopf. Er zuckte mit den Schultern, sagte nur kurz: *„Deine Entscheidung"* und er ließ Simone leichenblass, mit kaltem Schweiß auf der Stirn, allein – in diesem fremden Land, auf diesem Urlauberschiff - im Zimmer liegen, die ihn schweigend, aber mit großen angstbesetzten Augen anschaute, als er wirklich ging.

Simone hätte jetzt dringend einen Arzt gebraucht. Aber er wollte nicht (wie im Türkeiurlaub) schon wieder einen Arzt holen, denn er hatte noch sehr gut im Ohr, was ihm im letzten Urlaub, genau in der gleichen Situation, der türkische Arzt gesagt hatte:

„Uns Mohammedanern hat unser Prophet Mohammed das Trinken ausdrücklich verboten.
Wer Alkohol trinkt, ist nicht mehr sich selbst und er/sie tut und sagt Dinge, die mit dem Leben eines wahren Gläubigen nichts mehr zu tun haben. Alkohol trinken, ist eine schwere Sünde.
Versuchen sie alles, damit sie endlich mit dem Alkohol aufhört. Sonst werden Sie in diese Alkohol-Hölle der Frau mit hineingerissen und das sollten sie sich wert sein, draußen zu bleiben und einen sauberen Weg zu gehen.
Und wenn diese Frau bei ihrem Alkohol bleiben möchte, so trennen SIE ihren Weg von dem Weg dieser Frau und gehen SIE IHREN Weg allein weiter."

Also ging er zum Frühstück, saß allein und nachdenklich an einem Tisch, fühlte sich unter den Augen all der anderen

Paare, (von denen die meisten Simones Auftritt gestern erlebt hatten) alles andere als wohl.

Als er danach allein an der Reling stand, wurde er innerlich immer ruhiger. Er atmete die wunderbare milde und würzige Luft, blickte auf einen traumhaften Sonnenaufgang. Er spürte: Sein Herz wurde, beim Blick über das ruhige Wasser, die unendliche Weite und Stille der Landschaft, in einen geradezu spirituellen Frieden versetzt und mit Gott und sich selbst versöhnt.
Es war wie Meditation.

„Heute vor einem Jahr, da saßen wir das erste Mal in unserer Pizzeria und wir lernten uns kennen und lieben. Heute, nach einem Jahr, ist unsere Welt - aufgrund ihrer Sauferei - zu einem Chaos geworden", dachte er bitter.

...und er war, aufgrund all seiner Erlebnisse und Erfahrungen mit Simone nicht mehr bereit, ihre Eskapaden mit Verständnis und endlosem Verzeihen mitzumachen.

Teil 8 – Kapitel 10

Es ist einfach schrecklich...
Danach ging Manuel noch einmal in die Kabine, wo Simone noch im Bett lag. Er fragte sie ganz sachlich, ob sie zum 1. Ausflug mitkommen möchte, wissend, dass sie in diesem Zustand keinen Fuß aus dem Bett setzen würde. Heute war er nicht mehr bereit, sie auch noch für ihre Sauferei und die Peinlichkeiten von gestern zu belohnen und nun bei ihr sitzen zu bleiben und sie für ihre Unvernunft zu pflegen.

Nein, natürlich wollte sie nicht mitkommen, meinte sie. *„Ich bin nicht extra mit dir nach Ägypten gefahren, um hier auf diesem Schiff – aufgrund Deiner versoffenen Unvernunft - wieder einmal Krankenpfleger zu spielen"*, sagte Manuel kalt zu ihr.

„Ich lasse mir von Deiner ständigen Sauferei diese schöne und teure Reise nicht kaputtmachen. Wenn Du ein Problem haben solltest, es gibt auch hier einen Arzt oder ein Krankenhaus und wenn´s Dir langweilig sein sollte, kannst Du ja an die Bar gehen wieder weiter saufen, darin bist Du ja langsam Weltmeister." Er drehte sich um, ließ die verblüffte Simone allein in ihrem Zustand liegen, knallte die Tür zu und ging zur Führung.
Das hätte Simone nie von Manuel erwartet.

Nur was nutzen die schönsten ägyptischen Altertümer, was nutzen die brillantesten Erklärungen des Fremdenführers, wenn Manuel gar nicht mit seinen Gedanken und mit seinem Herzen dabei war.

Seine Seele war verbittert. Seine Gedanken kreisten immer wieder um Simone, warum sie so unberechenbar war, warum sie so viel soff, warum sie Versprechen nicht einhielt usw.
Und dann das auch noch: Beim gemeinsamen Mittagstisch in einer urigen Art Taverne stand Manuel plötzlich im Mittelpunkt, als er gefragt wurde, wo er seine Frau gelassen habe, die gestern Abend so toll auf der Tanzfläche… Nun, er redete nicht viel und lange herum.

Er sagte einfach: *„Sie liegt im Bett. Sie hat aufgrund der Klimaveränderung Migräne. Vielleicht hat sie auch gestern vor lauter Freude hier zu sein, zu viel Pyramidenwein erwischt",* worauf einige ernst nickten, andere verstehend lächelten oder komisch schauten. Nun, jeder konnte sich seinen Teil denken. Und von da ab ließ man ihn in Ruhe.

Als die Gruppe am späten Nachmittag aus dem Autobus ausstieg, da hatte Manuel wieder so ein ungutes Gefühl, was er wohl jetzt wieder mit Simone erleben würde, wenn er in die Kabine zurückkam.
Stattdessen stand Simone an der Reling und sie wartete auf ihn. Sie sah noch sehr blass aus, hatte tiefe Augenringe, aber sie war froh, dass er wieder bei ihr war. *„Entschuldige",* sagte sie zu ihm, *„es tut mir so leid, was in den letzten Tagen passiert ist."*

Und Simone hatte ja recht. Sie war süchtig, wirklich der Sucht verfallen. Der Alkohol, der Zwang zum Trinken, die Gier regierten ihr Leben und hatte Macht über sie... Ja, Simone war schwer alkoholkrank.
Danach saßen sie in der Abenddämmerung bei einem Mocca an Deck. Sie atmeten diesen unvergleichlichen Geruch des Nilwassers, sahen dem malerischen Sonnenuntergang zu und Simone versprach Manuel (wieder einmal!) hoch und heilig:
„Ich sehe doch selbst, wie es mir danach immer geht.
Ich trinke jetzt wirklich nichts mehr.
Das ist jetzt endgültig vorbei.
Darauf kannst Du Dich wirklich verlassen."

Teil 9

Die bittere Wahrheit:

„Kein Mensch,
hat mir so viel
Kummer und Probleme bereitet,
wie ich mir selbst."

Willkommen in der Wirklichkeit...

Schön wär's, dachte Manuel und er erinnerte sich daran, wie oft ihm Simone schon versprochen hatte, nicht mehr zu trinken. Aber wirklich, Simone hielt sich tapfer. Die nächsten Tage brauchte sie noch, um wieder stabil zu werden. Dann genossen sie beide, die Nilkreuzfahrt, die schönen Büfetts und die ständige Nähe zueinander. Simone war mit Freude an den Ausflugsprogrammen dabei und... sie trank nur Wasser, Säfte und Kaffee. Wenn Manuel Simone so erlebte, dann hatte er solche Freude mit ihr, dass er wieder genau wusste, warum er mit ihr zusammen war.

Niemand, der Simone in dieser nüchternen Phase erlebte, lebendig, offen, warmherzig, interessiert, würde nur im Entferntesten ahnen, dass Simone ein Alkoholproblem hat.

Aber diese gute Stimmung zwischen ihnen war am Ende dieser Urlaubswoche schnell wieder vorbei. Simone war während des Rückfluges in ihren Gedanken wieder bei ihrer Arbeit, ihren Eltern, den „Freunden", den Nachbarn. Sie machte sich Gedanken darüber, was in der Zwischenzeit wohl alles passiert sei, was wohl alle über sie denken und sagen würden, weil sie jetzt weg war.

Auf der Heimfahrt wollte sie gar nicht mit zu Manuel, sondern „erst einmal" schnell zu sich nach Hause. Sie wollte sehen, ob Post gekommen ist usw.

Manuel hatte kein gutes Gefühl dabei. Simone war in den letzten Tagen so gelöst. Jetzt erlebte er sie wieder hektisch, als würde sie unter einem ungeheuren Druck stehen.

„Wie wird es ihr wohl gehen, wenn sie ihre Wohnung, ihren unaufgeräumten depressiven Saustall wieder betritt", dachte er?

Manuel brachte ihren Koffer und die Taschen noch in ihre Wohnung, wo sie sich erst einmal auf den blinkenden Anrufbeantworter und auf das Handy stürzte, dass sie vergessen hatte.

Er fuhr dann mit gemischten Gefühlen zu sich heim, was wohl nun wieder passieren würde. Irgendwann in der Nacht klingelte sein Telefon. Simone war es und... sie lallte wieder. Ja, ihr Vater habe... ihre Freundin hat...von der Arbeit habe sie gehört...im Urlaub, da hast Du ja auch gesagt. Sie brachte wieder einmal alles durcheinander und stülpte ihm ihre betrunkenen Wahrheiten über.

Plötzlich verdächtige sie Manuel sogar, dass er im Urlaub am Frühstückstisch immer an ihr vorbeigeschaut, der Tussi am Nebentisch ständig auf den Busen gestarrt haben sollte, wie freundlich er zu anderen Frauen war, aber nicht zu ihr.

Irgendwann konnte Manuel diese lallende Kette von Anklagen, Beschimpfungen und Verdächtigungen nicht mehr hören und er unterbrach die Verbindung.

Diese ganze Kreuzfahrt, die schönen Tage: *„Das war alles umsonst, war alles Illusion"*, dachte Manuel. *„Willkommen wieder in Simones besoffener Wirklichkeit."*

Es wurde immer schlimmer

In den Tagen auf dem Nildampfer, als Simone völlig nüchtern und so liebenswert war, da stand Manuel in seiner Mitte. Sie hatten auch richtig gute Gespräche über Simones
Leben, über ihre Vergangenheit, über den Sinn des Lebens,
über Glauben und über Gott führen können.

Manuel staunte nur so, wie offen und zugänglich Simone
hier in dieser Urlaubsatmosphäre für all diese Themen war.
Er hoffte, dass sie ihr Versprechen wahr machen werde,
nichts mehr zu trinken.

**Nur jetzt, musste er genau das Gegenteil erleben. Es
begann nicht nur wieder alles von vorn, nein, es wurde
mit ihrer Trunksucht sogar noch schlimmer, viel
schlimmer, als er das bisher mit ihr erlebt hatte. Manuel
stand vor einem Rätsel.**

„Das haben wir Dir doch gleich gesagt"

Beim 1. Gruppentreffen im Januar erzählte jeder von den
Dingen, die er/sie in den Wochen über die Feiertage erlebt
hatte. Manuels Geschichte und seine Erlebnisse mit Simone, lösten bei den Teilnehmern nur Kopfschütteln aus. Bei
den Frauen, die sich aufgrund des Alkoholismus von ihren
Partnern getrennt hatten, waren die Meinungen sowieso
klar: *„Das haben wir Dir schon vor einem Jahr gesagt, dass
das immer so ausgeht."*

Trotzdem: Manuel war noch nicht bereit Simone aufzugeben. Er glaubte, hoffte, betete dafür, dass Simone es endlich schaffen würde von dieser teuflischen Alkoholsucht weg

zu kommen. Sie hatte doch auch so viele warmherzige und gute Seiten.

Verdammt, er konnte Sie doch nicht einfach in der Mitte durchschneiden.

„Wo ist nur diese große, schöne und tiefe Liebe geblieben, die ich am Anfang für Simone empfunden habe", fragte sich Manuel oft deprimiert. Ihm war klar, dass – wenn hier nicht noch ein Wunder geschehen würde, er Simone loslassen müsse.

„Und dann, was wird dann mit/aus ihr?", **so fragte sein Verantwortungsgefühl, denn die Angst in ihm, dass sie ein solches Säuferwrack wird, wie sein Vater war, scheint ihm jetzt ganz realistisch.**

Teil 9 – Kapitel 2

Leben im Glauben

Manuel ist zwar katholisch getauft, aber er ist heute weder ein überzeugter, noch ein traditioneller Kirchgänger. Er empfindet sich heute mehr „christlich" als katholisch. Trotzdem geht er hie und da gern in die Messe.

Das war Manuels Überzeugung:

„Nicht die Religionen, mit Ihren sozialen und humanen Aussagen (in Bibel, Neues Testament, Thora, Koran) haben unsagbares Leid über uns Menschen gebracht, sondern diese selbsternannten „göttlichen Vertreter" der Religionen und der Institutionen Kirche, die immer IHREN eigenen „Wahren Gott" für sich haben wollten und deren EGO."

Gerade diese selbst ernannten „Göttlichen Vertreter" der Religionen, haben in einem Jahrtausend Millionen von Menschen - im Namen des Gottes, wie sie ihn sich vorstellen - in Kriege und unzähliges Leid gehetzt.
Aber Gott möchte absolut nicht, dass wir – als SEINE Geschöpfe - uns – gegenseitig die Köpfe einschlagen." Das ist doch pervers und widerspricht ganz klar SEINEM Gebot: „DU SOLLST NICHT TÖTEN!"

Deshalb sah Manuel heute Religionen und die Institution Kirche mit ihren „heiligen" Vertretern, sehr kritisch.

Er hatte als Schüler ministriert. Später, in jungen Jahren, da hat ihn Kirche und Glaube nicht mehr interessiert. Nur ca. 30 Jahre später, nach der Trennung von seiner Frau, hat es in ihm eine neue Entwicklung gegeben. Er begann sich wieder für Spiritualität und Glauben zu öffnen. Er las viele Bücher zum Thema Esoterik, Spiritualität und Glaubensfragen, besuchte spirituelle Seminare, ging auch öfter in die Messe, zeitweise auch Pilgerwege.

Der Glaube an die Schöpfung, an Gott, an SEINE Liebe und Vergebung, an die Kraft SEINES Heiligen Geistes, das alles ist Manuel zur Überzeugung geworden...
Was Manuel bisher geholfen hat, Simones immer schlimmer werdende Trinkerei zu ertragen, das war sein inzwischen fester Glaube an die Güte dieses liebenden und verzeihenden Gottes, an den man sich jederzeit wenden kann und der hilft, Probleme besser zu ertragen...und Manuel versuchte, danach zu leben.

Trockene Alkoholiker: Kraft aus dem Glauben
Aufgrund von intensiver Beschäftigung mit Alkoholismus, in Büchern und Internet, hatte Manuel mit großem Erstaunen in Schilderungen von Lebens- und Erfahrungsberichten gelesen, WIE es viele ehemalige Alkoholiker(innen) geschafft haben, endlich von dieser Sucht nach Alkohol wirklich frei zu werden.
Durch den Glauben! (Denken Sie bitte an die Geschichte von Hans und Bärbel)

Teil 9 – Kapitel 3

Fastenzeit
In der vorösterlichen Fastenzeit ging es mit Simones Trunksucht auf und ab. Nachdem sie sich wieder einige Trinkexzesse im Fasching geleistet hatte, mit den typischen Zusammenbrüchen danach, da ging es ihr nur noch schlecht.
Aber plötzlich hatte sie die Idee, sie möchte durch Fasten ihren Körper entgiften und nun endlich und wirklich aufhören zu trinken.

Da sie ja in ihrem Leben immer alles sehr begeistert und übertrieben angeht, fastete sie nun mit Obstsäften, schluckte alle möglichen milchsauren Gemüsesäfte, machte Einläufe und Leberwickel. Und…sie sah nach einer Woche wirklich viel besser aus, redete plötzlich wieder klar, war einfach „gut zu haben". Manuel fand das Klasse.

Also unterstützte er sie tatkräftig. Er kaufte ihr in der Apotheke alle möglichen milchsauren Kräutersäfte, Naturheilmittel zur Entgiftung und Ausleitung, sowie Darmbakterien, Molke usw.

Je länger sie diese Kur durchhielt, desto mehr keimte in ihm die Hoffnung auf, dass sie es wohl dieses Mal schaffen würde.

Aber, eine gute Woche später, beim Grillabend einer ihrer Freundinnen, als sie diese lachen, vergnügt trinken, all die vielen Flaschen mit Bier, Sekt, Wein, und die anderen Spirituosen sah, da war von Fasten nicht mehr die Rede.

Da war plötzlich diese Stimme in ihr, die immer wieder sagte: „trink doch". Und mächtig meldeten sich ihre Sucht, ihre primitiven Triebe und Bedürfnisse, ihr gieriges Kleinkind und ihr Zwang Alkohol zu trinken.

Wichtig:
Und es wird immer wieder solche Gelegenheiten zum Trinken geben, solange, bis Simone sich selbst durch Therapie kennen und ihre Trinksucht beherrschen gelernt hat.

Als es ihr nach diesem Saufgelage wieder sehr schlecht ging, akzeptierte Simone zerknirscht, dass sie ja eigentlich gar nichts mehr trinken wollte und sie – wieder einmal - einen „Rückfall" gehabt habe, der aber nun wirklich nicht mehr vorkommen werde, so versprach sie hoch und heilig.

„Ich weiß ja auch nicht, wie das passiert ist", meinte sie wieder einmal kleinlaut.

Da konnte nur Gott noch helfen

Manuel war nicht verärgert, wie sonst immer. Er wusste nur nicht mehr, was er tun sollte. Er fühlte sich ausgebrannt, hilflos und enttäuscht.

Sein Gewissen sagte:
„Simone ist krank, alkoholkrank. Sie trinkt, weil ihre Seele um Hilfe schreit."

Deshalb tat sie ihm nur noch leid. Er sah es mit Beklemmung, dass sie dem schlimmen Schicksal seines, durch Alkohol völlig heruntergekommenen Vaters, entgegen ging.

Der Dämon Alkohol

Wenn Manuel die warmherzige Simone (die er so geliebt hat) heute in ihren Alkoholexzessen erlebte, dann kam sie ihm oft so vor, wie wenn sie von „Dunklen Mächten" besetzt wäre.

Er hatte keine andere Erklärung mehr für das, was er bei und mit ihr erlebte.

Es war, als würde dieser Dämon Alkohol so langsam ihr ganzes Leben, ihren Geist, ihre Sinne und ihre Sprache beherrschen.

Er sah für Simone nur noch einen Weg der Hilfe: die Hinwendung zu Gott.

Denn für den gläubigen Manuel war Gott das Licht. Alles was Simone betraf, schien ihm jetzt nur noch dunkel, oft sehr dunkel.

Manuel hatte in der letzten Zeit viele Berichte in den Internetforen von ehemaligen Alkoholikern gelesen, wie sie es geschafft haben, aus ihrer Sucht herauszukommen.

Viele von ihnen schilderten, dass sie durch den Glauben, durch die Wiederaufnahme ihrer Beziehung zu Gott und gestärkt durch seinen Heiligen Geist, die Kraft fanden, diesen Dämon Alkoholsucht endlich zu besiegen.

Nur, Manuel wusste: Wenn Simone nach 30 Jahren Trinken, immer noch nicht einsieht, was die Alkoholsucht in ihrem Leben angerichtet hat, dann wird Gott sich nicht einmischen und in ihr Leben eingreifen. Außer:

Wenn Simone selbst kommen würde und wirklich Hilfe von „der Kraft des Liebenden Geistes Gottes" haben wollte, dann müsste SIE SICH SELBST an Gott wenden und IHN bitten:

„Lieber Gott, hilf mir bitte.
Ich sehe ein, ich bin süchtig. Und ich will da raus,
aber ich schaffe das nicht allein."

…und dann wird ER auch als verlässlicher Partner da sein. Freilich nicht immer gleich und so, wie wir uns das vorstellen oder gern hätten, denn Gott ist kein Weihnachtsmann oder Supermarkt.

Nun mal ehrlich…warum soll denn Gott immer nur dann für uns da sein, wenn es uns dreckig geht, wenn wir ja sonst auch nichts von ihm wissen wollen?

Aber Manuel ist – auch aufgrund dieser vielen Schilderungen ehemaliger Alkoholiker- überzeugt, dass der Glaubensweg das Einzige ist, der Simone helfen kann.

Und aus dieser Überzeugung schrieb er ihr am Vorabend des Osterfestes noch einmal eine E-Mail an Simone.

Liebe Simone
Ich möchte noch einmal an unsere intensiven Gespräche auf dem Nildampfer erinnern: Alkohol, das ist weder eine Lösung und schon gar keine Erlösung!
Diese Erlösung funktioniert doch immer nur so lange, wie der Alkohol wirkt. Aber am nächsten Tag, da ist die Vergangenheit, der alte Schmerz schon wieder da.
Alkohol: Das ist genau die gleiche Illusion wie bei kleinen Kindern, die ihre Hände vor ihre Augen halten und dann sagen, sie seien jetzt unsichtbar.
Ich denke: Gott hat uns als Seelen auf diese Welt geschickt, damit wir hier Erfahrungen machen sollen, reifer werden, weiser werden können.
Simone: Gott ruft Dich..., immer wieder. Er möchte NICHT, dass Dein Leben, das Du von ihm geschenkt bekommen hast, im Alkohol untergeht. ER möchte sich durch Dich endlich zeigen.
Deshalb: Geh hin zu Gott. Sage ihm:
„Lieber Gott, ich bin – wie, das weiß ich nicht - Alkoholikerin geworden. Ich möchte unbedingt davon weg, nur - ich schaffe das nicht allein.
Ich brauche unbedingt Deine Hilfe. Hilf mir bitte..."

... und keine Angst, Gott wird Dir, wenn Du zu IHM kommst und IHN darum bittest, zusammen mit Seinen Engeln nicht nur

---

> *die Kraft, sondern auch das Licht geben, was Du für diesen Weg brauchst.*
> *Herzlichst Manuel und ich freue mich für Dich, wenn Du diesen Weg gehst.*

„Was heißt da schon Gott?"

Aber Simones Seele und Gedanken waren dunkel. Sie nahm diese E-Mail kaum zur Kenntnis. *„Gott? Was heißt denn da schon Gott?"* meinte sie lallend. Sie brauche diesen Gott nicht, der sei nie für sie da gewesen. Und sie argumentierte so, wie viele andere auch oft daherreden:

„Wenn es diesen Gott gäbe, dann solle er sich einmal um die Schlechtigkeit, die Kriege, den Hunger in dieser Welt kümmern. Gott, das sei doch alles nur Pfarrergewäsch."

Manuel schüttelte nur den Kopf, wenn er dieses Gerede von Simone hörte. Er war der Überzeugung, dass alle Menschen, die auch so wie Simone denken, hier etwas ganz Wichtiges vergessen:

„Gott hat mit der Schlechtigkeit vieler Menschen, mit den Kriegen, die sie immer wieder führen, mit dem Leid, Not, Hunger usw. nichts, nein, überhaupt nichts zu tun.
Das meiste Leid auf dieser Welt kommt aus der Schlechtigkeit des Denkens und Handelns, aus Gier, Neid, Habsucht, Eifersucht, dem Kleinheitsdenken und Größenwahn der oft völlig überzogenen oder minderwertigen, oft auch kriminellen EGOS."

Nun gibt es Menschen, die an dieser Stelle sagen, dann hätte dieser Gott uns ja anders schaffen können.

Hat er ja:

Er hat uns, als wir geboren wurden, eine schöne und reine Seele geschenkt und er hat uns seine 10 Gebote gegeben, die heute anscheinend nur noch wenige kennen. Deshalb hier noch einmal zur Erinnerung:

1. Ich bin der Herr, dein Gott. Du sollst keine anderen Götter neben mir haben.
2. Du sollst den Namen Gottes, nicht missbrauchen.
3. Du sollst den Sabbat heiligen.
4. Du sollst deinen Vater und deine Mutter ehren.
5. Du sollst nicht töten.
6. Du sollst nicht ehebrechen.
7. Du sollst nicht stehlen.
8. Du sollst kein falsches Zeugnis reden, wider deinen Nächsten.
9. Du sollst nicht begehren deines Nächsten Weibes.
10. Du sollst nicht begehren deines Nächsten Hauses, Hab und Gut.

Würden wir Menschen „nur" nach diesen 10 Geboten leben, dann wäre unsere Erde ein Paradies. Gott hat uns Menschen außerdem einen freien Willen gegeben, damit wir weise mit seinen Geschenken, Gaben und Gesetzen umgehen. Haben Sie den Eindruck, dass sich die Menschen dessen bewusst sind, oder sich danach richten?

Ein Blick ins Internet, Zeitungen und Tageschau genügen: Schauen wir uns unsere Welt an, was wir Menschen mit unserem freien Willen, mit unseren EGO Kräften daraus gemacht haben. Gott wollte das bestimmt nicht so.

Manuel ist von Gott und der spirituellen Welt, die uns Menschen umgibt, überzeugt. Dietrich Bonhoeffer, evangelischer Pfarrer, der von den Nazis in der Neujahrsnacht 1944/45 im KZ Berlin Plötzensee für seine religiöse Überzeugung hingerichtet wurde, hat kurz vor seinem Tod den Text dieses heute berühmten Liedes geschrieben:

> ***Von guten Mächten wunderbar geborgen,***
> ***erwarten wir getrost, was kommen mag.***
> ***Gott ist mit uns am Abend und am Morgen***
> ***und ganz gewiss an jedem neuen Tag.***

Also, der Weg in Richtung Glauben geht bei Simone auch nicht, wie bei den vielen anderen, die durch die Kraft des Glaubens trocken geworden sind. *„Nur, was bleibt denn jetzt noch?"*, fragte sich Manuel deprimiert.
„Ich habe wirklich alles mir Mögliche versucht. Ich denke, jetzt ist höchste Zeit für mich zu gehen."
.
Teil 9 – Kapitel 4

Diese schöne Liebe…, wo ist sie geblieben?
Simones Leben wurde immer unberechenbarer. Sie war weiterhin 1-2 Mal in der Woche angetrunken oder betrunken, wo sie Manuel immer wieder anrief und ihn „zu laberte". Manuel hatte gerade davon „die Schnauze voll", denn „dieses betrunkene Geleiere", das fand er widerlich, das kannte er noch zu gut von seinem Vater.
Deshalb legte er sich eine neue Art zu, mit diesen Telefonaten umzugehen. Er hörte ihr nicht mehr zu, diskutierte nicht mehr mit ihr und ließ sich nicht mehr beschimpfen, so wie früher. Sondern er sagte ihr kurz und knapp: *„Ruf mich wieder an, wenn Du nüchtern bist."*

Er sah in Simone immer mehr das Schicksal seines Vaters, eines Voll-Alkoholikers, der bis zum letzten Atemzug SEIN MEDIKAMENT, seinen geliebten Alkohol brauchte und der ihn auf elende Weise ins Grab brachte.

Und es kam der Tag, als sie wieder einmal betrunken primitiv und gemein herum pöbelte, da war für ihn das Maß voll. Da sagte er ihr zum ersten Mal: *„Simone, solange Du weiterhin trinkst, möchte ich von dir nichts mehr sehen und hören"*, was Simone cool wegsteckte und sie sich bei Manuel nicht mehr blicken ließ.

Bittere Bilanz

Wie das bei Trennungen oft so ist: Es gibt so viele wenn, ob, hätte, könnte… Weil er Simone immer noch mochte und deshalb Schuldgefühle hatte, ging Manuel im Herbst für ein verlängertes Wochenende in ein Kloster auf Exerzitien.

Hier im Kloster, da fand er endlich Ruhe und Zeit zum Nachdenken. Er arbeitete, neben den Seminarthemen, auch mit einem Pater, der gleichzeitig Psychologe und Familientherapeut war, an seinem Lebensthema: Simone und ihrem Alkohol, auch seine Erlebnisse und Erfahrungen als Kind mit seinem alkoholkranken Vater.

Der Therapeut bat Manuel, schriftlich einen Rückblick auf die Zeit mit Simone zu fertigen, was ihm sehr schwer fiel, ihm aber Klarheit seiner Gedanken und Gefühle brachte.

Bei diesem Rückblick fiel Manuel ein, was seine Therapeutin und sein Freund Andreas von Anfang an sagten:
„Diese Frau ist alkoholkrank. Sie hat in ihrer Seele ein riesiges Problem, sonst würde sie ja nicht ständig trinken. Du Manuel, Du kannst dieser Frau nicht helfen, oder sie vor diesem Alkoholiker - Schicksal bewahren.
Wenn sie nicht selbst bereit ist, Hilfe zu suchen und anzunehmen, zum Beispiel in eine Klinik zu gehen."

Außerdem hatte er sich die Antwort einer Betroffenen vom Internet Forum des Blauen Kreuzes ausgedruckt, was er immer wieder las:

Hallo Manuel

Ich habe dieses Ringen um die Beziehung zu meinem alkoholsüchtigen Mann jahrelang mitgemacht (zwischen Liebe, Verantwortungsbewusstsein und Schuldgefühlen) =, ob ich das alles miterleben muss, oder ob ich auch ein eigenes Recht darauf habe zu sagen, so möchte ich das nicht und ich verstehe deshalb so gut, was Du hier beschreibst. Ich sage Dir nur eines aus meiner Erfahrung: Irgendwann MUSST Du Dich fragen:

1) *Bestehen realistische Chancen, dass meine Partnerin ihr Trinken aufgeben wird?*

2) *Wenn nein, wie wird Deine Beziehung in einem oder in fünf Jahren aussehen?*

Denn wenn KEINE realistischen Chancen da sind, dass Deine Partnerin ihr Trinken aufgeben wird und Du kein Licht am Ende des Tunnels siehst, weil Du Dir dieses jetzige, lebensbelastende Alkohol- und Partnerschaftsdrama noch in 5 Jahren vorstellen kannst, dann solltest Du Dich ganz schnell von dieser Frau trennen.

Besser heute als morgen, aber tu es bald!

Klar, dass ist Selbstschutz, aber du hast auch ein Recht darauf, ja sogar die Pflicht, für Dich gut zu sorgen!

Denn wenn sie beschlossen hat, ihr Leben mit dem Alkohol immer weiter zu zerstören, dann musst Du nicht mit ihr untergehen.

Liebe Grüße von Rose

Auch der Pater und Psychotherapeut sagte ihm am Ende der Exerzitien: *„Eine Partnerschaft, in der einer der Partner ein Alkoholproblem hat, läuft selten normal.*

Die Erfahrungen zeigen: Die Unberechenbarkeit und die Belastungen für den nicht trinkenden Partner, sind enorm. Das zerrt ständig an der Seele des NICHT trinkenden Partners und an dem Beziehungsfundament.

Deshalb gehen Alkoholiker – Partnerschaften, früher oder später, fast immer kaputt.“

„Was suchen Sie eigentlich?“ fragte ihn der Therapeut. *„Sie haben doch bisher so bewundernswert lange bei oder mit dieser Frau durchgehalten. Aber nun müssen Sie doch etwas ganz Wichtiges lernen und akzeptieren:*

Diese Frau möchte (oder kann, aufgrund der Alkohol-krankheit) an und in ihrem Leben nichts ändern!
Auch er, Manuel, kann an ihrem Leben nichts ändern!
Sie Manuel, Sie können nur eines tun:

Gut und weise für sich selbst sorgen!"

Traum im Kloster
Nach diesen 10 Tagen im Kloster, nach diesem Aufrütteln seiner Seele, hatte Manuel in der letzten Nacht einen Traum. Ein großer und strahlender Engel stand ganz deut-lich vor ihm und sagte ihm eindringlich:

„Manuel, solange Simone trinken möchte, aus welchem Grund auch immer, lass sie trinken. Das ist ihr Leben und es hat seinen Grund, den Du nicht verstehst.

Also lass sie so, wie sie ist, denn sie ist gut so, wie sie ist. Solange Simone nicht von selbst kommt, weil sie ihren Al-kohol als störend empfindet, solange wird sich an und in ihrem Leben NICHTS ändern, das musst Du nach all den Erfahrungen doch endlich einsehen.

Entweder Du möchtest mit dieser Frau leben, dann musst Du auch klaglos ihr Trinken akzeptieren.

Oder der Alkohol stört Dich, dann musst Du Dich von der Frau trennen."

„Aber Du hast kein Recht, diese Frau ständig zu be-
drängen, sie soll mit dem Trinken aufhören, nur weil Du
es willst, nur weil Dich das stört, wenn sie trinkt."

„Du kannst nur eines:
Akzeptieren oder gehen!"

Teil 9 – Kapitel 6

Einsicht

Nach diesem Schlüsseltraum sprach Manuel noch einmal
mit dem Therapeuten, denn es war Manuel nun absolut klar,
wie recht doch der Engel seines Traumes hatte.
Nun fragte er sich natürlich*: „Was habe ICH nur die ganze*
Zeit über Simone angetan?"

ICH, ICH habe ständig versucht, Simone vom Trinken ab-
zuhalten.
ICH habe mit ihr geschimpft, gestritten, wenn sie getrunken
hatte.
ICH, ICH habe immer versucht Simone zu verändern.
ICH war sauer, wenn sie wieder getrunken hatte. (Sicher,
auf dem Hintergrund der Alkohol - Erfahrungen mit meinen
Eltern).
Simone hat immer zu ihrer Lust am Alkohol gestanden. Sie
hat immer wieder betont, wie gern sie Alkohol trinke und
dass sie sich ein Leben ohne Alkohol nicht vorstellen könne.
Sekt oder Wein, das sei für sie ein Genuss. Darin war Simone immer ehrlich.

Ja, Manuel sah nun ein:

Es war immer er, der Simones Leben ändern wollte, aber nicht sie. Sie wollte NIE etwas ändern. Sie hat immer sich und ihren Alkohol verteidigt.

Wie heißt es schon in der Physik: Druck erzeugt immer Gegendruck!
Was dadurch zwischen Manuel und Simone entstanden ist, das ist ein großes emotionales Chaos.
Manuel musste immer wieder an diesen Engel denken, der ihm sagte:

„Du hast kein Recht darauf, Simone ständig zu bedrängen, nur weil Du es willst, nur weil Dich das stört, wenn sie trinkt."

Du kannst nur eines: Akzeptieren oder gehen!"

...und der Therapeut freute sich über diese „Himmlische Botschaft", die das gesamte Problem zwischen Manuel und Simone voll auf den Punkt brachte.

Und ähnliche Gedanken gab ihm zum Abschluss der Pater/Therapeut mit auf seinen Weg:

Er – Manuel – muss endlich etwas ganz Wichtiges lernen.

- Lassen Sie diese Frau so, wie sie ist.
- Sie **möchte (oder kann an ihrer Sucht) nichts ändern!**

- Und er – Manuel – habe für Simone **keinen Heils-auftrag,** er sei weder ihr Vater, noch ihr Erziehungs-berechtigter.
- Es ist ihr Leben und ihre Verantwortung.
- Auch wenn Manuel es noch so gut mit Simone meint:
- Er muss aufhören sie zu bedrängen und sie verändern zu wollen.

Er, Manuel kann nur eines tun:
Gut und weise für sich selbst sorgen!

Teil 9 – Kapitel 7

„Verpiss Dich, Du Arschloch!"
Gleich nach den Exerzitien, hat Manuel Simone angerufen und er wollte mit ihr darüber reden. Aber er musste feststellen, dass sie schon wieder getrunken hatte. Das gipfelte darin, dass Simone so ausfallend wurde, dass sie Manuel an den Kopf warf:

„Verpiss Dich, Du Arschloch und ich wünsche Dir einen schönen Tod!"

Betrunken hin oder her... Das war für Manuel der Schlusspunkt.
Der Schlusspunkt in einer Kette von zwei Jahren übler und übelster Beschimpfungen durch Simone, immer wenn sie unter Alkohol stand.

Er hatte sich ja schon vieles von ihr gefallen lassen, hatte viel geschluckt und viel verziehen. Aber das jetzt, das nahm er ihr so richtig übel.

Ablösung und Trennung
Für Manuel war es nun genug!
Die Summe an Gemeinheiten durch die betrunkene Simone, die vielen seelischen Verletzungen durch ihr Gepöbel, sind für Manuel zu einem riesigen Berg angewachsen.
Noch einmal wandte er sich mit der Bitte um Rat, an die Suchtberatung im Internetforum des Blauen Kreuzes, und er schrieb:

Hallo Ihr Lieben

Könnt ihr mir irgendwie mit Euren Erfahrungen helfen? Ich bin zurzeit einfach ausgebrannt.

Seit 2 Jahren muss ich bei meiner Partnerin ein ungutes Auf und Ab ihrer Trinkereien miterleben. Es hat unzählige Anläufe und Gespräche wegen ihrer Alkoholgeschichten gegeben – die oft im Streit, geendet haben. Auch sagte sie oft „ich bin keine Alkoholikerin, ich schaffe das so, ich brauche keinen Arzt." Oft hat sie mich unter Alkohol bös beschimpft. Ihre Sucht, war immer stärker, als die Liebe zu mir. Ihr Alkohol hat unsere Partnerschaft, unsere Liebe immer mehr zerrüttet und schlussendlich kaputtgemacht. Kürzlich hat sie mich massiv beschimpft: Ich sei ein Arsch, ein Riesenarsch, ich solle mich verpissen und sie wünsche mir einen schönen Tod. Ich frage mich: Von wel-

chen Dämonen wird sie nur beherrscht? Nun habe ich, nach 2 Jahren der immer massiveren Mahnungen – „Dein Alkohol oder ich" – ernst gemacht und ich habe mich total zurückgezogen und von ihr getrennt.

Und nun?

Jetzt fehlt sie mir und ich mache mir große Sorgen. Ich denke, so wie die Sache liegt, gibt es keine Aussicht auf Veränderung. Ja ganz im Gegenteil, ihre Trinkereien und was das alles so mit sich bringt und nach sich zieht, wurde in den letzten Monaten immer schlimmer. Alle ihre Versprechungen, aufzuhören, hat sie immer wieder sehr schnell gebrochen und sich ihren Pegel angetrunken, aus Frust, Ärger, Einsamkeit ... und ich war dann immer der Grund, weshalb sie angeblich trinken musste!!!

Also bleibt mir nur, für mich selbst zu sorgen und endlich zu gehen. Was mir geblieben ist? Das Wissen um eine liebe Frau, mit der es sich - wenn sie nüchtern war – hätte gut leben lassen. Ich muss sie nun in ihrer Alkohol Welt zurücklassen, die ICH immer als Hölle mit vielen Dämonen empfunden habe, eine Welt, die für sie anscheinend der Himmel auf Erden war. Und ich schäme mich, nun vor diesem Scherbenhaufen zu stehen, weil es mir nicht möglich war, ihr zu helfen.

Große Trauer ist in meinem Herzen um eine liebe Frau, die dieser Sucht verfallen ist, die sich von diesem Alkohol nicht lösen möchte oder kann, die keine Hilfe sucht und

annehmen möchte, und die ihren Alkohol immer heftig
verteidigt hat.

Alles Liebe und herzlichst, Manuel

....

Hallo Manuel

Dein Ringen um diese Beziehung ist verständlich und
sehr eindrucksvoll zugleich. Ich denke wie alle wichtigen
Entscheidungen im Leben ist es ein Prozess - bis man
endgültig loslassen kann. Der Alkohol ist dabei ein be-
sonderer „Kitt" weil es so viele Schuldgefühle macht. Du
musst einfach damit rechnen, dass auch Du „Rückfälle"
haben wirst - wie Alkoholkranke. Angehörige, haben diese,
in denen sie Schuldgefühle und das Bedürfnis haben,
immer wieder nach dem Rechten zu sehen, sich für den
Alkohol-Partner verantwortlich zu fühlen. Das ist völlig
normal, nur zeigt es die Verstrickung, die eine Sucht au-
tomatisch mit sich bringt.

Da kann es hilfreich sein, wenn man mit Außenstehenden
reden kann – so wie Du es mit uns tust. Trotzdem musst
Du Dich fragen: Bestehen realistische Chancen, dass meine
Partnerin ihr Trinken aufgeben wird? Wenn Du hier mit
NEIN antworten musst und Du deshalb Klarheit hast Dich
zu trennen, dann tu es! Denn die Frage steht im Raum:
Wie wird Eure Beziehung wohl in einem, fünf oder in
zehn Jahren aussehen? Und wie groß wird dann erst Dein
Frust, Dein Leid sein? Wenn Du das nicht erleben möchtest

und Du deshalb Klarheit hast Dich zu trennen, dann tu es!

Und wenn Deine Partnerin – nach all dem Leid - immer noch nicht bereit ist etwas gegen ihre Alkoholkrankheit zu tun (Klinik, Therapie, Gruppe usw.) und Du auch deshalb Klarheit hast Dich zu trennen, dann tu es, aber tue es bald!

Ich wünsche Dir Kraft und Klarheit! Liebe Grüße
XXXBerater

Teil 9 – Kapitel 8

Co - abhängige Partner schmeißen nicht leichtfertig hin
Von der ersten großen Liebe bis zu diesem Endpunkt, wo Simone zu ihm *„Verpiss Dich, Du Arschloch" sagte,* war es für den verantwortungsbewussten, verständnisvollen und hilfsbereiten Manuel ein weiter, ein sehr weiter Weg.
Denn die Erfahrung zeigt:

Co- abhängige Partner schmeißen nicht leichtfertig ihre Beziehung zu ihrem Alkohol – Partner hin (wie man das heute oft sehr schnell in „normalen" Beziehungen erleben kann).
Co- abhängige Partner versuchen diesen Kampf gegen die Sucht des Partners(in) solange zu kämpfen, bis es wirklich nicht mehr weiter geht. (Manche machen das oft Jahrzehnte lang mit).

Wenn Manuel sich also nicht ständig grün und blau ärgern, Simone nicht immer wieder betrunken erleben möchte, dann bleibt ihm JETZT nichts mehr anderes übrig, als Simone loszulassen, und zwar mit ALLEN KONSEQUENZEN! Aber es ist für Manuel keine gute Entscheidung.

Es ist eine Entscheidung Kopf gegen Herz und diese Entscheidung tut ihm weh.
Und so schrieb er ihr diese letzte e- Mail:

Liebe Simone,

Ich habe immer in der Hoffnung gelebt, dass Du endlich von diesem Alkohol wegkommst. Denn es gibt genügend Beispiele von ehemaligen Alkoholikern, die es auch geschafft haben, trocken zu werden… Warum also nicht auch Du?

Ich habe mich von Dir, wenn Du getrunken hast, belügen, beleidigen und beschimpfen lassen müssen – und wofür?
Du, nur Du, Du trägst auch die Verantwortung für alles, was in und durch Deinen Alkoholismus geschehen ist.
Du trägst auch die Verantwortung dafür, was Du und Dein Alkohol, Dir selbst, mir und unserer Beziehung damit angetan habt.

Ich habe keine Kraft mehr, das alles weiter mitzumachen, denn seit zwei Jahren, unternimmst Du überhaupt nichts, dass sich hier irgendwann einmal etwas ändern wird.
JA, Ich liebe in Dir diese warmherzige Simone.
Aber diese andere Seite, Deine Alkoholseite, Dein ständiges und unkontrolliertes Trinken, Dein Gepöble… und jetzt schmeißt Du mir auch noch an den Kopf: „Verpiss Dich, Du Arschloch und ich wünsche Dir einen schönen Tod!

> *NEIN Simone, das tut mir bis ins Herz weh und ich möchte so etwas NIE MEHR erleben. Das ist nicht mehr mein Weg. Deshalb muss jeder nun seinen Weg für sich gehen. Ich wünsche Dir dafür alles Gute, Manuel*

Was Manuel nun bleibt? *„Wehmut ist in mir"*, sagt er, *„weil ich mir eigentlich gewünscht hätte, dass sie endlich trocken wäre und immer bei mir ist. Denn ich weiß, dass sie ja auch ganz anders sein kann."*

Teil 9 – Kapitel 9

„und nun trinke ich erst recht..."
Seit seiner letzten E-Mail an Simone stehen sein Verstand und seine Gefühle immer noch im Konflikt. Irgendwie meinte er, dass es Simone mit seiner Hilfe vielleicht doch geschafft hätte...
Hie und da ruft Simone ihn noch an und oft kann er hören, dass sie schon wieder getrunken hat. Sie meint dann: *„Ja warum denn nicht. Du bist nicht mehr da und nun lasse ich es mir endlich gut gehen und trinke eben, na und?"*

Wie immer: Wenn sie mehr getrunken hatte, dann redete sie oft wirres Zeug. *„Du hast mich nie geliebt, sondern Du hast mich NUR als Nutte zum Bumsen gebraucht."*
Simone meinte: *„Das sei alles Manuels schuld. Sie habe sich absolut nichts vorzuwerfen. Sie habe ihn immer und tief geliebt und ER, nur er, sei zu solcher Liebe absolut nicht fähig. Außerdem hänge er noch viel zu sehr an seiner Familie, insbesondere an seiner Frau, also könne er sie gar nicht lieben."*

Die Folge war: Wie ein trotziges, bockiges und uneinsichtiges Kleinkind, trank Simone nun erst recht, exzessiv und noch mehr als zuvor.

Manchmal konnte Manuel sogar gut mit ihr reden und sie akzeptierte auch ihren Alkoholismus. Dann sagte sie unter Tränen: *„Was soll ich denn machen, ich schaffe das nie, davon wegzukommen. Am liebsten würde ich mich umbringen."*
Dann tat sie ihm leid und Manuel musste in diesen Momenten sehr auf sich aufpassen, denn wenn sie ihm so klein, hilflos und ehrlich begegnete, würde er sich am liebsten sofort wieder mit ihr treffen, sie trösten und versuchen, ihr zu helfen.

Aber er wusste ja, dann würde alles wieder von vorn beginnen und sich trotzdem nichts ändern. Also sprach er ihr Mut zu.

Ein anderes Mal war sie sehr euphorisch. Sie habe jetzt gefastet, den Körper gereinigt, habe (so wie sie es in einem Buch gelesen hat) sich von Freundinnen an eine Weinflasche binden lassen und habe sich in einem schamanischen Loslösungsritual von der Flasche losgesagt. *„Frei, ich bin jetzt frei"*, schwärmte sie Manuel vor... und er fand das Klasse!

Eines Tages erzählte sie von einem neuen Typ, den sie kennengelernt hätte, der sie sehr liebe und sie unbedingt haben wolle… und nun begann das Spiel wohl wieder von vorn.

Es tut immer noch weh…
Wenn Manuel heute an Simone denkt, dann tut es ihm immer noch weh.
Wie gern hätte er sie vom Alkohol weggebracht. Wie gern hätte er sie nüchtern bei sich, würde mit ihr zusammenleben, wenn, ja wenn…

Dann spürt er diesen alten Schmerz in sich, der tief aus seiner Seele, aus seiner frühen Kindheit kommt: Loslassen müssen, was ihm aufgrund von Liebe ans Herz gewachsen war.

Und wenn es da drinnen wieder einmal so richtig wehtat, dann tröstete er sich mit dem weisen Spruch:

„Was mir bestimmt ist, kann ich nicht verlieren.
Was mir nicht bestimmt ist, kann ich nicht festhalten.“

Aber jeden Abend bittet Manuel seine Engel, doch Simone beizustehen, sie zu behüten, sie zu beschützen und sie doch bitte von diesem Dämon Alkohol zu befreien.

Teil 10

Trocken werden:

Das haben schon
so viele geschafft;

Warum nicht auch DU?

Raus aus der Alkoholsucht

War diese Lebensgeschichte von Simone und Manuel für Sie nicht auch deprimierend? Zu lesen, wie zwei Menschen in Liebe aneinanderhängen, wie Manuel immer wieder versucht, Simone entgegenzukommen, ihr zu helfen und sie ihm immer wieder in ihre Alkoholwelt entgleitet.

Hinzu kommt sicher, dass auch genetische Vorbelastungen, sowie Kindheitserlebnisse und Erfahrungen mit eine Rolle spielen, die bei ihr zur Alkoholsucht und Zwang zum Trinken geworden sind.

Aber vielleicht ist es auch so, dass sie gar nichts mehr ändern kann, weil ihre Alkoholsucht und - Abhängigkeit im Lauf der Jahre zu stark geworden sind.

Schlimm, nicht wahr? In einem solchen Alkohol – System, kann es einfach kein Happy – End geben, sondern nur zwei unglückliche Verlierer!

Man kann Suchtkranken eben nicht mit Vernunft kommen, wie Manuel, der Simone 1000x gesagt hat: *„Hör endlich auf zu trinken, Du machst Dich und uns damit kaputt."*

Sie haben ja lesen können, aus welchen tiefen und unbewussten Quellen sich Sucht, Zwang und Gier und das primitive Bedürfnis-Befriedigungsprogramm zusammensetzen, wie kompliziert diese Steuermechanismen bei Sucht gesteuerten Menschen sind.

In den Therapien kann man immer wieder hören: Die Trinker(innen) verstehen das ja selbst alles nicht, was ihn/sie da zum Trinken treibt.

Und weil wir die Art zu Denken und zu Handeln der Alkoholiker meistens nicht verstehen, so nennt unsere Wissenschaft ihr Verhalten neurotisch, zwanghaft und ihre Sucht krank.

Trocken werden ist möglich:
Und doch ist kein Trinker(in) dazu verurteilt, als kaputter und „abgewrackter, alter Säufer(in)" im Alkohol, durch Bauchspeicheldrüsenkrebs und/oder Leberzirrhose zu enden.
Es gibt auf dieser Welt so viele Menschen, die es geschafft haben „trocken" zu werden und die Beispiel geben können, dass der Ausstieg aus der Sucht möglich ist.
Ich kenne aus meiner Praxis viele Schicksale von ehemaligen alkoholsüchtigen - Männern sowie Frauen - so wie auch Hans in diesem Buch. Auch sind einige richtige „Hartsäufer" darunter, die einige Jahrzehnte kräftig gesoffen und ihre Familien so richtig kaputtgemacht haben.
Sie alle sind heute aus Überzeugung, trockene Alkoholiker. Manche von ihnen sind voller Einsicht und Reue über das, was sie damals im Alkoholrausch, ihren Lieben angetan haben.

Aber heute sind sie trocken! Und sie trinken heute aus Überzeugung keinen Tropfen Alkohol mehr. Das ist für sie DAS Highlight, das Wichtigste in ihrem ganzen Leben geworden, das sie es geschafft haben, trocken zu werden.
Und darauf sind sie stolz, NEIN, darauf dürfen sie sehr, sehr stolz sein!

Also ist die Frage: Könnte das Simone nicht auch? Ja, sie könnte.

Denn die Erfahrung zeigt: Jeder mit einem Suchtproblem kann aussteigen, jeder, wenn er/sie das nur wirklich will.

Ich sage ja nicht, dass das leicht ist, aber es ist machbar. Wichtig ist:

Sie müssen das auch wirklich - mit jeder Faser ihres Herzens - selbst wollen... nur darauf kommt es an.

Und Hilfe gibt es überall, Sie brauchen nur ins Internet gehen.

Es gibt Organisationen, Anlauf- und Beratungsstellen, Suchttherapeuten, Kliniken, Gruppen..., denn gerade die Gruppen geben Halt.

Viele meiden die Gruppen allerdings, denn sie haben Angst davor und deshalb völlig falsche Vorstellungen. Viele denken, sie müssten immer in den Gruppen von sich und ihrem Leben erzählen.

Sie haben auch Angst, wer in der Gruppe sitzt und mich kennt, dass ihr „Geheimnis" überall herum erzählt wird, was völlig falsch und unbegründet ist.

Nur, viele mit einem Alkoholproblem, sind auch sehr misstrauisch und wollen ängstlich ihre Sucht verbergen...

Sie können sich sicher erinnern, was Manuel an dieser Stelle zu Simone sagte, als sie meinte, ihr Alkoholproblem könne nach außen bekannt werden:

Er hielt ihr entgegen, ob sie wohl vergessen habe, wie viele Menschen sie in den letzten 30 Jahren schon betrunken erlebt hätten, da sei eine auf Schweigepflicht eingeschworene Gruppe doch wirklich keine Gefahr für ihren Ruf.

Klar, wer Gruppen nicht mag, dem bleibt dann „nur" seinen Weg allein weiter zu gehen. Allein aussteigen ist natürlich machbar, aber erfahrungsgemäß, ohne „großen Bruder" im Rücken, der mir hilft und mich stärkt, ist der Weg schwierig... und die Rückfallquoten sind bei Alkoholikern – auch nach Therapie - hoch, wie Sie ja bei Simone immer wieder miterleben konnten.

Mal kurz zur trockenen Statistik: Die Rückfallquoten sind bei Alkoholikern mit regelmäßigem Gruppenbesuch gering, weil die Gruppe erinnert, stärkt, Heimat unter Gleichgesinnten gibt und trägt.

Das „4 SCHRITTE Programm"

Es gibt eine ganze Reihe von Vorstellungen, Strategien, Ideen, Philosophien, wie „man" diese Sucht bekämpfen und trocken werden kann.

Alle beherzigen diese 4 Schritte, die ich Ihnen nun vorstellen möchte, weil diese 4 Schritte die Basis, das Fundament zum frei sein von Sucht darstellen:

Bei den AA gibt es ein noch ausführlicheres, ein wunderbares 12 SCHRITTE Programm, dass ich Ihnen unbedingt ans Herz legen möchte; über Internet und Buchhandel zu beziehen. Auch als Hör-CD empfehlenswert: „Die Rose von Jericho".

Der 1. SCHRITT:

...und das ist der allerwichtigste SCHRITT. Es ist IMMER die Einsicht, das, was Simone nie hören und wahrhaben wollte. Es ist die Akzeptanz, der Offenbarungseid des Alkoholikers, sich offen einzugestehen:

„JA, ICH BIN SÜCHTIG
JA, ICH BIN ALKOHOLKRANK
JA, ICH BIN ALKOHOLIKER (IN) "

Das ist so, wie wenn Sie sich völlig nackt vor den Spiegel stellen, sich nicht mehr verleugnen, verkleiden oder verstecken, sich selbst in die Augen schauen und sich selbst sagen würden: *„Ja, der Alkohol macht mich kaputt! Meine Alkoholsucht zerstört mich und die Menschen, die mit mir leben."*

Das ist der Moment der Wahrheit:
Irgendwann im Leben kommt für jeden Suchtkranken der Moment, in dem er/sie vor sich selbst und der Wahrheit suchtkrank zu sein, nicht mehr davonlaufen kann, (wie es Simone immer noch tut).
Irgendwann MUSS sich jeder Alkoholiker Rechenschaft darüber abgeben:

- Was habe ich MIR mit dem Alkohol, was habe ich meinem KÖRPER und was habe ich all den Menschen angetan, die mit mir leben und die sich ständig um mich sorgen?

- Was hat mich mein Alkoholismus bisher an Lebensenergie und Lebenskraft gekostet, wenn ich betrunken war?

- Aber dann noch mehr, im Zusammenbruch und in der Entzugsphase, wenn ich tagelang fertig, ausgebrannt, leer und krank war?

- Diese Lebenskraft, die im/durch Alkohol verbraucht wird, fehlt natürlich im Lauf der Zeit immer mehr meinem normalen Leben und je älter ich werde, desto mehr.

- Das heißt: Die Zusammenbruchs- und Entzugsphasen werden immer kürzer, je länger ich Alkohol trinke und je älter ich werde, weil mein Körper immer kranker wird und irgendwann keine Kraft mehr zur Regeneration hat.

- Deswegen werden ja Trinker(innen) im Laufe der Zeit immer kranker, energieloser und irgendwann zum absoluten Säufer - Wrack!

Klar, sich das selbst zu sagen, dazu gehört Mut und Einsicht, nämlich:

„JA, ICH BIN SÜCHTIG."

Ich habe in meiner Praxis viele, heute trockene Alkoholiker erlebt. Alle sind diesen Weg der Wahrheit gegangen und niemand hat das je bereut.

Der 2. SCHRITT:

Erst nach dieser Akzeptanz, wo es keine Schuldzuweisungen an andere mehr gibt, kein Leugnen, keine Ausreden und kein dummes Drumherum reden, nur diese schonungslose Offenheit und Einsicht: JA, ICH BIN SÜCHTIG, erst danach kann der 2. Schritt folgen, nämlich der Wunsch:

„ICH WILL FREI WERDEN, ich will weg davon!"

Der 3. SCHRITT:

Und wenn dieser Wunsch, endlich mit dem Alkohol aufzuhören, stark genug ist, dann kann der 3. Schritt erfolgen:

„ICH KANN AUCH FREI WERDEN"

Marie von Ebner - Eschenbach sagt in ihrem Spruch:

„Wenn es einen Glauben gibt,
der Berge versetzen kann,
dann ist es der Glaube an die eigene Kraft"...

Ich muss also die Kraft, die mir der Alkohol immer nimmt, wieder als positive Kraft in mein eigentliches Leben zurückholen.

Denn es gibt einen mächtigen Verbündeten, den Sie sich in ihre Seele holen und aktivieren sollten:

Die Kraft des „liebenden Geistes Gottes", der Sie in jedem Fall für den Kampf mit dem alten Programm stützen und stärken wird.

Ich habe viele trockene Alkoholiker erlebt. Alle werden bestätigen, dass es möglich ist, diesen Kampf gegen das „alte Trinkprogramm" zu gewinnen. Deshalb können Sie das auch.

Der 4. SCHRITT:

Und ICH WERDE HEUTE!
JETZT! SOFORT!
ANFANGEN DAS ZU ÄNDERN.

NICHT ERST MORGEN,
ÜBERMORGEN ODER IRGENDWANN

Alle heute trockenen Alkoholiker werden es Ihnen bestätigen, so geht der Weg, nach diesen 4 Schritten, so, nur so!

1. ICH BIN SÜCHTIG

2. ICH WILL FREI WERDEN

3. ICH KANN FREI WERDEN

4. ICH WERDE HEUTE DAMIT ANFANGEN
DAS ZU ÄNDERN
HEUTE!

Der Knüppel

Freilich, gibt es eine „ungute ‚Sache" in dieser Geschichte. Viele Suchtkranke, so wie Simone hier, wollen nichts von ihrer Sucht hören, obwohl sie schon 1000 Mal die Folgen ihrer Alkoholexzesse in Form von Zusammenbrüchen, Entzugskrankheit usw. erlebt haben.

Die Sucht ist ein Dämon, ein DSCHINN, (aus dem arabischen=böser Geist), der sich nicht so leicht abschütteln lässt.

Dieser Sucht-Dämon möchte bleiben, wie und wo er ist.

Der von diesem Dämon Besessene beschuldigt andere, wird oft ausfallend, gemein, manche werden sogar handgreiflich.

Nichts hilft, weder vernünftig reden, noch streiten, schimpfen. Der Sucht-Dämon ist stark, sehr stark und er muss sich immer verteidigen...

Das Drama bei diesen Suchtmenschen ist:
Viele brauchen erst vom Schicksal Tritte, um überhaupt einzusehen, dass sie von diesem mächtigen Dämon besessen sind, dem Dämon der Alkoholsucht.

Ich sagte schon einmal:
Gott möchte aber nicht, dass Ihr Leben im Alkohol zerstört wird und untergeht.

Aber weil viele von Gott nichts mehr halten, nicht hinhören und sich immer noch von ihren Alkohol-Dämonen lenken und leiten lassen, da erbetteln sie sich geradezu vom Schicksal den ganz großen Knüppel:

Irgendwann lässt ein Alkoholexzess sie so tief abstürzen, so in die Gosse oder in schwere Krankheit fallen, dass sie nur noch hoffen, beten oder sterben wollen.

Erst dann, durch ganz tiefes Leid, besteht bei den meisten die Chance, dass sie endlich aufwachen, einsichtig werden und sie endlich den Wunsch haben diesem Alkohol-Dämon/Sucht zu entsagen.

- Einer meiner Patienten hat im Suff ein kleines Kind fast totgefahren. Der Schock, die Angst, Strafe, Gericht, der jahrelange Führerscheinentzug waren so groß, dass er ab dieser Sekunde keinen Tropfen Alkohol mehr trank. Heute ist er überzeugter Antialkoholiker, voller Reue und Aggression auf jeden Betrunkenen... und er hatte vorher jahrelange Auseinandersetzungen mit seiner Frau wegen seiner Sauferei.

- Ein anderer Patient kam zu mir mit Kehlkopfkrebs, aufgrund der zerstörenden Alkoholgifte auf die Hals-Rachen Schleimhäute, weil er jeden Tag mit Whisky gegurgelt hat. Nun geht es ihm richtig dreckig. Er hat Schmerzen ohne Ende. Sein Hals- und Rachenraum ist schrecklich verbrannt, von den vielen Bestrahlungen und den Chemotherapien. Natürlich, seither trinkt er keinen Tropfen mehr und schwört Stein und Bein, nie mehr zu trinken,… wenn er das hier überlebt. Er hat es nicht überlebt.

- Eine Mutter war so betrunken, dass sie beim Wasserkochen auf dem Herd, den Topf mit brühend heißem Wasser, ihrer kleinen Tochter, die daneben stand, über Kopf, Arm und Schulter geschüttet hat. Mehrere Operationen, schlimme Schmerzen und Leid, Hauttransplantationen und gezeichnet und entstellt für das ganze Leben, sowie ein gigantisches seelisches Trauma, das sind die Folgen für die kleine Tochter, mit dem sich diese Frau/Mutter nun ihr Leben lang auseinandersetzen muss.

Alkohol als Entschuldigung? Nein. Niemals kann sich diese Frau von ihrer Schuld gegenüber ihrer Tochter freisprechen. Nun war sie mehrfach wegen schwerer Depressionen bei mir in Behandlung. Dieser Schock hat gereicht. Die Frau trinkt seither keinen Tropfen Alkohol mehr. Und sie fragt sich heute immer und immer wieder, warum sie damals…

Wie die Beispiele zeigen:
Dieser DSCHINN, diese Alkohol Dämonen, diese dunklen Mächte sind stark. Sie möchten „Menschen" beherrschen,

die für sie ihre Gier, Sucht, Triebe ausleben, völlig blind und uneinsichtig für die Folgen.

Psychologisch müsste man sagen:

Alkoholismus ist ein Krebs

Dieser Dämon erfüllt alle Prinzipien der Krebskrankheit. Er kann zu einem Zerstörer ihrer Seele, ihres Körpers, ihrer Familien werden.

Und es ist ihm völlig egal, bis er Ihre Persönlichkeit, Ihren Körper und die Umgebung besetzt, zerstört, bis der Besessene zusammenbricht oder stirbt.

Ja, Alkoholismus, die Sucht, die Gier, der Zwang zum Trinken ist ein Drama, was Ihnen ja die Lebensgeschichte von Simone und Manuel auch zeigt.

Also: Sollten Sie sich vielleicht in diesem Buch wieder gefunden haben, dann tun Sie sich selbst den Gefallen und bekämpfen Sie diesen Dschinn, diesen Dämon Alkohol, denn er ist ein Krebs mit Zerstörungsprogramm.

Dieser Dämon Alkohol ist nur besiegbar, wenn sich ihr Verstand über ihn stellt, ihn aus Einsicht eisenhart bekämpft und Sie sich die Kraft dazu aus dem Glauben holen.

Der letzte Schritt:
Die Seele wieder heil werden lassen

Ich habe mir dieses Thema ganz bewusst bis zum Ende dieses Buches aufgehoben, weil es für so manchen unangenehm ist und nicht so gern gesehen oder gehört wird.

Sehr häufig habe ich in den Therapien von meinen Patienten(innen) schlimme Schilderungen über ihre Alkoholpartner/in, oder betrunkenen Eltern zu hören bekommen. Alle sagten: *„Da ist heute noch so viel Verletzung, Schmerz, Trauer und Leid in meiner Seele. Ich kann das alles nicht vergessen.“*

Für mich war immer die Frage:
„Wie kann man all das je wieder heilen bzw. wieder gutmachen?“
Das Problem ist: Wer trinkt, der lebt in seiner vernebelten Alkoholwelt, die Sie ja bestens aus der Sicht von Simone erleben konnten. Sie wollte auch NIE wahrhaben, was Manuel ihr wieder und immer wieder gesagt hat.

Wie geht es da wohl der Seele eines nüchternen und sensiblen Partners(in), der/die das alles jahrelang mitmachen und erleben musste? Seine/ihre Seele leidet oft schlimm. Er/sie macht sich um seine Alkoholpartner(in) nicht nur Sorgen, sondern hat oder entwickelt ständig Ängste vor dem nächsten Suff

Und nun noch einmal:

Wie geht es da wohl der Seele eines Kindes, welches das alles jahrelang bei einem alkoholsüchtigen Elternteil mitmachen und erleben muss?
Diese Kinderseele leidet oft schlimm. Das Kind lebt ständig in schwerer Sorge um seine Eltern und seine Existenz.
Es hat schlimme Ängste vor dem nächsten Suff.
(Ich habe das als Kind genau so erlebt).

Alle Patienten, die das erlebt hatten, sagten in den Therapien:
„Ich kann das einfach nicht vergessen, da ist heute noch so viel Schmerz und Verletzung in meiner Seele."

Alkohol = Schuldfrei?
Und nun kommt das Schlimmste: Bei Gericht kann man des Öfteren hören, dass Trinker meinen, sie seien aufgrund ihres Alkoholkonsums schuldfrei.
Nein, falsch: Ganz im Gegenteil:
Jeder der Alkohol trinkt muss wissen, welche Probleme und Gefahren daraus entstehen können.

Trocken werden heißt auch: Schuld begleichen
Ich lobe jeden Alkoholiker, der endlich trocken werden möchte. Aber: Wer trocken werden und danach glücklich leben möchte, der muss versuchen, seinen Schuldberg aus seiner Alkoholvergangenheit zu begleichen.
Klar könnte man nun - wie Simone - ganz cool sagen: *„Vergangen ist vergangen, ich muss jetzt nach vorn schauen. Ich möchte von meiner Vergangenheit nichts mehr sehen und hören."*

Vorsicht Gewissen

Aber: Ihr Gewissen, Ihre Seele, die ja diese ganze Alkohol-Vergangenheit miterlebt und mitgelitten hat, diese wird Sie nicht zur Ruhe kommen lassen, solange, bis der alte Schuldberg abgebaut und beglichen ist.

Sie möchten nämlich, dass in Ihrem Leben endlich wieder wirklich Frieden und Ordnung einkehren kann.

Auch wenn Sie nun trocken sein sollten, am liebsten vor Ihrer Vergangenheit davonlaufen, nichts mehr hören und sehen möchten: Vergessen Sie nicht, es gibt diese Altlasten und der Schuldberg von Alkoholikern ist oft sehr hoch.
Es geht eben nicht, zu sagen: *„Das alles interessiert mich nicht mehr, ICH muss ja nun nach vorn schauen."*

Ein alter Spruch sagt:
„Was Du gesät hast, das musst auch Du selbst ernten und aufessen!"

Reinen Tisch machen

Wer trocken werden, neu anfangen, mit „reiner Seele" in seine neue Zukunft gehen und dort leben möchte, der soll, nein DER MUSS mit seiner Vergangenheit reinen Tisch machen.

Klar, das bedeutet auch, für all das, was ICH anderen angetan habe, Verantwortung zu übernehmen. Ich muss insbesondere dem ehemaligen Partner/in gegenüber Verständnis, Einsicht und Demut zeigen…und:

Um Verzeihung bitten...
und das vom ganzen Herzen

Ja klar, das ist ein bitterer Demutsweg und dieser tut unter Umständen auch weh. Sie erinnern sich an die Geschichte vom Hans, wie der nach Klinik, Entziehung und einem riesigen Schuldberg am Buckel, nun als trockener „Säufer" (wie er sich nannte), als Pilger, den Jakobsweg nach Santiago de Compostela gegangen ist? Und was ihn das gekostet hat...

Denken Sie bitte daran: Aber dem anderen, dem/der Partner(in), Kindern usw. hat Ihre Alkoholzeit jedes Jahr aufs Neue, 365 Tage lang, weh getan. Da sind unzählige Verletzungen in seiner/ihrer Seele entstanden.

Was ist da hingegen eine ganz ehrlich gemeinte, aus dem tiefen Herzen der Einsicht kommende Entschuldigung, eine ehrliche und einsichtige Bitte um Verzeihung?

Denn ungeschehen, ungeschehen kann man das alles sowieso nicht machen.

Jetzt nüchtern, den Reue- und Demutsweg zum anderen zu gehen,
das zeugt von Charakterstärke.

Das ist christlich, tut beiden Seelen gut und... das heilt!

Denn:
„Nur wer um Verzeihung bittet,
nur dem kann auch verziehen werden."

Die Seelen wieder heil werden lassen

Aber wenn Sie diesen Weg gehen: dann könnte es durchaus sein, dass der andere, der/die ehemalige Co-Abhängige, sich darüber freut, weil er/sie schon immer auf ein solches Zeichen von ehrlicher Einsicht und Reue von Ihnen wartet.

Endlich kann jeder aufatmen. Diese schreckliche Alkohol-Zeit ist vorbei. Jeder kann nun für sich (eventuell sogar mit einem neuen Partner/in) ein neues Leben beginnen.

Aber: es gibt auch Wunder

Ich habe auch schon Paare erlebt, da war für den anderen noch lange nicht Schluss, weil – trotz alledem - in seinem Herzen zu seinem Alkohol-Partner(in) immer noch Hoffnung und Liebe war, (wie bei dem Beispiel von Hans und Bärbel).

Manuel wartet auf ein solches Wunder heute noch. Deshalb denkt er oft traurig:

„Liebe Simone:
Ich liebe Dich immer noch,
wenn Du doch nur endlich nüchtern wärst."

Nun wünsche ich allen, denen es mit Alkoholproblemen ähnlich ergehen sollte wie Simone, viel Kraft und für ihr Leben alle guten Wünsche.

Das Gleiche wünsche ich insbesondere den vielen gutwilligen Co – Abhängigen, wie Manuel in diesem Buch.

Ich verbinde das mit der ganz großen Hoffnung, dass alle, die ein Suchtproblem haben, oder die in einer Co - abhängigen Situation sind, dass sie dieses Buch hier lesen und sich von „den Spiegeln", Schilderungen, Anregungen und Ratschlägen lenken und leiten lassen.

In diesem Sinne, herzlichst, Ihr

Carlo L. Weichert,
Heilpraktiker, Gesprächs- und Familientherapeut,
La Palma, im Oktober 2021

Ich hoffe, dass Ihnen dieses Buch gefallen hat.
Ich würde mich freuen, wenn Sie mir schreiben

www. naturheilpraxis-weichert.de
e-Mail: info@naturheilpraxis-weichert.de

Alkohol- & Suchtberatung

Alkohol und Medikamentenabhängigkeit

Unter diesen und ähnlichen Stichworten finden Sie diverse Angebote für Alkohol- und Suchtberatung von den verschiedensten Trägern im Internet mit sehr guten Erklärungen, Kontaktdaten, Telefonnummern, e-Mail, meistens geordnet nach Postleitzahlen, sodass Sie sofort eine Beratungsstelle in Ihrem Landkreis / Ort / Stadt finden können.

Biografie des Autors:

Carlo L. Weichert

Wurde im völlig zerstörten Nachkriegs-Berlin geboren.

Sein christlich-soziales Denken und der Wunsch kranken Menschen helfen zu wollen, wurden in seiner Kindheit geprägt.

Hier erlebte er große Armut, soziale Ablehnung und Alkoholismus in seinem Elternhaus und seiner Umgebung.
Lebenslange gesundheitliche Probleme und Krankheiten waren seine ständigen Begleiter.

Siehe dazu die autobiografische Erzählung:
„Für Dich: Alles Liebe, Dein Papa" im Bücherverzeichnis

Für ihn ist sein Leben sogleich Berufung. Er arbeitete 25 Jahre in seiner psychosomatischen Praxis mit naturheilkundlicher Ganzheitsmedizin, Gesprächs- und Familientherapie, sowie mit Heilhypnose.

Siehe dazu sein Buch:
„Spirituelle Hypnose" im Bücherverzeichnis

Er war Dozent an den Volkshochschulen seiner Landkreise, an den Kreisbildungswerken der Kirche, sowie bei Heilpraktiker- und psychologischen Schulen, Tagungen, Kongressen und Radiosendungen.

Siehe dazu sein Buch:

„Seelenkrisen - Partnerkrisen" im Bücherverzeichnis
In seinen Publikationen und Büchern versucht er seine Lebens- und Praxiserfahrungen als Information und Ratgeber für Interessierte weiterzugeben.

Heute, gut 70 - jährig, lebt Carlo L. Weichert, aufgrund seiner rheumatischen Erkrankung in einer Finca auf La Palma, einer Insel, die er als Gottgeschenk und Jungbrunnen beschreibt, wo es ihm gesundheitlich gut geht.

Er sagt dazu:
„Ich habe immer davon geträumt, einmal am Meer zu leben und es mir bei einem Café con leche, einem schönen Glas Wein, Papas arrugadas, Tortilla, viel Sonnenschein, Strandspaziergänge und Bergwandern gut gehen zu lassen.

Ich leite auch hier auf La Palma Selbsterfahrungs- und Meditationsgruppen, halte Vespergottesdienst und ich begleite Menschen, die zu mir geführt werden, durch ihre gesundheitlichen oder seelischen Probleme.

Neben dem Schreiben von Büchern, ist eine weitere meiner Freizeitaktivitäten „das Arbeiten" in meinem schönen Garten, das Pflegen meiner Katzen und Hühner.

Ganz besondere Freude habe ich beim Pilgern auf den verschiedenen Jakobswegen in Spanien, Portugal und Italien."
Siehe dazu sein Buch:

„Wenn die Seele ruft" *Erlebnisse, Erkenntnisse und Erfahrungen auf dem Jakobsweg* , im Bücherverzeichnis

„…und ich schreibe weiterhin Bücher, aber das lesen Sie ja gerade selbst…"

Aktuelle Bücher von Carlo L. Weichert:

„Liebe auf dem Jakobsweg"
Drei Frauen und der Heilige Santiago werden zum Schicksal seines Lebens - (Roman) in Vorbereitung
BoD-Verlag

„Ich möchte Dich endlich einmal verstehen…"
Menschenkenntnis durch Märchen, Charakter- und Persönlichkeitsstrukturen
BoD - Verlag   ISBN 9783752638806 (erschienen 2021)

Seelenkrisen – Partnerkrisen
Geschichten aus dem Leben – für das Leben
BoD - Verlag   ISBN 9783752670325 (erschienen 2021)

„Ich liebe dich, aber nur wenn Du nüchtern bist…"
Probleme, Störungen oder Zerstörungen von Ehen und Partnerschaften durch Alkohol
BoD - Verlag ISBN 9783751921299   (erschienen 2020)

„Für Dich: Alles Liebe, Dein Papa…"
Kinderseelen im Spannungsfeld zwischen dem Elternhaus, der Schule und ihren eigenen Bedürfnissen
BoD - Verlag ISBN 978-3-7519-8464-5 (Neubearbeitung 2020)

„Wenn die Seele ruft…"
Erlebnisse, Erkenntnisse und Erfahrungen auf dem Jakobsweg
BoD - Verlag ISBN 9783751920025   (Neubearbeitung 2019)

Spirituelle Hypnose
Begegnungen mit Engeln, Verstorbenen und der Göttlichen Welt in uns
Humble-Verlag 9789088791697 (Neubearbeitung Januar 2018)

Nur noch im Antiquariat erhältlich:

Wunder dauern etwas länger
Erlebnisse und Erfahrungen zweier Seelen auf dem portugiesischen Jakobsweg
Freya-Verlag (erschienen 2008)

Hilfe, unser Kind ist schon wieder krank
Ganzheitlich heilen
VAK - Verlag (erschienen 2004)

Pilzerkrankungen bei Kindern
Midena-Verlag (erschienen 1997)

Krank durch Antibiotika
EDIS - Verlag

Stufen des Lebens

Wie jede Blüte welkt - und jede Jugend dem Alter weicht,
blüht jede Lebensstufe, blüht jede Weisheit auch…und jede
Tugend, zu ihrer Zeit ... und darf nicht ewig dauern.

Es muss das Herz bei jedem Lebensrufe bereit zu Abschied
sein - und Neubeginne, um sich in Tapferkeit – und ohne
trauern, in neue Bindungen zu geben....

Und jedem Anfang wohnt ein Zauber inne,
der uns beschützt, und der uns hilft zu leben.

Wir sollen heiter - Raum um Raum durchschreiten, an keinem, wie an einer Heimat hängen. Der Weltgeist - Gott - will
nicht fesseln uns und engen! Er will uns Stuf um Stufe he-
ben - weiten.

Doch, kaum sind wir traulich eingewohnt einem Lebenskrei-
se, so droht erschlaffen; Nur wer bereit, zu Aufbruch ist und
Reise, mag lähmender Gewöhnung sich entraffen.

Es wird vielleicht auch noch die Todesstunde, uns neue
Räume jung entgegensenden. Des Lebens Ruf an uns -
wird niemals enden...
Wohlan denn Herz: Nimm Abschied - und gesunde.

Hermann Hesse, 1941

Von guten Mächten wunderbar geborgen
erwarte ich getrost, was kommen mag.

Gott ist bei mir am Abend und am Morgen
und ganz bestimmt an jedem neuen Tag

Dietrich Bonhoeffer
Verfasst in Gestapo-Haft 1944